满-通古斯语言文化研究文库

赵阿平 ◎ 主编

尹铁超 ◎ 著

朝鲜语与通古斯语关系研究

A COMPARATIVE STUDY OF KOREAN AND TUNGUSIC LANGUAGES

社会科学文献出版社
SOCIAL SCIENCES ACADEMIC PRESS (CHINA)

"满－通古斯语言文化研究文库" 总序

赵阿平

　　在人类文明漫长的发展进程中，多种形态的诸民族繁衍生息，活动共存；彼此往来，影响交融；亲善友好，冲突战争；开拓疆域，创造文明；互动促进，协调发展，共同把人类社会推向前进。不同的民族语言及特有的文化，在各民族的历史进程中，发挥过或继续发挥着凝聚民族整体、振奋民族精神、促进民族进步和发展的巨大作用。每一个民族的语言、文化都是人类文明的重要组成部分，是传承人类历史文明的重要内容和形式，是人类的精神资源与民族根基，是人类世代相传的文化财富。

　　当今世界科学技术迅猛发展，文明进步快速向前推进，人与人、民族与民族、国家与国家之间的往来、接触、交流、合作日益频繁，由此使相互间的关系越来越密切，越来越友好。这些对于人类和平美好的未来，对于全球一体化的进程产生着巨大影响，发挥着强大的推动力。同时，在这样多元一体化历史发展的总趋势面前，一个民族或一个国家的特色文化及深层内涵显得更加珍贵，更有价值。尤其是至今仍较完好保存着人类早期社会诸多古老文明和特殊形态结构的民族，今天充分显示出其特有的价值与作用。人们在当今社会难以解释的许多科学命题，会从某些民族的发展足迹中得到启示与答案。正是这个缘故，满－通古斯语言文化研究显示出重要的价值和意义。

　　满－通古斯语族为阿尔泰语系三大语族之一，主要分布在中国的北方地区、俄罗斯的西伯利亚地区、蒙古国的巴尔虎地区和日本北海道的网走地区。在中国境内，满－通古斯语族包括满语、锡伯语、赫哲语、鄂温克语、鄂伦春语和历史上的女真语，主要分布在黑龙江省、内蒙古自治区、新疆维吾尔自治区等省区。满－通古斯语族下分满语支和通古斯语支，满语支包括满语、女真语、锡伯语；通古斯语支包括鄂温克语、鄂伦春语、埃文基语、埃文语、涅基达尔语、赫哲语、那乃语、乌利奇语、奥罗克语、奥罗奇语、乌德盖语等。也有人认为赫哲语、那乃语属于满语支。满－通古斯语族除了与蒙古语族、突厥语族关系密切外，还与日本的阿伊努语、日本语、朝鲜语，美国和加拿大等地的爱斯基摩语、因纽特语、印第安语等有着千丝万缕的关系。在该族群中至今还保存着人类早期文明的诸多形态和特征，并且该族群相互间关系具有诸多的神秘性与扩散性，以及历史来源的复杂性和文化习俗的丰富性。另外，该族群中的满族及其先人，在历史发展中曾多次崛起，从渤海国、大金国的建立到一统天下的清王朝，其继承了历史封建王朝的大量遗产，但又带有不同于前代的许多民族文化特征。满族的文治武功，崛起与蹉跎，辉煌与失败，在中国历史和人类文明史上留下了鲜明的印迹。满族走过了一条独具特色的发展道路，为人类文明进程提供了极有价值的宝贵经验与教训。因而，满－通古斯语言文化研究愈来愈引人注目，成为国际学术热点。

20 世纪以来，在国际范围内经过几代专家学者的不懈努力，辛勤探索，满－通古斯语言文化研究取得重大发展，人才辈出，成果丰硕。在中国、日本、美国、韩国、蒙古国、英国、法国、德国、意大利、俄罗斯、加拿大、芬兰、葡萄牙、挪威以及香港和台湾地区，涌现出了一批又一批的满学专家、满－通古斯语言文化专家。学者们从语言学、民族学、人类学、文化学、历史学、社会学、宗教学、文学、民俗学等不同角度对满－通古斯语言文字、历史文化、社会经济、宗教信仰、文献档案、文学艺术、风俗习惯、生态环境等进行了广泛深入的探讨研究，大量论著、辞书出版，取得了丰硕的学术成果。关于满学研究著作、辞书已出版八百多部；关于锡伯、鄂温克、鄂伦春、赫哲语言文化研究的专著、辞书、词汇集等出版了百余部。尤其是《满语研究》《满族研究》

《满学研究》等专业学术刊物的创办与发展，刊载了大量最新研究成果，使满－通古斯语言文化研究领域更加展示出新的活力和生机。中国作为本研究领域的主力，充分展示了雄厚的理论优势，并发挥了主导与中心作用，将满－通古斯语言文化研究事业推向了更加成熟、更加理论化和科学化的境界。

在满－通古斯语言文化田野调查研究方面，成就斐然。中国学者在 20 世纪 40 年代后期至 70 年代后期的 30 年时间里，主要是对满－通古斯诸语进行了全面、系统的调查，收集了大量的第一手资料，并对资料进行了分析整理和归类。从 20 世纪 80 年代初至 80 年代末的 10 年中，研究满－通古斯诸语的专家学者先后多次到满族、锡伯族、鄂温克族、鄂伦春族、赫哲族生活区，对他们的语言进行了拉网式的田野调查，收集了相当丰富的第一手语言资料。其中黑龙江省满语研究所自 1983 年成立以来，长期坚持对东北地区满族语言文化进行调查，特别是对黑龙江省满族聚居村屯的现存满语进行了系统跟踪调查，并获取了大量宝贵的调查资料。20世纪 80 年代末至 21 世纪初，濒危语言文化抢救调查得到国家及国际社会的高度重视，同时，高科技的快速发展也为科研提供了先进的现代化设备，满－通古斯语言文化抢救调查及开发利用进入了新阶段。

20 世纪 90 年代以来，有的学者还打破原有的学科界限，对相关问题进行跨学科综合研究，并取得了突破性成果，如对满－通古斯语言与历史文化、满－通古斯语言文化与相关民族语言文化比较、满－通古斯语言文化与人类学等课题进行多层面、多方位综合研究，为本领域研究带来了新的活力与生机，将满－通古斯语言文化研究推向新的高度。

满－通古斯语言文化研究领域取得了长足的进步，集中表现在相关研究机构的设立和后备人才的培养上。如在中国成立了中国社会科学院民族学与人类学研究所满－通古斯语研究组、黑龙江省满语研究所、中国第一历史档案馆满文部、辽宁省档案馆满文组、北京社会科学院满学研究所、黑龙江省档案馆满文部、中央民族大学满学所、内蒙古大学满语研究室等研究机构，这些学术机构先后多次开办了满文满语学习班、培训班，培养出了一批满语满文研究方面的人才。同时，中央民族大学、内蒙古大学、黑龙江大学、东北师范大学等学校单位还培养出了数十名满 – 通古斯语言文化专业的学士、硕士和博士，为满 – 通古斯语言文化研究的深入发展培养了高层次人才。另外，在全国相关民族地区还成立了满 – 通古斯语学会、满学学会、鄂伦春研究会、鄂温克研究会、锡伯研究会、赫哲研究会等诸多学术团体，推动了满 – 通古斯语言文化研究的广泛深入发展。

自 20 世纪 80 年代以来，满 – 通古斯语言文化学术交流在国际范围内更加频繁丰富，如访问讲学、双边研讨、合作课题、交换成果、查阅资料以及田野调查等。在中国、日本、美国、德国、韩国等都举办过相关的学术研讨会。如 1992 年于中国北京举办的"首届国际满学研讨会"，1996 年于中国哈尔滨举办的"满 – 通古斯语言文化学术研讨会"，1999 年于北京举办的"第二届国际满学研讨会"，2000 年于中国海拉尔举办的"首届国际通古斯语言文化学术研讨会"，2000 年 8 月在德国波恩召开的"第一届国际满 – 通古斯学大会"，2001 年在中国哈尔滨举办的"21 世纪满 – 通古斯语言文化与人类学学术研讨会"，2002 年于中国北京举办的"第三届国际满学研讨会"，2003 年于中国抚顺举办的"第四届国际满学暨赫图阿拉建城 400 周年学术研讨会"，2004 年 8 月于中国呼伦贝尔举办的"国际满 – 通古斯语言文化学术研讨会"暨"第二届国际通古斯语言文化学术研讨会"，2009 年 7 月于中国昆明举办的国际人类学与民族学联合会第 16 届世界大会之"满 – 通古斯语言文化与人类学学术研讨会"，2013 年 6 月于中国哈尔滨举办的"国际满 – 通古斯学学术研讨会"等。国内外专家学者共同探讨满 – 通古斯语言文化诸方面的学术问题，不断推进该领域学术研究的深入发展。

满 – 通古斯语言文化研究在 20 世纪的重大发展，主要体现在研究成果丰硕、研究方法创新、研究机构建立、研究人才培养、国际学术交流、独立学科形成等诸方面。经海内外专家学者的长期共同努力，到 20 世纪 90 年代，满学开始从人文学科中分离出来成为一门独立的学科；通古斯学亦日趋发展成熟。满 – 通古斯学作为世界性学问，越来越引起人们的兴趣与关注，这一民族之学、科学之学已成为国际学术热点，在 21 世纪将迎来研究与发展的兴旺与繁荣。

21 世纪是人类走进科学技术高速发展的知识经济时代，经济全球化和文化全球化使人类文明进程充满了新的生机与希望。随着人类发展步伐日益加快，经济全球化也日益加速，强势语言文化对于周边国家以及发展中国家的渗透日趋突出，其结果是各种各样、丰富多彩的优秀传统文化的生存遇到了空前危机，进而许多民族的十分宝贵而有显著特色的语言文化开始走向濒危，面临消亡。满－通古斯语言文化面临着严峻的挑战，固有的传统文化习俗正一天天被削弱和退出历史舞台。在这种情况下，如何抢救濒临消亡的满－通古斯语言文化遗产，如何深入研究这些民族语言文化产生发展的过程、特征及其在人类文明史中的地位与作用，如何揭示满－通古斯语族内部语言文化相互联系渗透以及同相关民族语言文化彼此间的影响与互动，从而为人类文明发展的普遍规律与特殊案例提供科学而生动的学术论证。这正是新世纪所赋予我们的重要课题。

世纪之交，继往开来。纵观满－通古斯语言文化研究在 20 世纪的百年足迹，从小到大，从局部到全面，从实践到理论，走过了一个十分成功而科学的历程。展望 21 世纪满－通古斯语言文化研究的发展，我们将在继续深化满－通古斯语言文化理论研究的基础上，拓展应用研究，从文化人类学的角度对满－通古斯语言文化进行多方位综合研究。满－通古斯语言文化理论深层次研究，满－通古斯语言文化与相关学科综合研究，满文文献的整理、科学分类研究，满－通古斯语言文化的抢救调查及有关资料的数字化处理、科学保存研究，满－通古斯语言文化的内部比较研究以及与外部相关语言文化的比较研究，后继人才培养等将是我们继续深入开展的重要工作。

为系统总结和展示 20 世纪以来满－通古斯语言文化的研究成果，开创 21 世纪满－通古斯语言文化研究新的未来，黑龙江大学满族语言文化研究中心策划编辑出版这套"满－通古斯语言文化研究文库"系列丛书，有关专著、编著、论文集等，将陆续收入本文库中。本文库侧重收录以满－通古斯语言为切入点研究该语族语言、历史、文化诸方面的论著。该文库的研究及连续出版不仅能够推动满－通古斯语言文化研究及阿尔泰学研究的深入发展，而且对语言学、历史学、文化学、人类学、民族学、宗教学、考古学、民俗学、文学、社会学等相关学科研究也将起到一定的促进作用。

这套文库的策划与编辑出版得到了本学科及相关学科专家学者的赞同与大力支持。在第一套文库编辑出版时，我们深感荣幸的是学界泰斗王锺翰先生、清格尔泰先生对本文库给予了特别的重视与指导。第一套文库的编辑出版还得到了黑龙江大学的高度重视与大力资助，尤其是衣俊卿校长和研究生处张政文处长，对于该项目的策划、实施给予了切实的关注与指导。

继第一套文库编辑出版后，在黑龙江大学高度重视和资助下，在张政文校长、丁立群副校长、重点建设与发展工作处张颖春处长的关切指导下，承蒙社会科学文献出版社的鼎力支持，经人文分社社长宋月华、副总编魏小薇的精心策划设计，又将继续进行第二套文库的编辑出版，推出新的研究成果。

可以说，该文库的持续编辑出版，不仅汇集展示了该领域研究的部分学术成果，而且凝聚着学术界、出版界等多方面的真诚关注与深切期望。作为编者，我们深感荣幸，谨致以崇高的敬意与诚挚的谢意。

我们希望今后国内外满－通古斯语言文化研究的专家学者进一步加强联系，互通信息，密切合作，对重大课题、难点课题进行联合攻关，从而取得突破性成果。21世纪是信息发达的世纪，是高科技发达的世纪，借助于最新的科技方法、手段，将使满－通古斯语言文化调查、研究、教学等诸项工作提高到一个新的层次。我们相信，在国内外学者的共同努力下，在21世纪的发展中，满－通古斯语言文化研究将取得更多的成果，发挥更大的作用，为人类文明进步做出新的贡献。

由于我们能力与资料收集的局限，呈现在读者面前的这套文库一定有诸多不足，我们恳切希望诸位给予批评指正。

2013年6月

序

　　历史语言学与历史比较语言学的研究证明，单纯讨论语言本身实在难以较好揭示所讨论语言之间的同源特征，因此，本书将从历史、文化、人群源流、人群相互关系、基因学和语言角度来审视所讨论的内容。

　　通观任何一个"自然民族"[①]的发展过程，我们都可以明显地看到一个重要的事实，即所有现代民族都非单一血缘民族构成，而是在漫长发展过程中不断融合多重血缘的群体。这便是人类民族血缘发展历史的基本规律。无论是欧洲的凯尔特人、日耳曼人、拉丁人，非洲的布须曼人、马赛人，亚洲的维吾尔人、蒙古人、汉人、朝鲜人，还是美洲的因纽特人、印第安人[②]都是在其历史发展中由不同民族融合后形成的。然而，民族融合过程中，常常会出现发展中的断裂、变异和延续的状况：虽然总会有某个民族名称得到延续，但人们却难以从该名称来断然确定该民族的所有血缘构成情况，例如，澳洲毛利人与欧洲人的第一代混血后代很难确定自己的民族身份。假如该血缘混合成分超过几代，则该民族会根据自己所归属的群体在当地的政治、宗教、文化、经济地位等因素来判定自我的人群归属，并采用不同的自指称谓。

[①]　"自然民族"指的是那些具有自指名称而非由他人指称的人群。在此概念下，人类民族的血缘构成则处于次要地位。

[②]　此处所谓的"人"与"民族"的概念不尽相同，但是在多数情况下，这种称谓仍然具有广义的民族指向，即宽泛地指代"民族"。在很多情况下，"某某人"多半是根据该人群目前定居的地区或国家来进行他称或自称，而非根据这些人在某个地区或国家中所属的民族来确认。一般来说，人们更愿意使用上义词或广义无标记词来对陌生人进行自我介绍，而对该地区或国家中民族不甚了解的陌生人也乐于接受这种不具有民族区分性的称谓。

民族发生和发展过程中的断裂、变异、延续是难以从微观史学角度确定的事实，这是因为在历史记录中由于话语权问题没有得到显现而使得某个民族人群的历史变得或扑朔迷离，或被曲解，或被歪曲，或被彻底遗忘，并因此或者以长、短片段的形式，或以完全的无显现形式存在于历史记录中。在此，撰写历史的人就成了历史的"操纵者"，他们的坦诚、忠实、理解、判断、文字能力、视角、无知、歧视与恶意企图都会形成某种话语力量，且以直接或间接方式影响后世解构[①]历史者的思维及表达。同样，田野调查中获得的一些所谓"集体记忆"很多都不过是虚幻的伪事实：排除这种记忆的源头难以确认外，民间流传的"事实"往往是不同人群根据各自需要而加工过的虚像，并因此成为扭曲后的伪故事。笔者在田野调查中所获得的很多文化事实已经证实了这一点。[②]

研究者对某些人群的存在、发展、演变等的失语现象往往缘于文献缺失、互文讹传与事实不足，其中事实不足通常则是最为根本的原因。例如，在没有物质的遗存（如化石，历史遗迹，现存的古老民族，语言及文化习俗等）作为基础的情况下，人们对于逝去的时代和事件就只能靠猜测、臆断方式来衔接断裂以保证逻辑上遐想的成立。[③]所以，对于解读者来说，在只能看到或知晓非连续性事实的前提下，如果想找到历史的真相，他们只能通过自身的学识、立场和科学态度在历史话语世界中找寻逝去的片段，分析存在于书面记载或口传中的历史叙事。所以，他们想得出相对贴近事实的结论就成为难于登天之事。因此，如何在纷纭复杂的历史事实与文献所显现的断裂中找到可能连续的片段，在变异

---

① "解构"与德里达（Derrida, J. Jacques）提出的"解构"概念并不一致，仅仅指对历史的分析和理解。

② 例如，满族人中流传的天女佛库伦传说，不过是"提高本族群的高贵性、神圣性乃至合法性"的杜撰。（张全海，2010：23）然而，这个杜撰在很多满族人看来却是早就存在的起源神话。因此，这种记忆绝不可被视为真实的集体记忆。关于相关论述，请参见莫里斯·哈布瓦赫（2002）。

③ 关于这方面的相关论述，请参阅米歇尔·福柯（2007）、G.E.R.劳埃德（2008）、皮埃尔·诺拉（2015）等。

中发现变异的原型、过程及结果，在延续中揭示"插曲"与"变奏"，并将其连贯成有效及可被证实的话语也自然成为任何一个研究者的最终目标。解构者的立场、表达方式、研究理论、占有数据都会直接影响他们的思维和结论。

单纯通过历史的互文和努力衔接残缺的事实难以形成历史的相对全貌，可是，如果改变视角，找寻研究对象文献资料之外的历史事件，思考表述历史话语的方式及相关词语，那么研究者或许可能得到不同的结论。视角的不同能够提出不同的科学前瞻性假设（当然也可能得到完全臆断性的结论）。如果依据所掌握的文献，结合田野工作的反馈以及不同领域研究的最新成果，则研究者或许能够找到衔接历史片段的方法及比较贴近史实的结论，或许能够从新的角度看待研究主体并得出不同的结论。尽管"科学性"概念难以界定，但笔者仍然认为，所谓科学性在于采用合乎逻辑的思辨方式来看待和解读文献及历史遗存事件，并通过有效的演绎和推理提出假设，并做出相对准确的判断。因此，本书旨在以文献数据及对现存民族的田野调查和分析为主要依据，建立起基本假设，并通过核对数据和判断，以实证的方式最大可能地追寻历史中片段踪迹，并将其连贯成具有科学性和判断性的结论。

朝鲜人、通古斯人和朝鲜语、通古斯语的源流问题一直是历史学、人类学、文化学、语言学等领域研究的重要内容。其中涉及相关人群诸多的历史和现实问题，也有很多的不同观点，所以，找到研究核心问题，甄别多家叙事方式的差异和多家研究结论的真伪，并最终提出自己的判断确实困难重重。但是，可以通过仔细梳理朝鲜人和通古斯人的历史、文化、遗迹、考古发现、生物学研究等，并运用上述的历史观来仔细探索这些内容，从而对文本叙事内容的片段、断裂现象尽可能进行归纳、重序，以展示和探寻历史过程，并推导出自己的结论。

本书将从历史学、人类文化学、基因型学、历史语言学、比较语言学等方面讨论朝鲜人与通古斯人、朝鲜语与通古斯语的关系问题。本研究所采用的方法主要为文献法、田野法、推论法、假设法。

在历史学方面，本研究将史学中的宏大叙事与微观叙事视为同等重要的话语，并将笔者田野调查的结果纳入其中。例如，通过对不同语言的对比来补充历史文献中宏大叙事和微观描述对人群源流讨论的不足，通过口传文化及历史记忆来追溯我国朝鲜族的来源，通过神话对比来阐释朝鲜人和通古斯人的源流和分化，通过对名称（如人名和地名）的同源性解读来判断宏大叙事（如朝鲜历史、通古斯历史）对朝鲜人和通古斯人同源特征讨论的正误。同时，本研究也采用宏大叙事得出的一般性结论来解释朝鲜人与通古斯人在某个历史发展阶段中语言变化的原因，以及文化借用（如神话传说和文字）在不同人群文明中的规律等。为了避免循环论证，努力避免互为证据的论证方式，将语言作为实证基础来显示朝鲜人与通古斯人以及朝鲜语与通古斯语之间的同源特征。如依据文献记录及对比来追溯三韩地区的人群来源，依据语言底层特征来探索人群分化及后来不同人群的文化演进特点。

在人类文化学方面，本研究采用文献法和田野法来阐释文化学对人群来源描写的不足，同时说明单一的文化学理论和观点难以证明人群间的文化借用和独立演进。田野工作的描写性和反对"拔高"的理论概括有助于反映出人群间同质的文化现象，比如认为工具、服饰、墓葬、住房形式、宗教、政体的普遍特征和借用是文化发展过程中不同人群依据自身环境所做出的应对的直接反映。因此，本研究坚持淳朴的反映论和直陈式文化观，摒弃空洞抽象及过分归纳，以便达到对人群的文化特点进行客观描述的目的。

在历史语言学和历史比较语言学方面，沿用比较成熟的追溯方法及比较方法，排除各类抽象结论，将具体的语言对比作为核心内容。同时，在讨论中也借用某些现代语言观察方法。比如借助理论语言学方法尽可能以充分描写，从而进行最充分解释；通过对具体的语言层次进行历时和共时分析，尽可能做到细致的及多层面、多角度的观察和解释，以期将分析结果作为最后判定语言同源结论的依据。由于本研究的语料主要来自文献和部分田野调查，所以对语料做出详细的文献标注以突出客观性。在语料分析中，也根据作者的理解适当指出所用语料可能的不足或不充分处。

即便如此，本研究肯定会有观点遗漏、判断错误、误读文献、疏漏事实及结论不正确的现象。在此，笔者真诚希望得到读者的批评及指正。

在此，笔者由衷地感谢为本研究提供资料、参与讨论、提出批评和建议的众多研究者，感谢本项目研究组成员。你们的真知灼见和不吝赐教使笔者获益匪浅。没有你们的支持，本研究将终无成日。

"朝鲜语与通古斯语关系"是一个论证朝鲜人及其语言与通古斯人及其语言关系的系列研究，由三部分构成。第一部题为《朝鲜人与通古斯人关系研究》，第二部题为《朝鲜语与通古斯语关系研究》，第三部题为《朝鲜语与通古斯语同源词研究》。

本书为该系列的第二部，其主题是从历史语言学和历史比较语言角度讨论朝鲜语与通古斯语之间的语言关系。

本研究得到 2012 年国家社科基金（项目名称："朝鲜语与通古斯语同源性研究"，项目批准号：12BYY105）资助。

尹铁超
2017 年 12 月

目 录
CONTENTS

第一章 研究方法论及朝鲜语与通古斯语 同源性比较的基础

语言同源性研究首先涉及研究方法、理论以及语言间可比性问题。对某些语言现象的描述和解释本身就是语言同源性研究的视角问题。如果能够依照在充分描写的基础上达到充分解释的原则，那么语言间同源特征就能够得到更加清晰的阐释。同样，找到语言间可比项也是探求语言同源特征的前提。

第一节 比较语言学的理论与方法论

由于本书的核心是朝鲜语与通古斯语之间的同源比较，所以采用了历史语言学和历史比较语言学作为研究的基础和方法。这里首先对研究领域进行界定，同时对相关研究学科作概念上的厘清，以简单明了地说明本研究理论所立足的基础及方法。

一 比较语言学的研究目标及内容

根据维基百科的界定，"历史语言学"（comparative linguistics）原来被称为"比较语文学"（comparative philology），是历史语言研究的一个分支。其研究内容为不同语言之间的比较，以期建立起语言之间的渊源关系。语言之间的"亲缘关系"（genetic relatedness）这一表述，暗示着这些语言均来自一个起源（common language）或原始语（proto-language），所以比较语言学的目标是重建语族（language families），重构原始语并且确认所有被记录的语言发生了哪些变化。为了区分被验证语言及重构的界限，比较语言学家用 * 号来标示现存语言中没有的重构原始形态。[①]

在一些经典的历史比较语言学研究中，研究者对于语言之间的可比性做出了一些界定。如 Winfred P. Lehmann 认为："语言是不断变化的，这是一个最引人注目的事实，如我们阅读几个世纪之前的文本就可以看到。"他列举了约翰·弥尔顿的一首十四行诗作例子，从词汇形态、句法、语音、语义层次分别说明了英语内部在历史过程中的变化现象。他也在该书中比较了其他印欧语言的情况，说明在同一语系或者语言家族中，变化具有一定的规律可循（Leheman，1992：1）。其他一些类似研究也基本基于相同认识而进行，如 Carlos Quiles（2007）、Trask（1996）等。

这些研究基本的思路是：每个语言都具有某个源头，如果能够通过历史语言学追溯该语言的历史变化，并通过比较语言学的对比方法找到与其相关的亲属语言，那么就有可能找到这个源头语言。然而，由于语言与人类起源直接相关，我们无法知晓语言的最初情况，并且语言内部会发生演进或变化以及语言之间通过人群接触而相互影响等，经过一段较长的时间后，语言的变化就显得扑朔迷离，并因此难以找到确切、可以得到语言科学印证的语言亲缘关系及源头。根据这一基本理解，研究者在讨论语言之间亲属关系时，也自然有必要讨论所比较语言的历史演变情况，并且如果可能的话，将历时（某个或某些语言的发展历程）研究与共时（对某些语言进行某个时段的比较）研究结合起来，才能比较完整地发现语言演变和亲缘关系发展和演变的规律。这样，语言之间的比较与某个具体语言演变的过程研究之间就建立起自然的联系。这两者之间的关系可以总结为："历史语言学必须以具体语言的历史研究为基础，从中总结出一般的理论、方法和原则，然后再用这种一般的理论、方法、原则去指导具体语言的历史研究。……历史比较语言学是历史语言学中的一个特殊的门类，它用比较的方法确定语言之间的亲属关系以及这种关系的亲疏远近，重建原始语（proto-language），把各亲属语言纳入母女繁衍式的直线发展关系

---

① https://wikipedia.org/wiki/Comparative_linguistics，获取该网址信息的时间为 2015 年 3 月 2 日。

之中，因而提出语系、语族之类的概念……历史比较语言学的理论和方法是历史语言学的核心和基础。"（徐通锵，1996：1-2）

然而，虽然历史语言学及比较语言学的研究目标明确，探索的路径也清晰，但其所能够探索的语言情况无法超过 3 万年前。同时，其理论基础的争论也不容易得到广泛认可。（Aitchsion，1996：166）

二　历史语言学及比较语言学的理论基础

历史语言学和历史比较语言学（有时简称为"比较语言学"）的理论本身是难以定义的概念。从现代语言研究的成果来看，许多可以称为"理论"的研究或许可以分为两类。一类是建立在经验主义哲学思想之上的描写主义语言观，即将语言描写作为发现一切语言规律的基础。这种观点认为，如果没有对语言进行认真、细致和穷尽性描写，就不可能总结出某种语言现象背后的规律，也不可能达到对不同语言进行对比的目标。传统语言研究中的结构主义及人类语言学研究便属于这类研究。而另一类是建立在理性主义哲学思想之上的心智主义语言观，即从语言角度对人类心智进行探索及解释。如生成句法学试图通过"解释的充分性"来说明人脑的工作原理，并尝试通过找到最简化的语言规则来推测所有语言之间的共性特征。从与传统经验哲学不同的理性主义视角来考察，理性主义或先验主义语言观认为，语言并非是一种后天涂抹而产生的经验性符号表达系统。为了证明该观点，生成句法学便试图通过建立内外模块系统和一个完整的输入—输出—再输入—再输出以及运算规则（转换生成）来解释人类大脑中的语言模型，进而说明大脑对"语言"的工作方式。[①]

这两类理论的研究方法分别被 Aitchison 戏称为"深层探究法"（deep delving）和浅层剥离法（shallow scraping）。她认为，在探究语言历史情况中，"浅层剥离者到世界各地搜刮（zap）多种语言样本，然后对其进行比较，看看它们是否具有共性。约瑟夫·格林伯格（Joseph Greenberg）常常被认为是'浅层剥离法之父'。……相比之下，深层探究者则深入讨

---

① 具体文献参见乔姆斯基的系列研究成果。

论某个单一语言特点，然后将该语言与其他语言进行比较，以期发现这些语言之间是否具有共性。诺姆·乔姆斯基及他的追随者们便是深层探究法的代表。"

Aitchison 认为，这两种方法各有优劣之处：浅层剥离法可以收集大量语言样本，并通过归纳来建立理论。[①] 但这种方法的缺点十分明显：其一，某些理论必须通过倾向性去确定收集什么数据；其二，从一些互相矛盾的数据中难以确定某种格式的存在；其三，观察常常极为肤浅。例如，在印地语中有四种不同的 t 音，而英语中（即使在不同的环境中发音不同）只有一种 t 音。

深层探究法采用推论方式建立知识系统，并在此之上建立假设。如果通过对比，假设被否定，则要修正理论。这个方法的主要问题是：研究者会对某个语言进行深入探究，却往往无法解释所有语言现象。（Aitchison，1996：180-181）

从 Aitchison 的观点看，历史语言学及历史比较语言学的理论往往难以解释语言发生、发展及语系之间关系等语言现象，而乔姆斯基的假设模型也同样对解释某些语言失效。那么，从比较语言学角度看，究竟什么可以被称为理论则自然成为核心问题。如果没有理论，语言样本很难得到抽象的解释；而某些被湮没的语言现象则难以通过比较来追溯该语言的历史演变。所以，这些样本的使用及分析就失去了基础。在历史比较语言学研究的进程中，多种不同的理论曾被提出，例如冯燕在为 Lehmann 的《历史语言学导论》（*Historical Linguistics：An Introduction*）所做的导读中归纳了 41 条被称为理论的语音定律，如"爱琴定律"（Aitken's law）、"巴特罗梅定律"（Bartholomn's law）等等（冯燕，2002：F33）。又如，徐通锵在讨论历史比较语言的理论时总结了两个方法——历史比较法和内部拟测法，并提出两种理论——扩散理论和变异理论。（徐通锵，1996：6-7）

---

① 这种方法经常被称为"穷举法"。Aitchison 所说的"深层探究法"也常常被称为"抽象模型法"。（桂世春、宁春岩，1997）

而到现在，这些理论仍没有得到普遍认可。[①]其主要原因在于：语言的变化有着很大的任意性，例如语言变化的原因、时间、环境、地点等极为复杂，所以，难以总结出具有普遍性的规律。因此，仅仅从某种语言变化中总结归纳出的规律无法应用于对另外一种语言的解释。正如布龙菲尔德所言，语言变化并不遵循自然规律，所以不能用自然规律去解释语言的变化。现代语言学的主要宗旨就是去描述这些事实，而不是做出人为的规范。（布龙菲尔德，1980）Hoenigswald总结了语言拟构的问题，他认为语言在历史的演进中普遍存在两种情况：语言替代性或有规律可循的变化和语言无一定方向（amorphous）的变化（Hoenigswald，1960：159）。他的观点恰恰说明语言变化无法得出统一的规律。徐通锵在评论历史比较语言学方法论及理论时也指出其不足："历史比较法也好，内部拟测法也好，都着眼于语言在时间上的发展和整齐的演变规律，而对语言的变化在空间或系统内部的扩散和扩散素的参差，都未予以应有的重视。"他支持扩散理论和变异理论，认为："扩散理论正好弥补了这方面的不足，使历史比较法和内部拟测法难以解释的一些不符合规律的现象和系统内部的参差、杂乱的情况得到了令人信服的解释，创造了历史语言学的一种新的理论模型。""面对……几十年、几百年、几千年甚至几万年的语言发展的事实……变异理论填补了历史语言的……空缺。它通过语言共时状态中的变异去考察语言发展的过程、趋向和规律，使人们看到语言中共时和历时、系统和变异、语言和社会之间的有机联系。这是语言研究的一个新领域，有待于人们去开垦。"（徐通锵，1996：7-8）

然而，现在研究中所看到的情况却是徐通锵当年没有预料到的。例如，扩散理论只能大致描述语言在扩散中的一般情况，而无法从理论层面解释具体的语言变化原因。如从"马"一词在阿尔泰语系的扩散情况可以看到，语言的扩散可能仅仅对某个词起到作用，而不能影响语系中某种语言如汉语的整体演变。除此之外，在语言扩散过程中还有阶梯式扩散和广泛借用性扩散现象（尹铁超，2015）。变异理论同样也没有很

---

① 尽管新语法学派认为所有例外都可以得到某种解释，但是其解释力却不十分强大。

好地解释某个变异的具体变化，如 Diamond 的研究发现，语言的扩散和变异与农业传播有关（Diamond & Bellwood，2003），却无法从某种语言中找到具体的例子。例如，朝鲜半岛上水稻的引进、改良与种植导致朝鲜语出现了词汇借用，可这种借用与印度稻的传播并没有从本质上改变朝鲜语的自身发展和变异过程。

　　上述事实说明，历史语言学及比较语言学中很难有被广泛接受的理论。在这个前提下，几乎每个比较语言的研究或许都难以完全证实某种理论的成立。因此，目前比较语言学研究的现状就只能是：强调方法，轻视理论。或许，Goyvaerts 的话是对该现状的最好解释："没有一种单一的语言理论能够说明语言变化，也没有任何唯一的历史语言学理论。相反，一种方法应该对另一种方法进行补充；一个理论或许能够为其他理论提供修正……所以，我们不应该浪费时间去讨论哪种理论更具优势，而应该仅仅应用这些理论……"（Goyvaerts，1975：3）

　　现代比较语言学研究借鉴了大量其他学科的研究成果，如将历史学、政治学、考古学、社会学、社会语言学、语用学、人类语言学、认知语言学等。这更使得比较语言学具有了新的活力。但尽管如此，历史语言学及比较语言学的理论基础问题仍然没有得到解决。① 所以，"至

---

① 相比之下，乔姆斯基的深层探究法反而得到很多语言研究者认同，但 Aitchison 对乔姆斯基的批评或许有些道理。她认为乔姆斯基理论中的某种断言，如称英语句子必然由一个名称短语和动词短语构成，但并不全然正确如："Sing！和 Up jumped the swagman."（Aitchison，1996：181）

作为一个探求人类思维共性的研究模型，虽然乔姆斯基的理论模型存在很多难以解决的问题，但总体上却不失为一种探求的方向。可是，沿着 Aitchison 的思路，我们也能看到这样的事实：现代理论语言学对历史语言变化的原因无法做到"解释的充分性"。例如语言音变的规律可以通过生成音位方法给出一定的"规则"（某个音在某种语音环境中变化为另一个音），却无法解释通古斯语中借音 f 的语音环境与该音的必然发音规律。如：借音 f 并非必然在某种语音环境中才能取代通古斯语固有 p 音，因而也无法形成诸如 *f / p-[x^1、x^2、x^3、x^4] 规则。除此之外，f 音借用的理由也不能得到充分解释，例如在锡伯语中，有 fax（蹄）、fulxw（根）、fix（脑髓），也有 if（坟墓），锡伯语中还保留有 p 音，如 pil（脸皮厚）、pamp（棉衣）。（李树兰、仲谦，1986：8，147，151）另外，这种理论（也包括其他理论）无法预测在未来发展过程中 f 音能否继续演变成其他音，或者回归通古斯语 p 音。

今，我们可以保留'定律'（law）的名称，如格里姆定律（Grimm），但最好还是避免使用该说法"。（Lehmann，1992：152）

三　比较语言学的研究方法

比较语言学研究的方法较多，但主要分为归纳法与推理法。[①]

1. 归纳法

归纳法主要以收集相关语言素材样本为主，之后通过比对来归纳出不同语言层面的异同特征。如在语音、音位、词汇、句法和同源词层面，采用对比、排列、分析等手段排除非系统性特征；再经过整理，找到有序的对应规律，以判断所比较的语言样本之间是否具有同源性特征。其后，可以通过业已发现的规律提出所对比语言之间进一步可能存在同源或非同源底层的假设。例如，在语音比对时，研究者特别注意语音系统的完整性对比，特别注意分析系统性变化规则或者找到变化的原因。在分析中，研究者也要注意通过历史语言学内容的发现及内部拟构形态来判断几种语言之间的同源性问题是否合乎被研究语言的规律。再如，同源词研究法基本属于归纳法，即针对已经发现的语言样本，通过比较来拟构几种语言词汇的在发音、意义、词性、性、数、格等方面的共同特征。在统计方面，随着计算机的广泛应用，统计学方法、语料库的建立为归纳法提供了巨大的数据支持。归纳法也可以应用于语言类型比较、语言地域比较、方言比较等方面。

归纳法的样本收集一般涉及某种语言的地域分布、民族归属、方言差异、政治团体大小、宗教影响力、生产方式异同、受教育程度等不同情况。例如，田野调查发现，居住在毗邻地区的人群不一定属于同一语言群体；相同的民族也可能由于很多原因不使用同一种民族语言；方言有时会受到其他语言的影响。政治、宗教、文化的影响力同样不能低估，有些语言群体由于受到不同政治等因素的影响会改变自己的语言，

[①]　对比较语言学研究方法的划分十分细致，内容比较广泛，本书仅从宏观上讨论。具体可参见历史语言学、比较语言学的相关研究成果。

或仅仅在小团体内部如家庭中使用自己的语言。如果不将这些问题考虑在内，则归纳或许会变得无效。

2. 推理法

推理法旨在运用现有数据和素材，对具有同源性语言的构成、年代、变异原因进行假设性模型构建，如语言扩散论与语言变异论都属于这种方法。推理法的形成受到很多学科的影响，如社会语言研究成果表明，语言的分层是语言在社会中的共性现象，因此，如果某个语言已经出现了这种分层情况，同时这个语言团体具备了较为完整的政治、宗教等权威体系，并且能够熟练使用文字的人群规模较小，那么就可以尝试作如下的推理：该语言的发展会在现有阶段呈现书面化特征。如果该推理成立，那么将该语言与其他语言进行同源比较时就应该注重书面文献。又如，假设某种语言没有文字，而该语言团体游离在其他具有文明特征的语言团体之外，那么就可以按照世界文明发展历史研究的成果推断，该语言会在一段时间内保持现有无文字状态，所以对其的研究就应该从人类语言学角度入手，注重传说及口传文献的收集。

虽然比较语言学难以从理论上得到认可，但其具体方法论却可以用于某些具体语言的比较研究，所以比较语言学的方法实为可行。当然，比较法也并非"全能"。例如，Lehmann列举了比较法的优点和缺点。他说："比较法一直是一个非常成功的方法，因为它允许我们从未发现的语言材料中拟构它们的早期形态。例如，印欧语系的唇软腭音（labiovelar）顺序证据并没有在早期方言中被广泛了解……然而唇软腭音却被拟构出来。当希泰语（Hittite）文字被发现后，软腭音及唇音被证实存在，因此支持了原始印欧语系的拟构形态。"但是，比较法的缺点也很明显："使用比较法做出的拟构在语音上不如拟构所依赖的语言材料准确。在希腊语ph、日耳曼语b、斯拉夫语b、拉丁语b、梵语bh、亚美尼亚语bh的基础上，我们拟构出古印欧语bh，却无法确定其当时的发音。我们也不能阐述原始印欧语的唇软腭音是否为先发出软腭音，后接圆唇唇音，是否为合口唇音与软腭音同时发出……我们在拟构的语言中也失去了语言的复杂性特征……虽然比较法要求我们拟构一个不考虑方言的原始印欧语，但如此多的变体却显示，它们的原始母语已经存在方言。"（Lehmann，1992：151–152）在 Crowley 的讨论中也能看到他对历史比较语言学理论的态度。例如，他在比较法一章以及全书中都没有讨论理论，而仅仅从具体语言间的比较来展示某些具体的对应现象。（Crowley，1998：87–118）

综上，从我们对比较语言学理论及两种研究方法的讨论中可以看出，它们都难以揭示所比较语言之间的所有同源信息，因为"经历了千百次的重构……现代语言是一种混合语言"（卢梭，2003：81），"语言……是一个多层面或多混合（strand）现象，每个层面或混合或许来自不同古代语言及不同语言"（Lyons，1988：156）。所以，即使排除非语言之间的相互影响，语言自身的发展也会呈现出多重混合现象，语言会在自我"补丁"①过程中产生、变化、脱落和接纳其他语言的语音、词汇及语法内容。也就是说，任何一种语言的发展，除了自身的逻辑性及非逻辑性变化之外，还融入了其他多种语言。

然而，尽管如此，笔者认为，虽然朝鲜语的分类情况在不同语言研究者心中有着不同的观点，但是从朝鲜语被集中讨论的情况本身也可以看出，其与通古斯诸语言及阿尔泰语群有着一定关系。所以，朝鲜语与通古斯诸语言的同源之比较实属可能。从历史语言学及比较语言学的角度看，情况也是如此。虽然我们尽量避免使用"理论"对语料进行分析，也尽可能不提出该思想，但是，根据上述判断，如果遵循以往的研究方式，采用尽可能细致的对比及拟构方式，就有可能较好解释和描述朝鲜语与通古斯语同源的可能。当然，历史文献不足，尤其是古朝鲜语与古通古斯语文献不足的事实，导致我们难以发现朝鲜语及通古斯语自

---

① 所谓"补丁"，是指人类出于需要而不断增加很多不合乎自己语言的表达方式，如汉语强调工整和对仗，但仍然有不合乎汉语逻辑或语法表达的现象，如与"七上八下"相比，"乱七八糟"就不符合汉语表达的惯用语法。在语言对译时，这样的情况也有发生，如"米老鼠和唐老鸭"看似合乎汉语对仗表达，但其意义相对于原语言来说并不准确。

身的演进细节。但是朝鲜人与相邻民族之间在历史、文化、DNA 及人群名称等较为微观层面具有同源性，因此，笔者认为，在人群同源的基础上来讨论，朝鲜语与通古斯语之间具有可比性。这便是本书对朝鲜语与通古斯语进行比较的依据所在。

第二节　朝鲜语与通古斯语同源问题

朝鲜语与通古斯语是否具有源流上的共同祖先的问题一直困扰着研究者。他们各言其理，有时相同，有时相左。本节旨在通过对典型观点的综述来简要说明各家观点。

一　朝鲜语的源流问题

关于朝鲜语与通古斯语的可比性，国外学者的主要分歧在于朝鲜语是否与阿尔泰语系有渊源关系。归纳起来，主要有如下六种假设：阿尔泰语系假设、南岛达罗毗荼语系（Dravidian）假设、马背民族（Horserider）超级语系假设、南中国沿海超级语系假设、南岛 - 朱蒙人（Austronesian-Jômon）超级语系假设、土生语言假设。但迄今为止，上述所有假设都存在争议，也难以从语言事实本身或者从考古、基因、人类学等其他学科得到实实在在的证实。[①]

尽管国际上有着不同的语言起源假设，但是中国学者的研究成果均倾向于朝鲜语与阿尔泰语，尤其是与满 - 通古斯语、蒙古语、突厥语同源。

讨论朝鲜语是否与通古斯语具有同源关系，首先必然涉及一个重要的语群，即阿尔泰语群。如果朝鲜语归属于阿尔泰语群，则基于其上的比较方可进行下去。否则，一切历史语言学层面的比较就失去了基础。从通古斯语研究的情况看，它属于阿尔泰语系已经基本没有大的争议，

---

① 具体讨论主要参见 Sohn（2004）及 Lee & Ramsey（2011）。

而朝鲜语（也包括日本语）则因为其特有的语言特点而能否归入阿尔泰语群面临很多的争议。例如，1902年版百科全书中所列出的朝鲜语词条显示，朝鲜语隶属于突雷尼语族（Turanian）①。朝鲜语有14个辅音，分别对应欧洲语言的k、l、n、r、t、m（或b）、p（或b）、s、ng（或鼻音n）、ts、tsh、kh、th、ph（p的送气音，而非f）和h，还有11个单元音和由这些单元音构成的13个双元音。朝鲜语中有大量汉语词，但是这些词已经被朝鲜语化。朝鲜语的名词共有9个格，没有形容词，名词和动词取代了其位置。超过"90"以上的数字，例如100、1000，均采用汉语方式表达。除了简单肯定式、条件式、疑问式、敬语式之外，动词可以表示原因及其他形态。但动词没有依据人称的变格形态，并且动词的确根据其所描述的人称而稍有变化。②这个1902年版的观点由于过于陈旧而无法得到现代研究者的认可。

观点一：朝鲜语是阿尔泰语系中的一支

法国传教士达莱（Claude-Charles Dallet）在其《韩国天主教教会史》（*Histoire de L'Église de Corée*）中简单讨论了朝鲜语和塔塔尔语（乌拉尔－阿尔泰语系）类型上的类似性，认为朝鲜语属于阿尔泰语系。

鲍培（Nicholas Poppe）推测原始阿尔泰语通行于兴安岭周边地区，并分成四个语言群：蒙古语（西北）、土耳其语（西南）、通古斯语（东北）、朝鲜语（东南）。他认为，这些相邻语言在形态上相近，可能具有同源性，但朝鲜语最先分化。（Poppe，1965）"朝鲜语与其他语群之间的关联性仍然有争论。朝鲜语曾被与日本语、阿伊努语及阿尔泰语进行过比较。在结构上，朝鲜语与日本语最为相近，很多朝鲜语词语

---

① 根据维基百科，这是一个在波斯语中被称为"图兰"（Turian）的民族语言，其意义为中亚"图兰人的地方"，专指伊朗语。该名称首先出现在一本名为Avesta的波斯古经（亦称火袄教圣典）中，图兰为伊朗的一个民族。后来，"图兰"与"阿尼安"（Aniran）名称相互混用，表示"非伊朗"人的土地，特指突厥人居住的地方。

② http://www.1902encyclopedia.com/C/COR/corea.html，获取该网址信息时间为2015年4月5日。

与满－通古斯语、蒙古语和突厥语有可比性。朝鲜语受到汉语的影响很大。"鲍培认为，"古代朝鲜语的素材十分稀少，且不完整。这些语言材料主要在中国文献中得以记载"。（Poppe，1965：75–76）

"白鸟库吉在 1914—1916 年之间写出了《朝鲜语与 Ural-Altai 语的比较研究》一书，列出了 595 个句子，单词 800 个以上，将朝鲜语与满－通古斯语族、蒙古语族、突厥语族的诸语言及多种方言进行比较，指出朝鲜语在语音上与乌拉尔－阿尔泰语的相同或相近之处及在词汇和语法方面的类似之处。最后指出，在乌拉尔－阿尔泰语系中，应该在芬兰－乌戈尔语族、萨莫耶德语、突厥语族、蒙古语族、通古斯语族五语族之外，再加上朝鲜语。"（林毅，2009：90）

"在韩国国内，早在光复前，安自山等人就开始对韩国语和周边的满语、蒙古语、日本语等进行了比较。光复后，以李基文、金芳汉等为代表的学者，也开始在阿尔泰语系的大视野下审视韩国语，在倾向于肯定韩国语隶属于阿尔泰语系的同时，也对西方语言学家的一些认识做出自己的修正。""李基文、金芳汉、朴恩用、金东昭、金炯秀、成百仁等，也将视线由整个阿尔泰语系缩聚到与韩国语毗邻的满语（女真语）、通古斯诸语、蒙古语上来，将韩国语与这些语言单独比较。"（林毅，2009：91）

关于朝鲜语的起源问题，鲍培对李基文（Lee Ki-Moon）的观点做出了很好的总结："在公元元年时，曾经在朝鲜本地及相邻的满洲有着两个被认为是具有阿尔泰语来源的语群。一是北方（或称夫余）语群。该语群包括相关的夫余（Puyę）语、高句丽（Koguryę）语、沃沮（Okję）语和獩（Ye）语。二是以'三韩'为代表的一个南方（或韩）语群。在北方（夫余）语言区，高句丽王国建立。在这个王国中，使用北方语言的语群人被统一起来。在南部地区，新罗、百济建立。这三个王国于公元 7 世纪统一，新罗人成为统治者，并将首都设立在朝鲜东南海岸的金城（Kyęngju）。新罗王朝延续到公元 10 世纪，后由高丽王朝取代。高丽王朝定都于朝鲜半岛中部与现今首尔不远的开城（Käisęng）。开城语（含有古高句丽元素）成为所有高丽王朝人的语言。"（Poppe，1965：75）

李基文与 Ramsey 合作撰写的《朝鲜语史》（*A History of Korean*

Language）一书，坚持认为朝鲜语为阿尔泰语系中的一种语言，并且
与满语相关性最大："一个长期未决的朝鲜历史语言学内容是朝鲜语语
言归属和其来源问题……我们仍然关注一个所有比较研究中可能最有前
景的比较方向，即朝鲜语与通古斯语之间的比较。通古斯语被多数比较
者认为是阿尔泰语系的一个分支。在半个世纪以前，本书的研究者之一
（李基文）出版了一个探索性研究内容，即将朝鲜语与一个最为人知晓
的通古斯语 – 满语进行了比较。我们相信，在这个研究中得到的两者之
间的渊源关系仍然值得不断深入研究"。（Lee & Ramsey，2011：2-3）

兰司铁（Ramstedt，G. J.）在其《朝鲜语词源》（1949）中将朝鲜
语与满语进行了比较。他的观点在李基文的《满语与朝鲜语比较研究》
一文中得到肯定性的综述："在朝鲜语与阿尔泰语语言之间的比较研究
中，兰司铁最近做出了一个卓越的研究。在他的《朝鲜语词源》等文章
中，他将许多朝鲜语词和后缀与满 – 通古斯语、蒙语及突厥语言进行了
比较，并建立了足够令人信服的词汇和形态对应来表明朝鲜语确切属于
阿尔泰语系，解决了一个长期未决的问题。在兰司铁逝世后，N. 鲍培
（Poppe）教授对朝鲜 – 阿尔泰语之间关系表现出非常的兴趣。鲍培综
述了兰司铁的研究后，建立起很多令人信服的词源证据。这些证据纠正
或补充了兰司铁的词源研究。"（Lee，1958：104）

但是李基文等人对之前研究者的结论不尽赞同。他说："然而，朝
鲜语言对于从事阿尔泰语言研究的语言家来说是一个较新的领域。那些
杰出的先驱研究者所引用的文献非常有限。他们的古代和中世纪朝鲜语
知识也十分有限。这种情况导致他们的许多结论有误……朝鲜语言研
究虽然是个新兴的领域，但是朝鲜本地人的研究却依赖于很多古代文献
和当地方言。尽管由于缺少研究方法导致这些努力直到今天仍然没有
大的建树，但（尤其在）历史音位学方面，却得出了一些有价值的研
究结论。音位学对于比较语法而言具有不能割舍的重要性……"（Lee，
1958：105）

"多数主流语言学家都承认韩国语和阿尔泰诸语言之间存在许多共
同特征，如李基文认为：1. 都存在元音和谐；2. 词头辅音都受到限制；

3. 都属于粘着语；4. 都没有元音和辅音的交替；5. 都没有关系代名词和接续词；6. 都有副动词。"（林毅，2009：91）

Yoshizo Itabashi 在一篇关于日本语是否属于阿尔泰语系中的文章中，比较了日本语人称代词与阿尔泰语系中一些语言，如朝鲜语、满语等之间的异同，暗示朝鲜语是归属于阿尔泰语系的一个分支语言（Yoshizo，1997）。

Iksop Lee & Ramsey 认为朝鲜语与阿尔泰语有渊源关系。例如，在将朝鲜语与阿尔泰语进行比较时发现：①古朝鲜语的 *a 可以对应于原始阿尔泰语中的 *a[如中世朝鲜语 alay（底下、下面）] [〈*'a〉，埃文基语 alas "脚"、蒙古语 ala "（人体的）胯部，裤裆"、古突厥语 al "向下"、中世突厥语 altin "地下、下面"]。②在词汇对应方面，朝鲜语 p 可以对应原始阿尔泰语的 *p 或 *b[如中世朝鲜语 puz- "倾倒"、满语 fusu- "洒水"、蒙古语 üsür- "洒水'、土族语（Monguor）fusuru- "倾倒"、突厥语 üskür- "用嘴喷水"]。在语法形态方面，情况也是如此。例如，朝鲜语表示位置的方位品词 lo 能够与古突厥语 rü 及蒙古语 ru 相比较。该品词可以在原始阿尔泰语中拟构为 *ru/rü。更为明显的对应是，阿尔泰语动词名词化后缀 -*r、-*m 和 -*n 在朝鲜语中完全一致。这些都明确说明朝鲜语与阿尔泰语族诸语言的亲缘关系。（Iksop Lee & Ramsey，2000：6）

日本东京大学的 Martine Robbeets 认为，日本语与朝鲜语来源于阿尔泰语系："日本语言的来源与分类至今仍然是一个历史语言学热点讨论话题。最为可能的假设是日本语、朝鲜语及阿尔泰语系享有亲缘关系。然而，对日本语是否为阿尔泰语系语言的语言研究成果却反映出相差很大、观点相左的结论，如：否定立场（如 Doerfer，1963–1975，1974；Unger，1990；Nichols，1992；Janhunen，1992，1994；Kiyose，2002；Sh-gaito，2002；Vovin，2003b）、无置可否立场（如 Lewin etc.，1989：114；Shibatani，1990：118；Comrie，1990：856；Lyovin，1997：114；Johanson，1999：2；Trask，2000：16；Lee and Ramsey，2000：5）及肯定立场（如 Ramstedt，1924；Murayama，1958；Miller，1971；Menges，1975；Miller & Street，1975；Street，

1977；Finch，1987；Starostin，1991；Vovin，1994；Kortlandt，1993：1997；Ho-min Sohn，1999：22；Wang，1999；Itabashi，2001；Starostin，Dybo & Mudrak，2003；Robbeets，2003：20）。""阻碍我们达成一致的障碍之一是日本语音节结构在亲缘关系方面的归属问题……"（Robbeets，2008：337）

接着，在对日本语、朝鲜语、满语、通古斯语等阿尔泰语系分支语言的语音、音节结构等方面的分析中，Robbeets 发现日本语在发展过程中对原始阿尔泰语上述方面作了简化，并对阿尔泰语系一些语支的归属情况做出了自己的评述。他说："如果将如下情况列入考虑范围，则①词源反映了一个事实：音簇对应仅可以在一种语音环境，即原始元音音节及辅音音节簇中工整对应；②在日本语、朝鲜语及阿尔泰语系语言中含有出现频率较低的中音簇；③音簇不稳定的原因是某些音素出现不确定演变，如流音、脱落及逆同化。这种演变有时会导致原始语言中辅音簇的原始形态难以辨认……因此，可以做出判断如下：在每个对应的词后面都有着一些来自于各自原始语的同源词……这些证据十分确凿，所以不能归于单纯的巧合。"所以，"……日本语所反映出的朝鲜及阿尔泰语系中的音簇情况确定了朝鲜语和日本语深深根植于阿尔泰语系"。（Robbeets，2008：362-363）

韩国语言学家 Kim Bang-han 认为朝鲜语与通古斯语有历史渊源："在古代朝鲜半岛上有一种称为原始朝鲜半岛语，与日本语有相似的词汇。从高句丽的地名上可以推断出这个尚不知晓的语言存在。可以这样假设：古代朝鲜语通过某个阿尔泰语言形成，这便是通古斯语。"（转引自 Beckwith，2004：18）

国内一些研究者，如赵杰认为采用语言底层理论可以较好地解释朝鲜语①在历史上与其他语言有过密切接触，所以朝鲜语或许来源于上古时期进入朝鲜半岛的非阿尔泰语系以及阿尔泰语系语言，因此，朝鲜语同时带有一些汉语（吴越语）及阿尔泰语系语言（南部通

---

① 赵杰在其研究中使用"韩语"一词。

古斯诸语言）底层痕迹（赵杰，2007）。赵杰的观点虽然值得进一步探讨，但其认为朝鲜语与通古斯语有着底层的关联的观点是正确的假设。①

力提甫·托乎提认为朝鲜语隶属于阿尔泰语群。他在《阿尔泰语言学导论》中将朝鲜语并列在阿尔泰语群诸语言构成中，并列举了诸多朝鲜语与其他阿尔泰语群语言在元音、辅音、元音和谐、语法形态、代词（人称、指示、疑问）、人体器官名称、亲属称谓、方位词、某些动词、数词、其他基础词汇方面的同源特征，仔细论证了朝鲜语的归属问题（力提甫·托乎提，2004）。

干志耿等人从历史角度判断通古斯民族之间的语言源流问题："《三国志》提及沃沮语言与高丽大同，时时小异。"（干志耿、孙秀仁，1982：107）朝克、韩有峰等均持有类似观点。

观点二：朝鲜语并非来源于阿尔泰语系

反对朝鲜语来源于阿尔泰语系观点的研究很多，例如：Beckwith在总结朝鲜语源流或语言归属时对不同理论假设做出了评述，其中对阿尔泰语系说进行了长篇幅讨论。他说："对于日本民族语言②起源的讨论已超过一个世纪。所提出的不同理论很多，其中最有争议的是朝鲜语来源论、阿尔泰语来源论和稍有变化的马背民族（Horserider）超级语系来源论、南中国沿海超级语系来源论、南岛语（Austronesian）超级语系来源论、南岛－朱蒙（Austronesian-Jômon）超级语系来源论以及来源于最早在半岛生活者的土生语言论（autochthonous）。然而，由于不充分的证据，人们在不同理论间难以做出决断。直到最近，小心的研究者多数都对这些理论采取怀疑的态度。近来的考古学及古人类学研究不

---

① 赵杰认为朝鲜语中的"稻米"一词可能具有达罗毗荼语来源的观点值得讨论。稻米的生产在朝鲜开始较晚，稻并非朝鲜人独立驯化的植物，朝鲜人只是改进了所引进稻的生长特性。所以，或许朝鲜语中的这个词是个借词，而不能算作达罗毗荼语同源词，因此不能认为朝鲜语源自远古吴越语。

② Beckwith在讨论日本语起源问题时展开此段讨论，故涉及日本语。

断做出权威性结论，认为现代日本人是约于 4 世纪最早出现在九州岛北部的弥生文化（人）的后裔，并且该文化与朝鲜半岛最南端的朝鲜文化几乎完全相同。"……多数日本、朝鲜及西方历史语言学家认为日本语与朝鲜语都属于一个'大阿尔泰'（Macro-Altaic）语系或者一个稍有限一些的'大通古斯'（Macro-Tungusic）语系。"（Beckwith，2004：7–8）

Beckwith 随后根据日本学者等通过对《三国史记》中地名研究而提出的地名一般变化较小的观点，对李基文的研究做出了评述："李（基文）了解朝鲜和日本地名在语言历史的作用。他尤其注意到，从《三国史记》地名中可以看到高句丽语与日本语'从起源角度看'亲缘关系最近。"（Beckwith，2004：10）

他展开说："李（基文）首先在一本朝鲜语历史的书中发表了自己的观点。他之后又在另一本书中完整地阐释了自己的看法。根据李（基文）（及他之后的一些追随者）的观点，朝鲜语是一个与阿尔泰语系中通古斯语族和蒙古语族亲缘关系最近的语言。他与其他学者接受'大阿尔泰'语系理论，认为日本语和朝鲜语属于'大通古斯'语系或'东阿尔泰'语系的分支。其他姐妹语还包括通古斯语族其他语言。有些语言学家不接受这个理论，认为高句丽及其他古代朝鲜语言的夫余 – 高句丽语系（Puyo-Koguryoic languages）也为古坟时代（Kofun period）的日本语发展提供了元素。""李也同时认为高句丽语与朝鲜语在亲缘关系上虽然较远，但仍然与朝鲜同属于一种语言。""他还认为高句丽语是'唯一一个与新罗语有亲缘关系的语言'。而新罗语则是中世朝鲜语的直接祖先及'毫无疑问'与通古斯及蒙古语族，尤其是阿尔泰语的通古斯语支特别贴近的语言，其亲缘关系要近于朝鲜语。除此之外，夫余 – 高句丽语与朝鲜语族的两个语支的贴近程度最高，但新罗和夫余 – 高句丽语的亲近程度要高于夫余 – 高句丽语族与通古斯语族。"（Beckwith，2004：11–13）

Beckwith 认为李基文的观点相互矛盾，例如他所给出的两个不同语言之间亲缘关系图不尽一致。李基文的关系图如下：

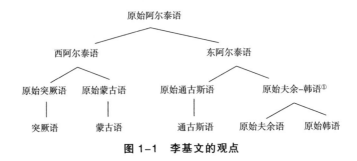

图 1-1　李基文的观点

Beckwith 认为李（基文）的第二分类图依据鲍培的观点而绘制：

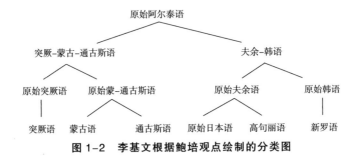

图 1-2　李基文根据鲍培观点绘制的分类图

由于 Beckwith 不满意李基文的分类，所以他给出了自己的亲缘关系图：

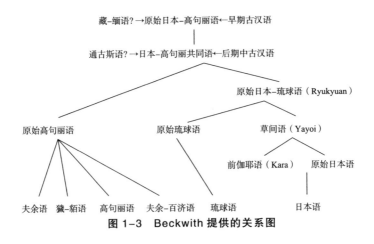

图 1-3　Beckwith 提供的关系图

---

① 为了保证引文的准确性，本书仅在引文处使用"韩语"字样。

从图 1-3 中可以看到，Beckwith 没有将阿尔泰语视为最原始的语群，而是将汉藏语群作为高句丽语的原始语。

杨虎嫩、高桦武同 Becwith 观点有近似之处："韩语和日语族群从地理上讲可能都出自东亚东部边界，可能就是现代的中国东北地区。讲韩语和日语的人群可能代表了两个相继的游牧民族波动，由居于亚洲中心区域的其它民族的迁徙所驱使向南、向东推进而形成的语群。""当前研究史前韩语亦有一个假设在起主导作用，这就是将韩语同所谓的'阿尔泰语'：突厥语、蒙古语和通古斯语，联系起来考察……""'阿尔泰语'假设最基本的弱点在于，'阿尔泰'语言之间本身的发生学关系，尚且停留在未经确认的假设层面。迄今已经完成的研究，其实只是证实了三种主要的'阿尔泰语'实体在一段相当长的时间（或者多个连续时间段）内经历了相互之间的深刻影响，导致了大量的借词以及其他相互作用的现象，一方面存在于突厥语和蒙古语之间，另一方面亦见于蒙古语和通古斯语之间。现代'阿尔泰'语言学的奠基者兰司铁（G. J. Ramstedt）本人就是一个勇于创新而又敏于洞见的杰出学者，他建构起了自己的观点，认为自己正在调查的语言都是在发生学上相互关联的，他并不乐于见到他的多个追随者固守这个不甚重要的沉寂教条。兰司铁也是第一个收集了有关韩语和'阿尔泰'语之间关系大量语料的学者，并且，他的解释是以一个真正发生学关系的假定为基础的。然而，兰司铁关于韩语研究最终的价值并不在于其最后的解释，而是在于涉及东亚、中亚和北亚多种语言之间词汇比较的大量关键细节。"

他们认为金东书的研究也有问题："不幸的是，对金东书的研究进行更为细致的考察中出现了不少要紧的纰漏，这些疏漏使得他的结论出现了问题。一方面，金东书并未因此而区分出可能的发生学关系词和次生的借词。这样，他的语汇比较清单里面显然就包括了韩语和通古斯语后来从别的语源，例如蒙古语或者汉语中借入的成分，偶尔还甚至有更为晚近的文化语汇出现在了他所设定的古代韩 - 通古斯语共同词汇成分之中了。无疑这样构拟的任何原始形式，比如（现代朝鲜语）kalpi（肋骨，来自蒙古语）、nosae（骡子，来自汉语）以及 tampae（烟草，通过汉语借入），都是不可信的……金东书的词汇比较材料中，约有90%的绝大多数，要想使人信服韩－通古斯语假设，似乎不太可能。剩下的就是少量尽人皆知的语汇平行材料，这不能够形成什么明确的音韵对应规律来：（现代朝鲜语与原始通古斯语对比）mul ～ *mö:（水）、pal ～ *palgan（足）、tul ～ *jö:r（二），以及少数其他词例。必须指出的是，金东书给出的所有比较词例实际上都来自早期别的学者，特别是兰司铁的引用。当然，金东书在将这些材料系统化的尝试中做了大量有价值的工作，但是，与其结论相反的是，他的研究的最后结果从韩－通古斯语假设的观点看来是部分否定性的。就我们现有的认识而言，韩语和通古斯语似乎并不相关，至少用通常的语言亲属观念来审视是不相关的。"

他们认为，重要的问题在于"事实上，韩语族群从北面和西北面进入今天的领土只是相对晚近的事了，可能也就是在三国并立的时代，抑或大约两千年前。如果事实如此，那么早期说韩语的人一定同化了朝鲜半岛原来的居民，他们所说的语言是迥异于韩语的。可以这样认为，原来的这些居民，至少有一部分是语言学上所说的'古亚细亚人'，可能和现代的吉利亚克人有某种联系，也可能有一些操早期通古斯方言的居民那时还存留在朝鲜。当然，所有的这些假设，都还未得到证实，令人信服的正面证据也还没有发现"。（杨虎嫩、高桦武，2006：61）

杨、高二人认为，古高句丽人使用日本语，他们后来由于不同方面的原因迁徙至日本列岛："操日语的人来自中部朝鲜何处？……相当可能的一个解释是，操'伪高句丽语'的人群代表着共同日语族群在大陆的最后留存者，而其主体则早已跨过朝鲜海峡踏上日本列岛，可能就像已经指出的那样，和弥生文化的出现有关联。另一方面，没有理由将口语看作是朝鲜半岛的'原初'语言。在更为一般的民族历史框架内，韩语和日语族群从地理上讲可能都出自中亚东部边界，可能就是现代的中国东北地区。在朝鲜半岛和日本列岛上，讲日语和讲韩语的人群可能就代表了两个相继的游牧民族波动，由居于亚洲更为中心区域的其他民族迁徙所驱使而向南、向东推进。如果这个解释成立，那么未来关于韩语和日语同中北亚多个语言族群之间关系的工作必然就会得出多个引人注意的结果来。在这个意义上，并考虑到民族历史的背景——但毋须虑及假定的语言学亲缘关系——韩语 – 通古斯语关系也就还有待进一步分析了。"（杨虎嫩、高桦武，2006：57-61）

Vovin 认为朝鲜语具有独立的语言源流，例如在《日本语、朝鲜语及其他非阿尔泰语言》（"Japanese，Korean，and Other 'non-Altaic' Languages"）一文中引用 Robbeets 的话说："每个阿尔泰语学者似乎都创造自己的阿尔泰。"（Vovin，2015）又例如，他在《朝鲜语是一个古西伯利亚语》（"Korean as a Paleosiberian Language"）一文中说：朝鲜语既不属于阿尔泰语，也不属于蒙古语系，而是"古西伯利亚语"。（Vovin，2015）

他引用 Robert Ramsey 的话说："朝鲜语可能曾经根本没有如今天在朝鲜全境人们使用的送气和紧辅音。这似乎很奇怪。然而，如同其他文化方面一样，语言会随着时间而产生非常根本的变化。我们难以想象朝鲜饮食是混合现象，但是我们知道朝鲜食物中最为基本的红辣椒却来自新大陆。历史记录表明，红辣椒经九州岛（Kyushu）地区引进朝鲜，引进时间为 17 世纪初。从历史角度讲，那并非是个久远的年代。在世宗（Sejong）时代，更不用说高丽或更以前的时代，没有人尝过像今天那样的辣白菜。也许一个更早时段中的语言并不如今天这样具有辣味。"

他论述说："首先，一旦排除朝鲜语次生的紧音和送气音，朝鲜语就显现出了同楚克奇 – 科里亚克语（Chukchi-Koryak），爱斯基摩 – 阿留申语（Eskimo-Aleut），育卡格赫（Yukaghir）及尼夫赫语（Nivx）的清爆破音和浊塞音：

$$p{:}\beta, \quad t{:}t/r < {}^* \eth, \quad c{:}z, \quad k{:}\gamma$$

"而这种现象与阿尔泰语系语言有着极大的不同。阿尔泰语系语言中存在爆破音的清、浊对立（或送气与不送气爆破音……）。"（Vovin，2015：235-236）

"其次，同阿依努（Ainu）和尼夫赫语相同，但与阿尔泰语不同，朝鲜语元音间及响音后清爆破音实际上为浊音或半浊音：

表 1-1　朝鲜语与阿依努语对比

词汇	朝鲜文字	音位	音标	词汇	阿依努语罗马音转	音标
海	바다	/pata/	[pada]	海	atuy	[aduy]
烟草	담뱃	/tampɛ/	[tambɛ]	今年	tanpa	[tamba]
这	이게	/ikə/	[igə]	他的弟弟	aki	[agi]
七	일곱	/irkop/	[ilgop]	纸	kanpi	kambi

"第三，根据 Robert Ramsey，一个广为人知的事实是，朝鲜语音节首紧音 / 喉阻塞音来源于音节首辅音连缀，这在中世朝鲜语中可以看到。这当然是次生现象……除了蒙古语之外，其他阿尔泰语系语言均没有音节首辅音连缀现象。但蒙古语辅音连缀却是很晚才演变出来的现象，且能够显然被认为或者由于固有词汇的非重读前缀的省略（aphaeresis）或来自藏语的借词……在朝鲜语中，情况更难以找寻。因为朝鲜语在 1500 年的变化中，如果不借用朝鲜语借入的外来词汇，几乎不能发现其原始朝鲜语形态……

"例如：中世朝鲜语 tti[tʔi]（带子）< 现代朝鲜语 stúy<*sitïri，在日语中为 sitərə。"

Vovin 给出了一些例子来证明朝鲜语具有独特的语法现象，例如"朝鲜语形容词是动词，而非名词。"

ka-nun　　　　salam

去 - 现在时　　　人

（一个人去）

ka-m　　　　salam

去 - 过去时　　　人

（一个走了的人）

pulk-un　　　　elkwul

红　　　　　　脸

（脸红了）

同样的例子可以在尼夫赫语中看到：

nivχ　　　　arak　　　ta-d'

（尼夫赫）人　　伏特加　　喝 - 结束

（一个人在喝伏特加。）

arak	ta	nivχ
伏特加	喝	人

（一个喝伏特加的人）

阿依努语中也可以看到同样的情况：

menoko	arpa
女人	走

（一个女人走了。）

arpa	menoko
走	女人

（一个走了的女人）

这与阿尔泰语非常不同，阿尔泰语中形容词基本起名词的作用。

在结论中，Vovin 说，通过类型学研究，朝鲜语应该属于"古西伯利亚语"而非"阿尔泰语"，音位类型学研究无法证明朝鲜语与阿尔泰语具有同源关系，如两者之间的词序就明显具有差异。（Vovin，2015：236-240）

对于同源语言内部具有类型学差异的现象，有些研究者也同 Vovin 持有类似观点。例如，Lehmann 等人以爱尔兰语和梵语为例，说明同源语言间之间也有一定差异："今天精神健全的人都不会否认印欧语系。因此，古爱尔兰语与梵语相关。但是前者曾经为 VSO 语言类型，而后者为 SOV 语言类型。"

古爱尔兰语：

imdīched	in cú	Laigniu	huili
保卫	狗	兰尼人	所有

（狗保卫着所有兰尼人。）

梵语：

räjā	miga-m	han-ti
国王	羚羊	杀（第三人称）

（国王杀死羚羊。）

他们认为元音和谐特征也无法对类型学差异做出解释：蒙古语有元音和谐，但在甘肃－青海走廊中属蒙古语族的语言并没有该现象。然而，虽然乌拉尔语系与阿尔泰语系语言并非同语系，但它们都有元音和谐。所以，"朝鲜语就是朝鲜语……朝鲜语与世界其他语系毫无渊源关系"。（Vovin，2015：236-240）

Kotwicz 认为朝鲜语与阿尔泰语系的相似性是由接触和相互影响而形成的（Kotwicz，1962）。Miller 也认为语言和人群间的接触形成了朝鲜语与通古斯语之间的同源假象。例如，朝鲜语、日本语与琉球语有着共同的祖先，但由于使用这个语族的人与满 - 通古斯语族人在地理上相邻，所以才出现了它们之间在某些重要特征上的相似（Miller，1971）。

Seth 认为，朝鲜语与其他语言均无近亲关系。朝鲜语在句子结构上与日本语有许多相似之处，或许因为它们有亲缘关系。一个最近的语言理论将朝鲜语、日本语与阿伊努语归为一类，却无法找到日本语 - 朝鲜语 - 阿伊努语系关联的直接证据。对基因的 Y 染色体分析表明，至少有一些朝鲜人祖先从满洲地区及东北亚迁徙而来，并且经过长期在半岛的生活后，有些朝鲜人移居日本。迁徙大约发生在 4000 年前。朝鲜人和日本人有着共同的遗传标记。这些标记在其他亚洲人群中极为罕见。

他说："虽然（朝鲜语）与日本语有着最为可能的亲缘关系，但是朝鲜语特殊的语音系统及多数本土词却与日本语非常不同。朝鲜语辅音有送气及不送气之分，有松音和紧音之分，但其辅音却在轻浊音之间不加区分。这意味着朝鲜语中没有浊化的 b、d、g 或 j 词首音，却有三个 p、三个 t、三个 ch 及三个 k 音。加上复杂的音变系统，朝鲜对多数非母语者来讲发音困难。朝鲜语是个高度曲折语言，且没有声调。虽然现代朝鲜语中含有许多汉语借词，但它与汉语根本不相似。独特的朝鲜本土词汇及音系是那些现代朝鲜人引以为骄傲的原因。对语言学家来说，朝鲜语展示了一个语言的迷宫，这使得朝鲜语的渊源难以找寻。还需强调的是，历史学家不知道在公元 15 世纪朝鲜发明书写字母之前的朝鲜语听起来是什么样子，所以他们仅能猜测朝鲜语古代的语言结构"。（Seth，2011：9-10）

国内研究者孟达来认为，阿尔泰语系内部的相似性大概均由于接触而形成："除了同出一源的语言之外，密切接触的语言之间也能够形成同构和对应现象。因此，还不能因为阿尔泰诸语言在结构上的同构和语音上的对应就判定其语源关系为同源关系。""分布于北方细石器文化系统最东端的朝鲜语就具有阿尔泰语言的结构特征。"（孟达来，2001：16，40）

观点三：不加评论态度

在朝鲜语言源流问题上，一些语言学家则不发表自己的见解。他们仅仅列举了朝鲜语源流假设观点，并同时采用很多的证据来表明各种假设都有一定道理，却不提出自己的态度或倾向。例如韩国学者 Sohn Ho-Min 对主要假设都进行了论证，并给出了不同假设所持有的证据，但没有明确阐释个人的观点。（Sohn Ho-Min，1999）

国内的研究者，如宣德五等说："朝鲜语的系属关系未定。朝鲜语和阿尔泰诸语言比较，有很多共同特征。但也有不同的地方。特别是它们之间未能确立精确的语音对应规律。因此，虽然在朝鲜语系属问题上主张朝鲜属阿尔泰语系的观点占优势，但也不能是最后的定论。"（宣德五、金祥元、赵习，1985：1）

关辛秋认为："朝鲜语作为统一的民族语言，在历史上很早就形成了。现代朝鲜语有如下特点。在语音方面，辅音没有清、浊的对立，塞音、塞擦音有松、紧、送气音三套，舌尖擦音有松、紧两套，没有复辅音。在语法方面具有粘着语的特点，语序是主语在句首，谓语在句末，补语（包括习惯上所说的补语和宾语）、状语在谓语之前，定语在被修饰成分之前。在词汇方面，朝鲜语的词汇由固有词、汉字词和外来词构成，固有词是核心，汉字词①和外来词占有较大比重。"但"朝鲜语的系

---

① "汉字词是指来源于汉字，但有朝鲜传统读音的词。这类汉字词有四种：第一种是与汉语词义一致，读音相近的词，如：kaŋ（江、河），hakkjo（学校）。第二种是古汉语借词，如：ʧoŋkak［总角］（小伙子）、ʧʰɛk［册，书］。第三种是利用汉字自创的汉字词，如：toŋseŋ［同生］（弟弟、妹妹），pjəŋsin（病身、残废）。第四种是借自日语的汉字词，如 saʧin［写真］（照片），jəŋhuwa［映画］（电影）。汉字词在朝鲜语中所占的百分比，说法不一。有的人说高达 50%，有的人说 40% 以上。据 1994 年出版的《汉朝义同音近词语对照手册》（马洪海编，北京语言学院出版社），该书共收朝鲜语与汉语意义相同、语音相近的汉字词（即第一种汉字词）6510 条。该书在词语的选定上，以常用为主，即尽可能依据《现代汉语词典》所收录词条，此外也将《现代汉语词典》虽未收录，但也属常用的词语如'表现力'、'地名'等酌情收入。若加上不常用的第一种汉字词和另三种汉字词，说汉字词在朝鲜语中占有相当大的比例是有根据的。"（关辛秋，2001：18）

属未定……（朝鲜语）与阿尔泰语系诸语、日语等语言有许多相似的特点"。（关辛秋，2001：7，17–18）

侯玲文没有明确说明朝鲜语来源问题。她在综述了相关朝鲜语源流问题的研究后，认为朝鲜语在历史演变过程中受到了言语的极大影响，是"语言强度接触的一个典型"。（侯玲文，2009：307）但她没有通过汉语与朝鲜语对应词汇的研究结论说明朝鲜语的源流问题。

从上面的综述及分析中可以看到，不同的研究主要根据各自发现的语言事实来讨论朝鲜语与其他语言之间的亲缘关系，但尚无法得到全面证实。其原因或许在于，目前几乎所有研究都无法通过全面的对阿尔泰语系、汉藏语系、日本语、爱斯基摩 – 因纽特语、阿伊努语、南岛语系等语言，即从世界范围对所有语言进行对比之后再讨论朝鲜语与通古斯语、日本语的语言归属问题。如果从来源于非洲的现代智人在亚洲地区扩散的途径看，或许朝鲜人及通古斯人与汉藏语系使用者从一开始就属于不同语言群体，或许他们很早就从阿尔泰语群中分离，或许他们在走出非洲时就已经操不同的语言。如果如此，则汉藏语系与朝鲜语之间的渊源关系就失去了讨论的基础。从汉藏语系人群的体质特征看，他们同阿尔泰语系使用者相差不多。但尽管汉藏语系人群自古以来与阿尔泰语使用者生活的地区如此之近，可其语言却与阿尔泰语系大相径庭的事实难以证明 Beckwith 等人提出的朝鲜语与汉藏语系之间的亲缘关系。因此，Iksop Lee & Ramsey（2000：6–7）所认为的朝鲜语和汉语没有同源关系的观点在目前无法推翻。

第三种观点持有者对朝鲜语和其他语言之间的亲缘关系持谨慎态度的一个原因或许是，目前掌握的证据不足而无法推断朝鲜语和其他语言的亲缘关系。相比之下，第一种观点得到了相当广泛的认可，因为其研究在较多考虑到人群之间相互关系之外，还从语言上较好说明了朝鲜语和汉语之间的差异及其和阿尔泰语言之间的相似度较高的事实。虽然上述观点还有待于更加缜密、细致地论证，但是笔者认为，从人群的角度看，尽管朝鲜人在久远的过去生活在中国东北地区，且十分可能与汉语言人群接触密切，也事实上从汉语中借用了许多语音、词汇以及句法形式，但是他们的语言并没有与汉语在总体上一致，例如他们仍然保持着最基本的句法格式，即主、宾、谓，同时还保留着以词缀形式粘着在实词上来表示语法概念等与汉语极为不同的语言形态。这说明朝鲜语绝不属于汉藏语系。因此，笔者赞同第一种观点。[1]

二　通古斯语源流问题

在通古斯语言源流归属问题上，研究者很少有争议，似乎唯一的争议仅仅在于通古斯人的来源问题。然而，仍有少数学者单纯从语言角度对通古斯语的源流持有不同见解，例如 Beckwith 批评李基文的朝鲜语分类时，也同时展示了李基文对通古斯语源流的见解。李基文在表达自己观点的关系图 1-1 中，将原始通古斯语与原始夫余－韩语划归到东阿尔泰语下面，以说明通古斯语和朝鲜语分离的大致趋势。而在据鲍培观点绘制的图 1-2 中，李基文又将原始突厥语、原始蒙－通古斯语与原始夫余语、原始韩语并列在同一节点层面，而将蒙古语、通古斯语划归到原始蒙－通古斯语之下；同时，高句丽语与新罗语并列，并且将其分别划归到原始夫余语和原始韩语之下。（Beckwith，2004：14）Beckwith 在批评李基文的图示渊源关系混乱时，似乎意在说明这种分类不妥的原因是李对通古斯语研究不足。

很多人的研究都会出现否定自己先前想法的现象，这种科学态度实属正常。李基文对通古斯语源流的分类矛盾不过是微观层面的变化，并不影响其总体的思想倾向。但是在 Beckwith 的分类中则根本没有通古斯语的位置，这显然是 Beckwith 的误判。因此，在 Beckwith 讨论日本语和朝鲜语之间同源关系时，似乎缺乏通古斯语方面的证据支撑。

日本学者津曲敏郎没有给出通古斯语的来源情况，但他对中国及俄罗斯境内的通古斯语言进行分析后认为，通古斯语的划分是可信的。他细致分析了中国通古斯民族中鄂温克、鄂伦春、赫哲、满、锡伯等族语言的差异，认为"鄂温克族的一部分和鄂伦春族的语言包括于埃文基语

---

[1]　有些研究认为阿尔泰语系的假设并不成立。具体观点参见 Georg Stefan 等（1998）。

中，鄂温克族的大部分语言实际上属于索伦语，赫哲语应属于那乃语方言。另外与满语相区别的锡伯语言实际上可以认为是满语的方言。"（津曲敏郎，1996：13）津曲敏郎的讨论实际上说明了这些民族语言的同源问题。例如，他将鄂温克人的部分语言、鄂伦春语划归到俄罗斯境内的埃文基语，这说明他将这些民族视为同源民族。这些语言的差异和相同表现了由外在的原因而导致的同源语言的分化特征。

俄罗斯研究者 Nadezhda Bulatova 发现，居住在中国与俄罗斯境内的通古斯人群内部有着不同的自我称谓："鄂温克（Ewenki）（旧称为通古斯）人不仅仅居住在俄国，还居住在中华人民共和国。在中国，'鄂温克'这个名称包括三个群体：索伦鄂温克（Ewenki-Solons）、通古斯鄂温克（Ewenki-Tungus）和雅库特鄂温克（Ewenki-Yahuts）（Yakute）。在中国，鄂伦春被视为与这些不同的民族名称。但他们与生活在阿穆尔州（Amurskaya oblast）、外贝加尔边疆区（Zabaykalskiy kray）及布里亚特共和国（the Republic of Buryatia）的鄂温克人同源。这些鄂温克人曾经自称鄂伦春（Orochons），现自称鄂温克。""俄罗斯的鄂温克认为自己是一个民族群体……当我问：Sī ŋī bisinni?（你是什么民族人？）时，中国的鄂温克人回答如下：Bī ewenkī-solōn（我是索伦鄂温克人），或 Bī ewenkī-tungus（我是通古斯鄂温克人），或 Bī ewenkī-yakute（我是雅库特鄂温克人）。"（Bulatova，2014：22–24）

国内研究者对境内的通古斯语族的分支没有不同观点，如将在中国境内的通古斯语称为满－通古斯语族，并细化为南语支（满语、锡伯语）和北语支（鄂伦春语、鄂温克语、赫哲语）。有代表性的研究如下。

哈斯巴特尔在研究阿尔泰语系诸语言的同源性与文化之间关系后认为，通古斯语是阿尔泰语系中相对独立的一支。例如他将朝鲜语、日本语、女真语、满语等视为通古斯语族语言，并将其与蒙古语、突厥语进行了语言与文化比较。他认为这些民族具有共同源流。例如，关于鄂温克人，哈斯巴特尔将其视为来源于"汉文史书中记载的北方民族—肃慎、挹娄和女真等古代民族……""鄂温克族语历史上的这些北方古老民族有着渊源上的联系。"（哈斯巴特尔，2016：11，60–63，216）。

吴守贵在对鄂温克人文化、历史、经济、宗教等方面综合讨论中认为，鄂温克人是通古斯人的一个民族。"原苏联出版的《西伯利亚及远东地区各民族》一书'鄂温克人'一章中记载：'在西伯利亚地区众多少数民族中，鄂温克是分布最广而人口较多的民族，鄂温克人生活的地区总的界限，是西临鄂毕河流域东至鄂霍次克海岸和萨哈林岛（即库页岛）；南界上通古斯卡（安加拉）河、贝加尔湖以及阿穆尔河（黑龙江）；北界与埃文人、雅库特人、多尔干斯人和年特西人毗连……鄂温克人普遍地称自己为'鄂温克'，而以前他们以'通古斯'、'毕拉尔'、'玛涅格尔'著称……"吴守贵还引用史禄国《北方通古斯的社会组织》的记述："我有点倾向于用他们自己的名称'鄂温克'来称呼北方通古斯人。"他同意《西伯利亚及远东地区各民族》所阐释的鄂温克人的"'通古斯'称谓，起初是雅库特人称呼鄂温克人的，在17世纪初被俄罗斯人采用，称鄂温克人为'通古斯人'。据《西伯利亚及远东地区各民族》一书中称：'通古斯'这个名称的起源不很清楚，对此，学者们提出过很多假说，目前我们只能说'通古斯'的词源既不是俄语也不是鄂温克语，而是很古老的中亚人某种语言"。（吴守贵，2000：1-3，6）

都永浩、姜洪波认为赫哲语为通古斯语族中的一种语言："属阿尔泰语系满-通古斯语族满语支。"（都永浩、姜洪波，2008：1）赵阿平、郭孟秀、何学娟也支持同样的观点："赫哲语属阿尔泰语系满-通古斯语族满语支。"（赵阿平、郭孟秀、何学娟，2013：38）

朝克认为："满通古斯诸语属于阿尔泰语系满-通古斯语族语言，其中包括现在的满语、锡伯语、鄂温克语、鄂伦春语、赫哲语五种语言，以及历史上的女真语……在俄罗斯远东及西伯利亚地区也有不少。而且，满通古斯语族语言，同蒙古语族语言和突厥语族语言，以及同朝鲜语、日本语、日本的阿伊努语、北欧的萨米语、北美的印第安语等，均有十分复杂而多层面的历史渊源关系或共有关系。"他还对我国东北地区古代一些民族的语言源流也进行了总结："我国的满语、锡伯语、鄂温克语、鄂伦春语、赫哲语称满-通古斯语言。国内也称满-通古斯语支语言，国际上除了称满-通古斯语族语言外，还称其为满洲通古斯语，以及通古斯满语或通古斯诸语等。其中，使用女真语的女真人跟历史上的'肃慎'、'挹娄'、'勿吉'、'靺鞨'、'生女真'等有直接的历史渊源关系；满语是女真语分离出来的语言，使用锡伯语的人们在汉文历史上多次以'须卜'、'犀比'、'师比'、'失比'、'席比'、'西博'、'西伯'、'史伯''席伯'、'锡伯'等称谓出现，后人甚至把他们解释为满族的一个早期分支；鄂温克语、鄂伦春语、赫哲语也都是在历史的不同时期的女真语分化出来的语言。"（朝克，2014b：1）

杨衍春归纳了俄罗斯境内满 – 通古斯民族及其语言现状："满 – 通古斯民族主要分布在俄罗斯境内的东西伯利亚、远东地区，中国的黑龙江、吉林、辽宁、内蒙古、新疆地区及蒙古国的巴尔加地区……满 – 通古斯语族共包括12种语言，即满语、锡伯语、女真语、赫哲语、鄂温克语、鄂伦春语、埃文语、奥洛奇语、奥罗克语、乌德盖语、乌里奇语、涅基达尔语。"（杨衍春，2008：95）

赵杰以朝鲜语与满语的词汇比较结果为基础，认为"朝鲜语、满语在发生学上……同源"。因为"在简单比较了朝鲜语（韩）和满语'语法类型的相同'、'元音和谐律的对应与共存'后运用历史比较法比较了古、今朝鲜语（韩）和满语的同源成分基本词，从中找出了它们之间有系统有规律的语音对应"。（赵杰，1999：32）

小　结

对通古斯语和朝鲜语之间的关系问题，国内研究没有大的争议，但具体划分有些不同。例如，朝克的视野扩展到日本语、朝鲜语、阿伊努语、萨米语、印第安语，以及古代文献中记录的相关地区其他民族的语言，但是将北美印第安语言不加区分地统统划归通古斯语系似乎难以得到语言证据上的支持。除此之外，对古代文献记录的民族语言情况也没有给出确切的语言证据。尽管朝克对通古斯语与爱斯基摩语名词进行过比较，但他却没有明确给出两者之间是否有同源关系。（朝克，2001a）杨衍春的综述没有涉及朝鲜语、日本语、阿伊努语等。赵杰的"古朝鲜语"提法值得商榷，因为目前很难见到比较系统地描写古朝鲜语的文献。[①]

实际上，通古斯语的源流情况研究应该包括爱斯基摩语、阿留申语及因纽特语。笔者在先前的研究中考察了这些语言的同源情况，发现了超过 40 个同源词。（尹铁超，2002）虽然该研究仅仅比较了鄂伦春语与爱斯基摩语的一个方言（因纽特语）的基础词汇[②]，但是结论却指向了通古斯语与因纽特语之间存在同源关系。

国内关于夫余人的语言研究也应该划入通古斯语研究范围之内，例如张士东、李德山等人的研究虽然有些问题，却极有价值。他们的研究探讨了文献记载不足的夫余人语言，其结论指向了古代夫余语与高句丽语之间有同源关系。李德山从历史和语言角度考证了夫余人与高句丽及其周边民族的来源，夫余及高句丽语的词尾音值；张士东等考察了夫余语的最后一个音节元音音值，从语言角度证明了历史文献中的沃沮"饮食居处，衣服礼节，有似句丽"，"其语言与句丽大同，时时小异"的观点。（李德山，1991；张士东、杨军，2010；干志耿、孙秀仁，1982：107-108）本书在他们研究的基础上，进一步讨论夫余人名称问题，认为夫余名称的最后一个音节的意义可通过通古斯语言的人称后缀得到解释。因此，这个结论是从语系内部找到同源性支撑。同时，本书的探讨还得出了 f 音在通古斯语系内部系统性缺失的现象，从而证实通古斯语族内各个语言之间的同源关系。（尹铁超、赵志刚，2015）

笔者认为，国内外关于通古斯人语言归属的观点值得重视，这些研究都有着明确的指向，即通古斯语和朝鲜语之间有着事实上的可比性，因此两者之间或许有同源特征。然而，尽管如此，我们还需要从细节上论证两者之间的源流情况。

[①]　李基文、Sohn Ho-Min、Iksop Lee 等人认为古代朝鲜语研究的实际困难在于文献不足，因此难以拟构出古朝鲜语的情况。参见 Lee & Ramsey（2011）、Sohn Ho-Min（1999）、Iksop Lee & Ramsey（2000）等。

[②]　"基础词汇"也称为"斯瓦迪士核心词列表"，是指由 Morris Swadesh 提出的同源语言之间可能共有的 100 个核心词，参见 Swadesh（1955）。

第二章　朝鲜语与通古斯语时段划分

　　一般来说，某个或某些被称为民族的人群的语言变化与其历史事件发生之间有着很大的联系。但是，这种变化并非总是在某个历史阶段出现或结束后产生泾渭分明的语言界限。从宏观角度看，语言时段的划分有客观依据，因为语言总会在某个历史时期出现与其前一时期不尽相同的地方。历史语言研究发现语言变化是客观的、永恒的规律，同时语言的变化却往往呈现出渐进特点。除非有特别极端的历史事件或自然环境发生巨变，否则语言决然不会自身产生突变。例如，美国《韦式国际词典》（*Webster's International Dictionary*）第二、三版相隔超过 30 年，但在第三版里仍然可以找到 30 年前的语言用法。又例如，即使没有学习过古代汉语，绝大多数现代中国人仍然能部分读懂中国古代文献。

　　然而，为了能够较好地认识语言变化的情况，研究者总是试图对语言中某些特殊情况进行分类，并因此比较硬性地对语言时段进行主观切分。例如，即使在有着较为丰富的历史文献的中国，不同的研究者对汉语演进时段的划分也难以获得所有人的认可。例如，汉语按演进的时段大致可以划分为远古、上古、中古、近古和现代汉语，这种判断并非全部来源于对语言发展现象的观察和总结，而很大程度上是依据中国古代朝代更迭和重大历史事件的发生时间进行判定："古代汉语是相对于现代汉语而言的。它们之间的大部分界限是在'五四运动'前后……上古汉语研究的对象，一般是指先秦两汉的书面材料……中古汉语大致包括魏晋南北朝隋唐时代的书面材料……近代汉语指的是宋元以下的汉语……"（白化文、许德楠、李鼎霞、李如鸾，1981：1–2）这个例子说明，这种时段划分法极为模糊，且仅以"大约"、"大致"的定性方式描述某个时段与上一个或上几个时段之间语言演变的情况。

朝鲜语和通古斯语的历时演变及时段的划分情况也是如此。

第一节　朝鲜语时段划分

古朝鲜语的断代时间难以确定。Iksop Lee & Ramsey 认为，"最先从某个祖先语族分离出来的朝鲜语被称为原始朝鲜语（proto-Korean）。然而，关于原始朝鲜语我们所知甚少，既不知道它的来源，又不知道它的发音是什么样子，也不知道它经过什么样的自我演变过程才演进为我们在历史文献中所能看到的朝鲜语。"

关于朝鲜半岛的最早记录可追溯到"三国"时代，即高句丽、百济、新罗同时出现在半岛的时代。从那个时候开始，这些国家被开始记录并一直延续到现在。朝鲜语的发展过程有三个阶段。

古朝鲜语阶段：这个阶段从三国时代一直延续到公元 10 世纪新罗统一半岛。这个阶段持续了大约一千年。人们所说的"古朝鲜语"即是当时在半岛上高句丽、百济和新罗人使用的语言。新罗语被认为是连接古朝鲜语与中世朝鲜语的语言。高句丽王国自公元前 37 年延续到公元 668 年；百济自公元前 18 年延续至公元 660 年；新罗自公元前 57 年延续至公元935 年。

中世朝鲜语阶段：这一阶段开始于公元 10 世纪，结束于公元 16世纪末。从高丽王朝（918~1392）开始，至 1592 年壬辰战争（Imjin War）（日本入侵）。中世朝鲜语又分为早期中世朝鲜语与晚期中世朝鲜语。早期中世朝鲜语自高丽王朝建立延续至朝鲜王朝；晚期中世朝鲜语从最早出现朝鲜文字的 15 世纪开始延续到 16 世纪。

现代朝鲜语阶段：所谓现代朝鲜语也可以被称为"当代朝鲜语"，指 17 世纪至今。

尽管文献中有关古朝鲜语的记载几乎为零，但是语言学家仍试图通过用古代中国、日本与朝鲜文献的记录比照后来出现的朝鲜文献，找到

一些古代朝鲜语的线索。（Iksop Lee & Ramsey，2000：273-274）

Iksop Lee & Ramsey 的朝鲜语时段划分具有一定的理据。在其他研究中也有类似的历史和语言角度相结合的划分方式。例如，元董仲《三圣记》中记载："人类的祖先是 Naban（那般）和 Aman（阿曼）。他们相遇在 Aisatha（阿耳斯它），并根据天帝的旨意成婚。九个桓（Hwan）部落都是他们的后代。"韩国历史学家郑渊奎（Chung Yenkyu）认为，这些名称可以在现代朝鲜语中找到意义的证据，如 Naban 在朝鲜语中的含义是"天帝与梵天的结合"。"Naban 在佛教中意为"最高福佑"。Aman 一词在基督教中的意义为"阿门"或"真诚的祈祷"。"在朝鲜语中，这些词根据朝鲜语语法规律，变成 /naban/>/nabai/>/abai/> 父亲，/aman/ 母亲。"（Chung，2009：2）

郑渊奎的朝鲜语时段划分与对文献记载的人名的考据有关。这说明人名、地名与历史不可分割，且对人名、地名意义的考证可以作为语言时段划分的一个依据。但郑渊奎所讨论的人名、地名难以证实。其他研究也试图通过名称的考证证明当时的语言情况。Jinwung Kim 认为"檀君"的意义是萨满，而"王俭"的意义是政治领袖（Kim，2012：11）。李基文等人对于"王俭"一词的含义解读类似于 Jinwung Kim 的观点，认为："关于古代文字一些……词汇中有着引人思考的观察。一个用来称呼檀君的名词是'王俭'（wangkem），该词显然意义为'统治者'或'君主'。'王'在汉语中为'国王'，kem 或许是最近义的对等意义词语。这个意义在新罗词'国王'的发音对照中得到印证。"李基文等人给出的另一个类似的例子是对"箕子"（Kija）名字的解读："……研究者最近发现百济语中'国王'发音上与 Kija 相似……所以或许该名是早期当地人称呼国王的词的转写。"（Lee & Ramsey，2011：33）

当然，李基文等人自身也认为该思路或许无法确定古朝鲜语的所有情况，在目前所能看到的文献中，无法找到真正语言学意义上对古朝鲜语探索有所贡献的内容。他们认为在这方面最为可能的是从新罗语入手，因为新罗统一朝鲜半岛是朝鲜历史上最为重要的事件，所以从新罗语来探求古朝鲜语是唯一途径。（Lee & Ramsey，2011：50）该观点的正确之处在于：将朝鲜神话作为语料从而找到古朝鲜语的证据，因为个别词无法用来拟构整个语言的全貌。"箕子朝鲜"不过是个传说，"卫满朝鲜"虽然在文献中有所记载，但是只言片语，对探索古朝鲜语作用有限。而在百济和高句丽消亡后，新罗语随即变成了政治意义上的统一语言，且有很多中国文献、朝鲜中文文献和日本文献能提供该时期的证据，所以从有关新罗的文献中寻找古朝鲜语的痕迹是必然。

综上，语言的时段划分与历史年代学研究有着不可分割的联系，其主要原因在于语言往往在历史大事件发生时会受到严重影响。例如，重大的朝代更替会导致语言和文化沿用或者转折，因此，语言时段的划分必然有其历史背景。然而，对于一些远离剧烈政治变革地区的某些人群而言，重大的变化对语言演进的过程又似乎没有显现出即时性特点，政治变革对语言的影响会经过很长一段时间后才能显露出来。对于朝鲜语言来讲，它的演进符合第一条规律，即朝鲜语的变化与历史上重大事件的发生直接关联。由于朝鲜半岛的地理位置对日本、中国来说有着不同程度的重要性，所以朝鲜人群不得不在抵制外来入侵及接纳外来文化的同时努力维护自己的语言的地位。然而，这种努力往往因为外来势力的强大而在一定程度上失效。从这一点看，朝鲜学者对其语言历史时段的划分有着比较合理的观察。然而，尽管如此，目前我们仍然无法找到原始朝鲜语确切的时段。这很容易理解，因为对任何语言的上溯都无法在文献缺失的情况下确定该语言的原始状况。郑渊奎的观点难以得到文献的支持，因此无论他将朝鲜历史回溯多久远，都无法证明其观点的正确，其他人亦如此。（尹铁超、周滨，2015）

第二节　通古斯语时段划分

与朝鲜语相比，通古斯语的时段划分更加困难。其原因在于朝鲜语时段划分中至少还有相对"丰富"的语料文献，例如，流传至今的《三国史记》、《三国遗事》等，还有部分朝鲜语音转汉字的文献记录，如

《鸡林类事》、《乡药救急方》，以及后来出现的《训民正音》、《龙御飞天歌》等具有拼音形态的文字文献能够为朝鲜语时段划分提供部分佐证。而有关通古斯语的古代文献极为罕见，这使研究者难以看到古通古斯语言情况全貌。当然，中国古代文献中提到的一些民族名称、地名等对追溯古通古斯语的源流有一定文献价值。例如，哈斯巴特尔考察我国古代文献记载的肃慎、稷慎人的音值情况，认为其经历了 u→i 的演变：ǰusen→ǰisen（稷慎）。"值得注意的是，以上所构拟的 *ǰusen 语音，同上面的'朱先'、'女真'、'诸申'等族称的读音基本一致。"（哈斯巴特尔，2006：247）再如，中国古代文献中记载有"兀的改"："兀的改为女真语'野'之意，即以后所谓'野人'。后来的乌德盖当即由兀的改而来。"（干志耿、孙秀仁，1986：97）"兀的改"意义为"野人"的说法可以在朝克的《满–通古斯语族语言词汇比较》中找到一定证据：朝克在词汇对照表中给出女真语"野外"一词的读音为 udigə（朝克，2014a：19）。尽管在其他满–通古斯语言中表示该意义的词汇语音形态与女真语该词读音相差很多，且难以拟构出该词的较古老形态，但是这个证据值得重视。①

古通古斯语的语音情况也可以从中国和朝鲜古代文献中找到一些线索，这可以用来说明通古斯语和朝鲜语之间具有同源关系。例如，《后汉书·东夷传》中提及通古斯人所生活的一些地域中的某些人群名称，如"涉貊"、"沃沮"、"挹娄"，以及一些地名，如"沟娄"等，可以通过对照现代通古斯语找到一些意义上的联系和语音线索。例如，"涉貊"中的"貊"和 bej（人）对应；"沃沮"②与"勿吉"、"窝沮"有一定关系，且可以和现代通古斯语 wuji（密林）③对应；"夫余"中的"余"也可以

---

① 朝克用以与女真语作对比的语言包括满语（bigan）、锡伯语（bigan）、鄂温克语（həgur/howər/həər）、鄂伦春语（kəwər）、赫哲语（bajin/kəwər）。（朝克，2014a：18–19）
② 很多研究者将其写为 Okchŏ（Seth，2011：21）、Okjŏ（Ilyon，2007：42）或 Okję（Poppe，1965：75），显然，韩国学者有着不同的观点。但 Okchŏ、Okjŏ、Okję 的读音与"沃沮"出入并不很大，例如，o 的读音可能是 wok，而 chŏ（so）与 jŏ、ję（沮）中的 o 音也能关联。
③ "窝沮"的满语读音为 weji（刘厚生、李乐营，2005：378），Negidal 语为 xujēn（密林）（Sergei Starostin：Altaic Etymology）。

和通古斯语表示人称后缀的 yo 对应;"沟娄"的实际读音实为 me(买 / 卖)(水)[①] 和 yo(娄)(人),[②] 该词中的 yo 在中世朝鲜中的读音变为 hu,因此"沟娄"可以与朝鲜语中发现的"水"(买)与"城"(忽)对应,[③] 同时也与通古斯语的 moo(水)对应。

根据上述文献及语言探索情况,划定通古斯语的历史阶段实属困难。因此,本书粗略地将通古斯语划分为四个大时段,并尽可能通过文献的解读和对语言事实的探索来给出划分依据。

一　原始通古斯语时段

原始通古斯语时段的语言情况因没有文献支持难以描述,因此,这一时段大致可以界定为通古斯人出现至古通古斯语形成之前。

二　古通古斯语时段(前 1700~1234 年)

这一时段大致相当于我国的商代至金代。对于这一超长时间内古通古斯语言情况,我们能通过对涉及通古斯人的文献的解读而获得。例如,从《史记》中所能看到的箕子是第一位赴通古斯 – 朝鲜人群居住地的人,所以,我们尚可以认为当时关于通古斯 – 朝鲜人已经有了最早记录。汉朝后来在其东北部设置乐浪等四郡的历史记载,则确切表明当时通古斯人的地理位置及大致语言情况。

---

① 李强认为:"《三国志・魏书・东夷传》东沃沮条载:'北沃沮一名置沟娄。'同书毌丘俭传作'买沟',但在《三国史记》中又作'買沟谷'。《高句丽好太王碑》碑文中则作'賣句'。置、買、賣三字字形相近,或有误者。以古碑中賣为正字,那么,置、買即是賣字之传讹。卖沟娄、卖沟、卖沟谷等,均是北沃沮的别称。据《三国志・魏书・东夷传》高句丽条知'沟溇者,句丽名城也'。东沃沮语言与高句丽相近,或为同意。"(李强,1996:3)

② 本文同意李强的观点,即"沟"实际为"买"。但是"娄"的读音与"夫余"中的"余"同音,为 yo,表示"人"(尹铁超、赵志刚,2015)。

③ 李基文认为,根据中国文献,高句丽语与夫余语中的"城堡、城"的发音为"沟娄"。而到了中世朝鲜语(百济、高句丽语)中,"沟娄"音变为"忽"。例如,《三国史记》卷三十五记载,"水城郡 本高句丽买忽郡 景德王改名 今水州",《三国史记》卷三十七记载为"买忽　一云水城"、"买召忽县　一云弥邹忽"、"南川县　一云南买"、"述川郡　一云省知买　马忽"、"内乙买(内买)　一云内尒米"。(Lee & Ramsey,2011:39)

我国历史文献中所记载的"沃沮"也是通古斯人的先人之一。《三国志·沃沮传》说"其言语与句丽大同,时时小异"。《后汉书·东夷列传》也称其"言语、饮食、居处、衣服,有似句骊"。《后汉书》记载了有关东夷人、夫余人、肃慎人等的一些名词。但是,根据干志耿和孙秀仁的观点,对"通古斯"这一名称的记载首先出现在俄罗斯文献中。根据俄罗斯人记载,17早期世纪是他们首次接触通古斯人(被称为"埃文基人")并向其征税的开端。(干志耿、孙秀仁,1986:58-59)因此,我们能够看到的文献最早不过如此,而这些文献对通古斯人的语言则没有确切的记录。然而,可以根据上古音系与文献记载的名称大致推断出一些古代通古斯语的非系统性、个别语音的读音及其意义(李德山,2010)。我们的研究也表明,夫余人应该是通古斯民族之一员(尹铁超、赵志刚,2015)。

唐、宋、元时期文献记载则对通古斯人群,尤其是高句丽及朝鲜半岛上的人群有更加明显的关注。因为当时高句丽、百济及新罗等小国由于国内外特殊原因,与强大的中国王朝时而结盟、时而争斗,所以中国文献对通古斯人群的记载较为丰富。但是这些资料仍然对该人群的语言研究贡献不大,从这些文献中难以构筑起比较系统的有关当时通古斯语的情况。

除了上述在古代文献中得以记载的人群之外,还有更多的通古斯小群体没有得到记录。这主要因为他们在当时没有与中国王朝形成武力和文化上的对立,从而没有进入中国诸王朝的视野。也正是由于这些小群体没有卷入政治、文化、战争的纷争,所以他们的语言和文化因过于闭塞而得以较好地保留。

三 中世通古斯语阶段(1234~1911 年)

在这一较长的历史过程中,中国境内通古斯语的发展主要经历了金朝、元朝、明朝和清朝。在这一时段中,生活在不同地区的通古斯人在政治、军事、文化上都受到中国或中原或多或少的影响。在此阶段中,中国境外俄罗斯加强对远东地区的管理,对当地的通古斯民族开展了更为全面的文化影响，如为部分通古斯人创立文字。所以，我国黑龙江两岸的通古斯人在清朝统治期间不断受满人和俄罗斯人左右，他们的语言中融进很多俄罗斯语、汉语词汇，涉及政治、军事、日常生活等各方面，其语音和语法也难以不受冲击。然而，女真人建立的金朝、满族人建立的清朝统治也在此阶段逐渐瓦解，造成了占通古斯人数最多的满语语支快速消亡。随着其他通古斯人群数量也在此阶段逐渐减少，他们的语言进入濒危状态。

随着人类学研究的逐渐兴起，俄罗斯、日本研究者对该时段境内外通古斯人群的文化和语言情况进行了记录和研究，我国的一些研究者也在田野调查的基础上对通古斯人的民族归属、语言情况做了珍贵的记录。

虽然我们尚无法通过这些记录构建起中世通古斯语的全貌，但我们却能够通过它们发现该阶段通古斯语已经发生了变化。例如，金启孮编撰的《女真文辞典》中的数词词条已经显示出女真语数词逐渐向汉语表达方式靠近，女真语 p 音已经开始转变为 f 音（金启孮，1984）。在拉铁摩尔的田野记录（Lattimore，1933）中，我们能看到该阶段的赫哲语在语音、词汇和语法方面逐渐趋同于满语和汉语的情况。

四　现代通古斯语阶段（1911 年至今）

从辛亥革命至今，大量的人类学、语言学、民族学田野工作为通古斯语族的一些语言提供了比较完整的语言素材，如在我国境内，史禄国、凌纯声、拉铁摩尔、安俊、尤志贤、傅万金、张嘉宾、李兵、赵杰、朝克、赵阿平等人的大量研究具有突出的代表性。在俄罗斯境内及其他国家也有着众多同样细致的研究，如 B.V. Boldyrev、L.Y. Shternberg、M.G. Levin、V.I. Cincius、N. Vitzen、D.G. Messershmidt、F.I. Stralenberg、V.B.Y. Vladimirtsov、G.I. Rummstedt、V. Kotvich、N.N. Poppe、K.G. Menges 等的研究成果都对通古斯语情况做出了较为全面的总结。（尹铁超、库拉舍娃，2008）这一时段中，一些俄罗斯境内的通古斯人已经接受了由俄文改制的文字。另外，锡伯语文字一直得到有效延续，其文献可揭示一些该语言的历时变化情况。

小　结

本书试图根据朝鲜语的时段划分来切分通古斯语的时段，当然，朝鲜语时段的划分也有其自己的问题，如李基文等人（2011）、Sohn Ho-Min（1999）对 Iksop Lee & Ramsey 的划分也提出异议，但是朝鲜语研究者大致同意时段的数量及大致的时间范围。相比之下，通古斯语的时段则由于文献的缺失及研究的严重不足而无法做出比较科学的划分。因此，出于对朝鲜语和通古斯语比较的方便，本书也尝试对通古斯语时段进行划分。

第三章　朝鲜语与通古斯语语音比较

第一节　古朝鲜语与古通古斯语元音比较

一　古朝鲜语元音

关于古朝鲜语的情况，李基文等指出，由于新罗历史及语言的文献呈现出碎片特点，因此无法通过文献来拟构朝鲜语历史的演变过程。最能够表现新罗语言特征的记载是乡歌（hyangga）及一些文献中的地名。乡歌虽然使用汉字写成，但是从这些汉字中可以推测出当时朝鲜语的很多读音。除乡歌之外，汉字文献中记录的一些地名也可以作为推测当时朝鲜语词汇的基础。例如，"《三国史记》和《三国遗事》包含了很多新罗人名、地名及官名。这些名字被中国及日本文献所证实……新罗名字有两种转为汉字方式，一为音转（phonograms），二为用汉字意转，（因为）汉字的词素（morphemes）可以用来解读至少最相近的意义。"这便是他们拟构古朝鲜语的基础。当然，李基文等人也认为，即使通过这两种方式推测原来的意义也有很多是猜测性判断，例如《三国史记》中记载了景德王（Kyŏngdŏk）重修地名志时改动的地名，如"密城郡本推火郡"。李基文等解释说："'推火'似乎是汉字转写音，却不具有相关意义。为什么？因为首先我们知道用汉字改写的名字是用汉字进行读音，'密'的发音类似于中世朝鲜语 mil。中世朝鲜语的 mil 意义为'推'，所以该字有着相似发音。然后，我们看到 mil 的原来意义是'推'。所以，我们最佳猜测就是'推'用音转方式写成。"（Lee &

Ramsey，2011：51–52）

李基文等的推测有合理之处。对照现代朝鲜语，"推"的发音为 mirta（宣德五、金祥元、赵习，1985：169），如果除去 -ta，则其余部分 mir- 与李基文的猜测相同。然而，李基文等并没有解释"推"后面的"火"字情况。"火"的现代朝鲜语发音为 pur（宣德五、金祥元、赵习，1985：139），Beckwih 拟构中世朝鲜语中"火"的发音为 pǔr（Beckwith，2004：74），Iksop Lee 等人拟构的发音为 püri（火），而其音译为"夫里"（Iksop Lee & Ramsey，2000：275）。如果按照宣德五等的记录及 Beckwith 的拟构，不考虑可能的语音环境导致的读音的变化，则"推火"应该为 milpur。相比之下，汉字"推火"一词是通过两种方式转译当时朝鲜语行政区划的名称：第一个字"推"为音转，第二个字"火"为意转。①

Iksop Lee 等人从《三国史记》中发现百济语中的古朝鲜语痕迹（Iksop Lee & Ramsey，2000：275）：

百济语	意义	汉字
*②püri	火	夫里
*turak	石头	珍恶
*sa	新	沙

---

① 从上述两个音的推断看，现代朝鲜语与中世朝鲜语几乎没有什么变化。在通古斯语中，"火"的读音大致为 tor 或 tor，与朝鲜语首音不同。具体解释见辅音及同源词比较部分。另外，根据宣德五等人的研究，现代朝鲜语的"篝火"一词读音为 motakpur。（宣德五、金祥元、赵习，1985：139）这是一个合成词，其读音与"密城"类似。然而，这种类似难以解释，因为在中古汉语中，"密"的读音只有一个，即 mi（参见《说文解字》、《广韵》等）。而在我国现代东北方言中，mò 往往被读成 mì，如"墨汁"被读成 mìzhī。但一般不将 mì 读成 mò。所以，无法通过 mì 音与 motakpur 比较来确定同源词。

② * 号表示古朝鲜语拟构形态。

又从高句丽语中发现古朝鲜语痕迹：

高句丽语	意义	汉字
*mai/mie	水	买
*nua	土	内，那，奴，恼
*pai	巨石，悬崖	巴衣，波衣

李基文、Beckwith 及 Iksop Lee 等人根据这种方式分析了古朝鲜语中可能的元音情况，如 i、ü、u、a、e。如果将高句丽语、百济语也视为朝鲜语，那么这些元音就存在于当时的朝鲜语中。Iksop Lee 等人根据他们对古朝鲜语的研究推测，拟构了古朝鲜（新罗）语元音系统（Iksop Lee & Ramsey，2000：278）：

i	ü	u
	ɔ̈	ɔ
	ä	a

从中很难看出他们对古朝鲜语元音排序的理由：从排列顺序及位置看，似乎在表明该语言中有前半高元音（ɔ̈）、前低元音（ä）和高央元音（ü）。如果如此，则古朝鲜语中应该有圆唇前高元音、圆唇前低元音及半前（或半后）央元音。然而这些音值究竟如何却难以确定。当然，历史语言学研究已经表明，拟构的音难以得到具体音值的实现。此外，研究者均根据自己的想法使用了各自认为准确的音标。然而，从国际音标标识的注音原则来讲，Iksop Lee 等人的描述令人费解。

同其他研究者一样，Sohn Ho-Min 认为古朝鲜语材料十分稀少，只能依赖对古代的吏读（Itwu）文献仔细查找。他认为这些文献很少涉及高句丽（Kokwulye）及百济（Paykcey）语，而新罗（Sinla）语内容较多。他认为与高句丽语相比，百济语与新罗语之间更为相似，而高句丽语与阿尔泰语系的联系更为紧密。[①]但在新罗语研究中，人们可以总结出以下特征："①保留送气音；②紧辅音（p'、t'、c'、k'、s'）系列尚未衍生出来；③与中世朝鲜语和现代朝鲜语不同，音节尾辅音为送气音（released），如古朝鲜语中的 niskɔm（国王）；④现在的自由变体 r 与 l 或许在古朝鲜语中有区别；⑤词尾 r 常常省略，如 kəru>kəju（鹅）、mori>moi（山）、nari>nai（河）；⑥汉语词尾 r 音变为 l；⑦可能有 7 元音系统。"（Sohn Ho-Min，1999：42–43）因此，Sohn Ho-Min 排除辅音因素，列出了古朝鲜语元音排列：

	前	中	后
高	i	ɨ	u
中		ə	ɔ
低		æ	ɑ

Sohn Ho-Min 列出的古朝鲜语元音比 Iksop Lee 等给出的更加清晰，各音位的音值也容易辨认。

李基文等人对古朝鲜语元音及辅音的描述持非常谨慎的态度。他们认为，在没有很多具体证据的前提下，难以拟构出令人信服的古朝鲜语音系。尽管如此，他们仍然尝试对古朝鲜语音系进行拟构。他们认为古朝鲜语与中世朝鲜语有着一些差异，所以难以列出其所有元音，但从

---

① Sohn Ho-Min 也认为高句丽语或许与日本语有关系。例如，通古斯语 namu（海）和 nadan（七）、高句丽语 nuami（海）和 nanən（七）都与日本语相似。他认为百济语为三韩（Samhan）方言。虽然统治阶层来自于高句丽，但证据却不能证明三韩语言属于北方方言。但高句丽语对百济语有一定影响。例如，"国王"在统治阶层称为 woraka，而在平民中为 kici。后者似乎与新罗语的 kyesye 或 kese（国王）关系更密切。"有些来自《三国史记》（Samkguk Saki）的证据表明百济语言与新罗语及中世朝鲜语相似，如 turak（石头）（中世朝鲜语 tolh）、sa（新）（中世朝鲜语 saj）、məlke（干净、清楚）（中世朝鲜语 mɔlk）、piüri（火）（中世朝鲜语 pil）、muraŋ（山脊、高）（中世朝鲜语 ɔlc）。仅有一个例子说明百济语与新罗语及中世朝鲜语不同，即 ki（城堡），其对应词为日本语 kɨ（城堡）。"（Sohn Ho-Min，1999：42–43）

中世朝鲜语与古代朝鲜人所借用汉字的读音对比中，从对中世朝鲜语进行内部历史演变的推测中可以发现一些线索。例如，在朝鲜语历史上可能有前元音 *i 与后元音 *ï 的合并；同与中晚世朝鲜语的 [ʌ]、/o/ 相对应的 13 世纪圆唇 *ɔ 相比，古朝鲜语更加圆唇；中晚世朝鲜中的 lalol（分裂）仅能据汉语"脚乌"一词拟构为 *ə 或 *ɔ，而不是圆唇 [o]；古朝鲜语中没有 13 世纪的 *ə，因为中晚世朝鲜语有 [ɨ]、/u/ 现象；13 世纪的 *u 及 *ü，即 15 世纪朝鲜语的 [o]、/wu/ 在早期朝鲜语中借入汉字写为"乌"和"于"，所以可以从汉语读音中确定 13 世纪朝鲜语中的 *u、*ü 为圆唇音。中世朝鲜语的 *e 似乎发音部位要比古朝鲜语低，类似于 *ä；中世朝鲜语 a 似乎等于古朝鲜语的 *a。但是，上述拟构都难以得到古朝鲜语语料的支持。（Lee & Ramsey，2011：66-67）

　　李基文等人尽管没有对其他人的拟构进行评论，但似乎对上述拟构不甚满意。我们可以对李基文等人的拟构做以下总结：至少在古朝鲜语中有元音 *i、*e、*ɔ、*ə、*u（或 *ü）、*a，可以按照国际音标的一般排列方式排列为：

$$*i \qquad\qquad\qquad *u/*ü$$
$$*e \qquad *ə \qquad\qquad *ɔ$$
$$*a$$

　　本书根据李基文等的拟构所排列出的古朝鲜语元音分布情况（尽管如他所称，难以得到确切证据）与国际通用的元音描述相符合。

　　Beckwith 在讨论朝鲜语与日本语之间的同源特点时也对古朝鲜语的元音进行了分析。他认为："古代朝鲜语音的节结构难以确定，其原因在于朝鲜语原始文献的匮乏。汉语文字的转写是整体转写，而非按照音节来进行……并且是以某个现已消失、鲜为人知的方言为基础进行转写的。除此之外，不同的转写变体常常包含着相互矛盾的信息。对于元音来讲，情况更是如此。在目前的分析中，仅仅那些被经过证实了的元音被构建起来。然而，这种构建仍然存在严重问题。"（Beckwith，

2004：112–115）

例如，"在古朝鲜开音节中，其元音 *ɨ 常常写为 *ɨy，并与 *ü 很相近……古朝鲜语音节 ☆ tśuw [朱]'用弓射'来源于原始朝鲜语的 *tü~ ☆ tuŋ [东]（射）。（所以）仅仅能通过原始高句丽语才能解释，即这个音既是圆唇音……也是高元音。这说明可以用 *tü~*tüw 来拟构出古朝鲜语后期的 *tśuw……"

"对古高句丽语 ☆ aw 的描写表明，在高句丽语中能够拟构出 *o 音。然而，在不同的语音环境中，该音却可以分别对应于古日本语 *ŏ 和 *a 音。"Beckwith 认为这种对应情况也是由于研究者对本来就不足的文献的不同理解。

通过对古朝鲜语和古日本语进行核对，Beckwith 认为，古朝鲜的元音矩阵可能为：

$$i \qquad ɨ/ü \qquad u$$
$$e \qquad o\,(\,aw\,)$$
$$a$$

Beckwith 给出了具体例子：

OKog *i：*OJpn *i*[①]
OKog ☆ mir [密]（三）：OJpn ☆ mi [渳]

OKog *：*OJpn *~i*
OKog *kir [斤]（木）：OJpn ☆ kɨ~ ☆ ki [纪]（树）

[①] 由于 Beckwith 讨论的是朝鲜语与日本语的同源情况，所以他给出的例子中均列出了朝鲜语与日本语的同源词比较。本文没有对其进行删节。本部分中，OKog 为古高句丽语，OJpn 为古日本语。：表示两种语言的比较，* 表示同源音拟构，☆ 表示不同语言中从汉字文献中推测出来的语音情况，< 表示词的来源。

*OKog *ɨ/ü：OJpn *ɨ/ü*

OKog *kɨr~*kür [居 尸]（ 心 ）：OJpn ☆ kɨkɨrɨ~ ☆ kükürü [许 许 吕]（<*kɨr~kürü）

*OKog *u [☆u, ☆v]：OJpn *u（ ☆u, ☆ü ）*

OKog ☆ kʋtsi [古次]（口）：OJpn *kuti~ ☆ kuṭi [久知]

*OKog *u [☆u, ☆v]：OJpn *v*

OKog *ku [仇]（童子）：OJpn ☆ kʋ [古]

*OKog *ey [☆εy]：OJpn *i*

OKog *mey~ ☆ mεy [买]（水）（川）：OJpn ☆ mi [美]（水）

*OKog *o（ ☆aw[ŋ]）：OJpn *ö（ ☆aw[ŋ], ☆ə[ŋ], ☆əy, 等 ）*

OKog ☆ tawŋ[冬]（取）：OJpn *tö（ŋ）--~ ☆ taw-[刀]~ ☆ təŋ-[登]

*OKog *a [☆a~ ☆ə~ ☆əy~ ☆əw~ ☆ai]：OJpn *a*

OKog *tan~ ☆ tan [旦]~ ☆ tʰən [吞]（谷）：OJpn ☆ tani [多迩]

OKog *na~ ☆ nəy [乃]（属格 – 形容词标记）：OJpn *na~ ☆ nəy [乃]

OKog ☆ kaɨp [甲]~ ☆ kaipi [甲比]（穴）：OJpn ☆ kapi [贺比]（峡）

李基文等人认为，古朝鲜语和中世朝鲜语有半元音存在，如 /w/ 和 /y/，且 /w/ 及 /y/ 表现出滑动特点。除已经发现的出现在 /a/、/e/、/wo/、/wu/ 音之前的 /y/ 之外，中世朝鲜语中形态音位的证据显示 /y/ 的分布更加广泛，即在 /o/、/u/ 之前，甚至形成与 /i/ 结合的 *iy（Lee & Ramsey，2011：68）。我们可以根据他的描述对古朝鲜语半元音进行总结：

*wa、we

*yi、yo、yu

*iy 或 ey

Beckwith 的元音矩阵与 Iksop Lee 等人及 Sohn Ho-Min 的有相似之处，但与李基文等人的观点不尽相同。他们对古朝鲜语和古高句丽语的高、央元音音位有着不同的理解，且采用了不同的表音方式。相对而言，李基文的描述似乎更加符合语言事实。其证据为：

（1）从古代文献中提取当时古朝鲜语或古高句丽语的依据不足，即文献过少且不是对语音的专门描述，所以研究者可以根据自己的理解去"精确"区分某些元音（如 i、ɨ、ü、u）的差异，但李基文等人的元音矩阵符合国际音标对语言元音的描述方式，也比较符合语言中元音分布的一般规律。[①] 由于对古代汉字的音转情况不尽明了，或许它们"是以某个现已消失、鲜为人知的方言为基础进行转写的"（Beckwith，2004：113），所以这也是李基文等人没有明确给出古朝鲜语元音矩阵的原因。

（2）李基文等人将中世朝鲜语作为推测古朝鲜语的基础，试图通过十分罕见的文献记录来系统证明中世朝鲜语接近古朝鲜语的历史事实。而其他人则似乎在随机找寻例证。因此，李基文等人的观点相对更加科学。

实际上，拟构古朝鲜语语音困难重重，任何研究者都无法通过稀少、模糊、不够科学的古代中国文字对朝鲜语的转写来较为清晰地拟构出该时段的语言元音情况。相比之下，由于印欧语系诸语言均采用拼音文字，且文献记载较多，所以对这些语言的古代面貌的拟构相对明晰。尽管朝鲜语研究者的观点各有不同，但是他们的拟构能大致反映出古朝鲜语或古高句丽元音的情况，并为与通古斯语进行比较打下了较好的基础。

---

① 从对众多语言元音分布的分析看，或许所有语言都有基础元音音位：前高、后高和中低，其分布呈现倒三角形。而其他元音分布（如前半高、前半低、前低，后半高、后半低、后低，以及央中低、央低），都围绕基础元音音位分布。这种分布肯定出于意义区分的需要，所以，元音相互之间的距离不会特别靠近。

根据他们的研究，本书大致总结出古朝鲜语中的元音情况，如下：

表 3-1　古朝鲜语元音各家拟构

	Iksop Lee & Ramsey	Ho-Min Sohn	Lee & Ramsey	Beckwith
元音	i ü u ɔ̈ ɔ ä a	i ɨ u ə æ ɑ	*i　　*u/*ü *e　*ə　*ɔ 　　*a	i　i/ü　u e　　o(aw) 　a
半元音			*w *y	y
双元音				ei/ɛy aw əy oy

从上面的元音难以归纳出古朝鲜语的元音矩阵整体情况。尽管如此，我们还是可以根据上述研究进行大致的归纳：

高元音：i（前）、i/ü（中）、u（后）（其中 i/ü 为半圆唇高元音）
中高元音：e（前）、ɔ（后）
低元音：a
央元音：ə
半元音：w、y
双元音：ey、aw、əy、oy

二　古通古斯语元音

就目前已知的文献看，我们对古通古斯语言的了解主要通过一些较早的研究及现代研究者对这些研究的分析。例如，鲍培在《阿尔泰语概论》（*Introduction to Altaic Linguistics*）中讨论了通古斯语的历史情况，并拟构了当时的元音和辅音；李兵则从生成音位学的角度讨论并拟构了古通古斯语的元音和谐情况，并从元音角度分析了古通古斯语从阿尔泰语系中分化出来的原因（李兵，1999）。

关于古通古斯语研究的语料基础，我们可以看到如下事实：虽然"通古斯各族的先世与中原汉族的联系，见于记载的已有数千年历史。在我国古代文献中保存了不少关于通古斯各族先世的资料"（干志耿、孙秀仁，1986：66），但古代文献对通古斯人当时的了解仅仅局限于名称和一般民族习惯的描写。例如，张中一认为，大约成书于秦代的《山海经》记载了一些中原之外地区的民族情况，但是这些记载仅仅是名称及这些民族的一些神话或民俗内容，而对语言研究的贡献不大。又如，关于"沃沮"，"《三国志·沃沮传》载：'其言语与句丽大同，时时小异'.《后汉书·沃沮传》载：'言语、食饮、居处、衣服有似句骊'"（干志耿、孙秀仁，1986：68）。从单纯语言记录角度看，这些记载对历史语言的追溯贡献不大，并不是通过准确音转方式来记录当时不同人群名称的读音。

从目前的研究成果来看，凌纯声、史禄国、金启孮、薛虹、朝克、哈斯巴特尔等人的研究仅能大致上溯到中世通古斯语。而对古通古斯语中元音情况，仅能借鉴李基文等人研究古朝鲜语的方式采用抽样法进行大致拟构。抽样样本的出处是古代文献中涉及的人群名和地名词汇。本书根据对古代文献的时段划分来找寻它们所记录的相关通古斯语名词的意义及语音情况，从而分析古通古斯语言中语音和意。在我国，类似的方法可以从方壮猷和李兵的研究中看到。

方壮猷（1930）讨论了对中国古代文献记载的鲜卑人语言一些词的解读。他大致认为鲜卑语并非是通古斯语。然而，笔者认为鲜卑语与通古斯语有同源性，尽管鲜卑语某些关键词与蒙古语不尽相同，如蒙古语中表示"人"的后缀为 -hu，而鲜卑语该意义的词与通古斯语至少有着双重交叉，即 -dʒin/-ʃin/-ɕin/-ʧin 和 -beje 或 -bəjə。[①]

李兵采用了同样的方法，以满语为拟构核心，通过理论上的建构，还原了原始阿尔泰语与通古斯语分化的时间。他提出原始阿尔泰语与满

---

① 笔者认为鲜卑人为通古斯人的一支（尹铁超，2001）。但乌其拉图在《〈南齐书〉中部分拓跋鲜卑语名词的复原考释》一文中认为鲜卑语言为蒙古系语言（乌其拉图，2002）。

语元音结构之间共同享有四个维向的元音系统，后来元音舌位发生变化，"元音在舌位高低维向上语音空间的增大和后元音的前化使四维向元音系统演变为三维向系统，从而导致原始突厥语同原始蒙古 – 通古斯语最终分离，随着元音系统发生结构性变化，元音和谐从舌根后缩型演变为硬腭型。这些变化直到现代语言时期才在通古斯语言里发生。"

李兵给出的原始通古斯语元音系统如下：

	前元音				后元音	
	展唇元音		展唇元音		圆唇元音	
	非舌根后缩	舌根后缩	非舌根后缩	舌根后缩	非舌根后缩	舌根后缩[①]
高元音	i	ɪ			u	ʊ
低元音			ə	a	o	ɔ

在此基础上，李兵通过对不同地区满语方言的田野考察，最后确定了原始通古斯语的元音矩阵：

$$
\begin{array}{ccc}
\text{i} & & \text{u} \\
\text{ɪ} & & \text{ʊ} \\
& \text{ə} & \text{o} \\
& \text{a} & \text{ɔ} \\
\end{array}
$$

李兵的总结从生成音位学（生成音系学）理论和实践双重角度说明了原始通古斯语可能存在的元音矩阵，为原始通古斯语或古通古斯语元音的拟构提供了极好的参照。（李兵，1999：12，16，22）

本书认为，既可以对古文献中记录的通古斯语词汇进行语言拟构，

---

① 关于通古斯语圆唇元音的舌根情况也有不同观点，有人认为这种现象可以分析为"舌根前伸"（ATR），所以构成了元音矩阵中水平元音（舌位高度）与元音和谐之间的关系。具体分析见 Zhang Xi（1997：68）。

也可以从实践角度进行抽象性总结。除了上文所讨论的"兀的改"（udigə）和"沃沮"（wuji）之外，一些研究者曾经讨论过古文献中记载的通古斯人群名词的意义和读音现象。例如，"鲜卑"（*ɕianbeje 或 *ɕian-bəjə）（尹铁超，2001）、"夫余"（*puyʌ）（尹铁超、赵志刚，2015）、"肃慎"（*susen 或 *sisen）（哈斯巴特尔，2006：247）、"马"（*murin）（尹铁超，2015）、"朝鲜"（*joson 或 chosŏn）（Lee & Ramsey，2011：33）、"朱蒙"（səlmiŋ）①（Ilyon，2007：45）、（解）慕漱（*syamon 或 *samā-n）②、"高句丽"（*koguryo 或 *koguryʌ）（尹铁超、赵志刚，2015）、"箕子"（Kija）（Lee & Ramsey，2011：33）、"王俭"（wangkem）（尹铁超、赵志刚，2015：33）。

将这些名词的拟构音综合起来，便可以看到古通古斯语元音的一些现象：

```
i                              u
e              ə/ʌ             o
               a
```
半元音：w、y

---

① Beckwith（2004：30）认为"朱蒙"的拟音为 tśuw meyrŋ。本书认为，"朱蒙"或"邹蒙"的读音近似于通古斯语 *səlmiŋ（弩箭），其中锡伯语为 səlim，满语为 səlim，鄂伦春语为 sərmin，鄂温克语为 sərmiŋ，赫哲语为 sərmi（参见朝克，2014a：179–180）。Sergei Starostin 在阿尔泰语词源中列出的具有"弩箭"意义的词为 *selu-（mi）-，其中 Evenki 语为 selu 或 sele，Even 语为 helike，Negidal 语为 senmu，满语书面语为 selmin 或 selḿen，Nanai 语为 sermi，Oroch 语为 semmi，Udighe 语为 seŋmi（Sergei Starostin：Altaic Etymology）。

② 在高句丽传说中，天帝自称"解慕漱"，有人 – 神形态（Ilyon，2007：43–48）。朝鲜人与通古斯人均信奉萨满教，萨满神具有多重能力。现代朝鲜语"萨满"一词为 syamŏn（Jones & Rhie，1991：306），与通古斯语"萨满"读音一致，如满语为 saman，锡伯语为 saman，鄂温克语为 samaaŋ，鄂伦春语为 saman，赫哲语为 saman，女真语为 saman（朝克 a，2014：304–305）。Sergei Starostin 在阿尔泰语同源词网站列出的词表也如此：Evenki 语为 samān，Even 语为 hamān，Negidal 语为 samān，满语口语为 samən，满语书面语为 sama（n），Ulcha 语为 samā（n），Orok 语为 sama（n），Nanai 语为 samā，Oroch 语为 sama（n），Udighe 语为 sama（n），Solon 语为 samã（Sergei Starostin：Altaic Etymology）。

如果我们将李兵的总结与本书的总结结合起来，我们可以大致判定古通古斯语元音矩阵情况：

这里将 a 音放在最低位置的原因在于：通古斯语中没有后低元音，从目前能得到的词汇样本来看，a 应该是一个位于最低位置的低央元音。

三　古朝鲜语与古通古斯语元音比较

如果从李兵的观点出发，我们应该从更广阔的视野寻找古朝鲜语与古通古斯语之间相同或者相异的理据。然而，囿于目前对阿尔泰语群了解不足，我们难以从这个视角来判断朝鲜语与通古斯语发生或分化的原因及具体情况。因此，我们目前只能采用"就事论事"的方式（归纳法），通过比对不同研究者的拟构来比较古朝鲜语和古通古斯语的元音情况。

根据对李基文等人及 Sergei Starostin 的总结和归纳，可初步推断出古朝鲜语与古通古斯语元音之间的一些共性现象：

（1）古通古斯语元音数量少于古朝鲜语；

（2）古通古斯语央元音数量及位置基本与古朝鲜语相同；

（3）古通古斯语没有双元音；

（4）古通古斯语中或许紧元音数量很少；[1]

（5）古通古斯语没有半圆唇高元音；[2]

---

[1]　现代朝鲜语中紧元音（也称长元音）比较少见。在我国境外的通古斯语言中（Sergei Starostin：Altaic Etymology）似乎也没有紧元音。关于现代朝鲜和通古斯语长元音的讨论，分别参见朝克（1999：17-19）、Lee & Ramsey（2011：296）、Iksop Lee & Ramsey（2000：66）及宣德五、金祥元、赵习（1985：21）的相关研究。

[2]　李兵（1999：12）将"半圆唇高元音"称为"非舌根后缩元音"。

（6）古朝鲜语与古通古斯语半元音情况相同。

表 3-2　古朝鲜语与古通古斯语元音比较

	古朝鲜语	古通古斯语
高元音	i、i/ü、u	i、u
半圆唇高元音	i/ü	
中高元音	e（前）、ɔ（后）	e、o
低元音	a	a
央元音	ə	ə/ʌ
半元音	w、y	w、y
双元音	ey、aw、əy、oy	

根据上面的元音比较，并结合朝鲜人和通古斯人的历史及周边文化环境的差异，我们可以对他们语言的元音形成进行分析。

（1）古通古斯语中元音缺损部分或许表明古朝鲜语已经与古通古斯语呈现出分离状态。例如，古通古斯语中没有高央元音（如 ü）而古朝鲜语和现代朝鲜语均具有类似元音音位，这表明原始通古斯语或许具有该音，后来消失。

（2）古朝鲜语中的双元音或许是受其他语言（如汉语）的影响而形成；而古通古斯语则相对保存了原始状态。古通古斯语中双元音数量少，古朝鲜语双元音数量较多，这或许说明：①朝鲜语原始形态中有一定数量双元音，但目前尚未发现古通古斯语双元音情况。[①]②由于朝鲜人长期生活在较为温暖的地区，农业发展较早，人口相对集中和密集，生活居住地与文明程度更为发达的地区毗邻，所以他们更愿意通过如战争、文字借用、文化融入、借外力调节内部矛盾等方式吸纳邻近地区的文化和技术。因此，他们的语言与文化中融入了大量毗邻地区词汇

---

① 现代通古斯语中双元音基本为借用而产生，如"电话"（满语为 dijanhua，锡伯语和赫哲语为 dianhua），而在鄂温克语、鄂伦春语中，该借词中双元音则按照通古斯语习惯读成 denhua 除此之外，朝克的例证还说明现通古斯语中的双元音具有单元音组合特征：现代通古斯语中可以看到一些通过半元音构成的类似于双元音的音节，如"绿色"在满语中为 niowaŋijaŋ，在锡伯语中为 nyŋnian。（朝克，2014a：274-275，358）

和表达方式。这或许是朝鲜语中后来发展出较多双元音的缘由。但是受其原始形态内部规律自我制约，现代朝鲜语双元音逐渐恢复单元音特征。[①]③古通古斯人口一直不多，农业人口更少，相对来说更封闭，居住分散，长期生活在较为寒冷的东北亚北部地区，所以较少受到外来民族侵扰，因此他们的语言变化相对较小。

（3）古朝鲜语与古通古斯语元音和谐情况不清楚。这是因为就目前所能看到的语言材料来说，任何人都难以构建起一套两种语言对照的元音和谐系统，并证明两者之间在古代存在元音和谐情况。尽管如此，李基文等还是通过由中世朝鲜语拟构出的古朝鲜语认定：古朝鲜语元音和谐不如中世朝鲜语工整。[②]所以，在李基文等人的假设得到证实之前，我们难以确定其观点的正误。相对而言，现代通古斯语虽然在元音和谐方面已经由于其他语言的影响而遭到一些破坏，但仍然保持较多的元音和谐特征。并且，从现代通古斯语元音和谐特征来推断古通古斯语元音和谐情况也不可能。其原因仍然在于没有足够的古通古斯语言材料。但是，古朝鲜语和古通古斯语都具有阿尔泰语群中极具共性的元音和谐特征，因此，笔者认为，元音和谐现象在现代通古斯语和现代朝鲜语中都呈现出退化现象，这明显缘于其他语言对这种和谐现象的巨大破坏，而一旦被破坏，则极难恢复。目前我们面临的困难还是在于古语言文献的不足。[③]

综上所述，据古朝鲜语和古通古斯语中之间的元音缺失、双元音差异及元音和谐等情况无法科学地判断出两者之间的同源特征。

---

① 例如，宣德五等认为："朝鲜语口语中的复元音很少，并且都是后响的假性复元音。书面语中真性复元音 ɯi 是元音 ɯ 和 i 的结合，它们各自保持原来的音值……"（宣德五、金祥元、赵习，1985：10）

② 李基文等人在《朝鲜语历史》中讨论了朝鲜语中元音和谐的不工整现象，认为古代文献中难以发现古朝鲜语的元音和谐现象，例如，乡歌仅仅反映出某些词的意义、语音的情况，但难以找到元音和谐。而中世纪朝鲜语元音和谐现象则愈加工整（Lee & Ramsey，2011：68）。具体描述参见下文中朝鲜语元音和谐部分的讨论。

③ 关于元音和谐的具体分析，参见本书第五章"朝鲜语与通古斯语超音段特征比较"。

第二节 古朝鲜语与古通古斯语辅音比较

同元音样本相同，古朝鲜语辅音样本也提取自拟构数量较少的词汇；古通古斯语的辅音样本也同元音样本来源相同。

一 古朝鲜语辅音

Iksop Lee 等人认为古朝鲜语（新罗语）的辅音系统只能从新罗时代的汉字读音去探寻，但其拟构的结论仍然具有不确定性。不过，当时的文献的确可以揭示古朝鲜语的部分特点。例如，古朝鲜语没有现代朝鲜语的紧辅音（reinforeced）[①]pp、ss、tt、kk、cc。

Iksop Lee 等人认为，古代文献似乎能够证明古朝鲜语中至少有些辅音是送气音。如在《三国史记》中记载的新罗地名"野山"被汉字转写为"居柒山"，前两个汉字为音转，代表中世朝鲜语 kechul（野），第二个汉字"柒"的送气读音显示新罗语中有送气 *ch 辅音与舌低 *c 辅音对立现象。同样，中世朝鲜语的 pwuthye（佛）的转写汉字为"佛体"，这意味着新罗语中有 *th 辅音，理由是第二个汉字为齿爆破音（dental stop）。新罗时汉字读音已经标准化，所以可以作为参照点。一方面，汉 – 朝读音 th、ch 与 t、c 对立反映出汉语中区分齿爆破音与齿塞擦音对立；另一个方面，ph 并不表现出该音在汉语中送气，kh 在汉 – 朝读音十分罕见，仅在 4 个词中出现。这些证据表明，古朝鲜语（新罗语）中仅在齿爆破与齿塞擦音之间有送气和不送气区分。在几个词中，唇送气辅音 ph 可能与 p 所有区别，但软腭送气音 kh，即使在新罗语中存在，也处于边缘地位。通过与阿尔泰语比较可以发现，朝鲜语中的这些区分在原始朝鲜时期之后才出现；对中世朝鲜语的内部拟构表明，许多送气辅音源于辅音簇的简化。

[①] 该术语来自宣德五等人（1985：5）。

他们认为，在拟构古朝鲜语时的一个最大问题是古朝鲜语中是否有带声（voiced）辅音。在中世朝鲜语中出现了带声擦音 β[①] 和 z。可是这些音十分可疑，因为它们从来不位于词首或词尾，而仅仅在词中位置出现。这些中世朝鲜语的辅音来自何处？是否与 *p 或 *s 形成区分？除此之外，它们是否在词首有额外带声区别？这些问题对试图建立朝鲜语中带声与不带声系列区别的历史语言研究者来说十分重要。

他们说，现代朝鲜的 t、s、c、ch 均读为 [t]，但古朝鲜语的 *t、*s、*c 明确区分。我们知道这确为证据，因为这三个音一直被不同的汉字转写。然而，不清楚的是，*ch 与 *c 在词尾时读音上是否有区别。这是因为同一个汉字均可以用来转写这两个音。古朝鲜语似乎区分 *l 与 *r 音，其理由是转写这两个音的汉字不同。（Iksop Lee & Ramsey，2000：276-278）

李基文等按照历史语言学的内部拟构原则，从中世朝鲜语中拟构出古朝鲜语辅音系统，但他仍然没有给出古朝鲜语的辅音排列。

他们认为新罗语言的阻塞音有松（plain）辅音[②] p、t、c、k 及送气 ph、th、ch、kh；古朝鲜语或许有 [z] 音，但无法证实。

他们认为，中世纪朝鲜语有位于音节中部的送气音 h，如 -ph-、-hp-。这个规律可以应用到对古朝鲜语的解释：古朝鲜语在词首的送

---

① 根据赵忠德（2006：36）的研究，β 为带声擦音。

② 在李基文等的研究中，他们没有给出 plain 的定义。而在 Iksop Lee 等人的研究中，他们给出的定义是："plain 辅音即松（lax）音，指朝鲜语位于音节首的，有稍许气流呼出，并有 30 至 50 兆秒浊音延迟的辅音。而送气辅音则为发音时有强烈气流呼出，并持续大约 100 兆秒。"（Iksop Lee & Ramsey，2000：62）从上下文看，李基文等使用该术语应该指松辅音。但在语音词典中，plain 一般解释为宽口 [音] 或舌低 [音]。"雅科布逊和哈勒在其音系学的区别特征理论中确立的语言特征之一，用来描写发音方式的变异；根据对立的性质分别与窄口 [音] 或舌高 [音] 对立。这一特征从发音和声学两方面定义：与窄口 [音] 对立，指开口较宽大、频谱上高频部分较强的音，如没有圆唇特征的音；与舌高 [音] 对立，指没有腭化特征的音。"（克里斯特尔，2002：273）但是，值得注意的是，在语言描写中，"松"（lax）一般仅仅用来描述元音，而对辅音描写中不采用该术语。"松音"指的是发音持续时间短的元音。相对于松音的元音是"紧音"，指的是发音持续时间长、发音器官紧张程度高的元音。因此，朝鲜语中所使用的对辅音的 plain 音的解释有待术语的规范。

气音比中世朝鲜语少，有软腭（velars）送气音 kh，但它仅在中世朝鲜语的几个词中出现，如 khwong（黄豆）、khi-（一扇窗户）、khoy-（挖）、khu-（大）。

李基文等认为，一些中世朝鲜语送气音历史上来自辅音簇（consonant cluster），当其位于元音之后时将元音省略，因此 khu-（大）来自于 huku-。但有些送气音的变化还有其他方式，如中世朝鲜之后，kwoh（鼻）变为 kho，halh（刀）变为 khal。这两个名词词首的松辅音 k 与 h 同化，演变为送气音。但这并非意味着古朝鲜中没有送气辅音。在大约 7 或 8 世纪时接受汉字读音方式后，朝鲜语在阻塞音上有三重对立。汉语的浊音（voiced）及清音（voiceless）的情况在 k 中所有保留，两个系列同被处理为松辅音，但汉语送气音却有更加复杂的变化。齿音（dental）送气一直反映在朝鲜语中，如 th、ch。但是唇音和软腭送气音却不同，它们并不常常引发朝鲜语中的送气音。事实上，汉语软腭送气音 *kh 很早就有，其规则反映在 /k/ 音上，但朝鲜语中例证不多，如"夬"、"快"、"駃"、"哙"的朝鲜语读音均为 khwoay。这说明，送气音在古朝鲜语中尚没有完全确立。

他们说，新罗语名称中也可以探测到词间送气音的存在。新罗"荒"或"莱"的汉字为"居柒"，其中世朝鲜语读音为 kechul。中世朝鲜语动词 ich-（不喜欢、恨）的汉字为"异次"或"伊处"。这两个词的第二个字读音均为 ch-。"乡歌"的汉字转写情况进一步确定该音存在，例如在《普贤十愿歌》中，"佛体"的读音为 pwuthye。

他们认为，古朝鲜语的词尾辅音属于非爆破发音词尾，古朝鲜语有 /t/、/s/、/c/，但 /ch/ 并非来自 /c/。中世朝鲜语中在暂时停顿之前的部分音已不区分 /s/、/c/、/ch/，其读音为咝音 [s]。现代朝鲜语词尾的 /t/、/c/、/ch/ 均为无声除阻（unreleased）[t]。在"献花歌"中"叱"字读为 *s，说明该音位在中世朝鲜语（如 keske [折断]）中①被转写为"折叱可"。在《彗星歌》中，cas（城堡）被转写为"城叱"。所以，毫无疑问，中世朝鲜语中有咝音 *s 存在，如该音后来出现在

---

① 有人将其转写为 kǝk'ǝ（力提甫·托乎提，2004：291）。

所有格 *s 中。塞擦音（affricates）*c、*ch 处在词尾时不再区分，如"次"可用以转写这两个音，如中世朝鲜语的《赞耆婆郎歌》中，kac（枝）转写为"枝次"，动词 ich-（不喜欢、恨）转写为"异次"。

他们认为，古朝鲜语词流音（liquids）的音值需要仔细考察，因为中世朝鲜语 /l/ 词尾是早期时与其他音混合而成。一个证据是中世朝鲜语以 /l/ 结尾的词干数量是其他词尾音数量的 4 倍之多。另一个证据是，词干在语调上与其他词干不同。中世朝鲜语单音节 l 结尾的词干的语调为低、高或长调。或许它们也属于同一词干，即其语调都在低、高之间变化。这类语调分布情况仅在以 l 结尾的词干中出现。古朝鲜语转写的汉语字证实了两类流音的存在。在那个时代的文献中，"尸"、"乙"都用来转写 /l/ 音，因为这两个字意义不能互换，所以它们之间必然有着读音的区别。如"尸"用来修饰动词，表示将来时形态（中世朝鲜语为 -o/ulq）的情况就是如此。例如，7 世纪乡歌《慕竹旨郎歌》中有"慕理尸 心未 行乎尸 道尸"（我愿跟随），其中 kil（道路）转写为"道尸"，该词尾音为流音；该句有两个 l 音用来转写"慕理尸"kuliq（渴望）和"行乎尸"的 nyewolq（来）的"尸"。阿尔泰语研究者坚持朝鲜语的流音 /l/ 代表了早期的 *r 与 *l 的区别。如果如此，则表明这种区别在古朝鲜语时代尚未出现（Lee & Ramsey，2011：64-67）。

在李基文等人的总结中虽然没有全面列出古朝鲜语的辅音情况，但通过古代文献及对中世朝鲜语的内部拟构，可以部分再现古朝鲜语辅音情况。按照李基文等人的观点，在不考虑分布情况或语音环境的前提下，古朝鲜语至少应该有以下的辅音：

清辅音：p、t、c、k
送气辅音：ph、th、ch、kh
鼻音：ong
流音：l
咝音：s

　　Beckwith 认为："已经验证出的古高句丽语形态可以被用来拟构其语音形态……古高句丽语有着相当简单的辅音系统。这个系统却受到汉字的音转极大掩盖而模糊不清，其结果是某个高句丽语的词可能用不同的汉字进行音转。""一般认为，古高句丽语阻塞音（obstruents）没有浊音和清音之间的区分。很明显的证据是在送气和不送气阻塞音之间不区分意义，且多数腭擦音（velar fricative）仅仅有口腔爆破音（oral stops）……所以目前还不清楚在古高句丽语中两类阻塞音在音值上是否有区别。这些音似乎处于互补性分布，如腭音位于元音前的 *tś 和在其他音前的舌音（apical）*ts。然而，从词源角度，古高句丽语的确有三对立区分（three-way distinction）。""古高句丽语舌齿塞擦音（apicaldental affricate）来源于古朝鲜语 *t，并与古日本语 *t 同源。古高句丽语腭音 *tś 有两个源头，即在多数情况下来自于和古日本语同源的 *tś~*ts~*s。该音的另个形态则来自古高句丽语，例如 *tśu~*tśü 来源于古高句丽 *tü，但 *tś~*ts~*s 与 *tśu~*tśü 均保留了古日本语 *tö 中的 *t 音"……辅音矩阵，正如所期待的类型一样，与音节首音和尾音不同，不允许出现复辅音。许多辅音音素可以作为首音，但很少作为尾音。流音仅出现在词尾或音节内部结构尾。"（Beckwith，2004：106–107）

　　Beckwith 对古高句丽语辅音情况做了归纳：

$$
\begin{array}{llll}
\text{p} & \text{t} & \text{k} & \text{ɦ} \\
\text{ts tś} & & & \\
\text{ś} & & & \\
\text{m} & \text{n} & \text{ŋ} & \\
\text{r} & & & \\
\text{y} & & &
\end{array}
$$

Beckwith 的具体例子如下：

唇音：

OKog p-：OJpn p-

OKog *piar [别]（平）：OJpn *pira [比良]

OKog *puk [伏]（深）：OJpn ☆ pʋka [布可]

OKog ☆ piar [别] '-fold（重）'：OJpn ☆ piay [币]

OKog-p：OJpn-p-

OKog ☆ kaɨp [甲]~ ☆ kaɨppi [甲比]（穴）：OJpn ☆ kapi [贺比]（峡）

OKog m-：OJpn m-

OKog ☆ mir [密]（三）：OJpn ☆ mi [涨]

OKog *miŋ [仍]（阴）：OJpn ☆ mi [美]

OKog ☆ mey [买]（水）：OJpn ☆ mi [美]（水）

OKog-m：OJpn-m-

OKog ☆ tśəm [斩]（根）：OJpn ☆ tśiməw [志母]（下）

齿槽：

OKog t（a/aw）：OJpn t（a-/ö-）

OKog ☆ tan [旦]（谷）：OJpn ☆ tani [多轄]

OKog ☆ tawŋ [冬]（取）：OJpn root *tö（ŋ）–~ ☆ teŋ-[登]~ ☆ taw-[刀]

OKog ☆ tawr [刀（腊）]（雉）：OJpn *töri~ ☆ tŋəri [登理]

OKog n-：OJpn n-

OKog ☆ na [那]（内）：OJpn ☆ na [那]（中）

OKog *namey [内米]（瀑池）：OJpn ☆ nami [那美]（波）

OKog ☆ nʋ [奴]（壤）：OJpn ☆ nʋ [努]（野）

OKog-（a/ə）n：OJpn-（a/ə）n-

OKog ☆ tan [旦]~ ☆ tʰən [吞]（谷）：OJpn ☆ tani [多腊]

OKog ☆ nan [难]（七）：OJpn ☆ nana [那那]

OKog-r：OJpn-r-

OKog *piar [别]（平）：OJpn *pira~ ☆ pilia [比良]

OKog-r：OJpn-ø

OKog ☆ tar [达]（高）（山）：OJpn root *ta-[多]

软腭：

OKog k-：OJpn k-

OKog *kɨr [斤]（木）：OJpn ☆ ki~ ☆ ki [纪]

OKog *ku [仇]（童子）：OJpn ☆ kʋ [古]

OKog *keyr [皆尸]（牙）：OJpn *ki [岐]

OKog-k：OJpn-k-

OKog ☆ puk [伏]（深）：OJpn ☆ pʋka [布可]

OKog-ø/-ŋ：OJpn-ø/-ŋ

OKog *taw~ ☆ tawŋ[冬]（取）：OJpn ☆ tawɾi[刀里]~ ☆ təŋɾi[登利]（取）

塞擦音：

*OKog tsi<*tu（i）：OJpn tu~ti<*tui*

OKog ☆ tsitsi [济次]（孔）（<*tuitui）：OJpn ☆ tʋtʋ [都都]（筒管）

OKog *tsu [祖]（鸺）（<*tu）：OJpn ☆ tʋku [都久]（木兔）

OKog *kutsi[古次]（口）（<*kutui）：OJpn ☆ kutʋ-[久都]~*kuti [久知]
（<*kutui）.

*OKog tśü<*tü：OJpn tö*

OKog *tśü [朱]（射）<AKog *tüŋ [东]：OJpn *tö-[登]（飞）

OKog * tśüpu [主夫]（长）：OJpn *töpö [等保]（远）

OKog tśi：*OJpn tśi~si*

OKog ☆ tśiar [折]（银）：OJpn ☆ tśira-[志逻]~*sira

OKog * tśiri [助利]（北）~ AKog ☆ tsʷiar [绝]（后）；（一个高句丽北方民族）：OJpn *ɨiri~ ☆ siri [斯理]（后）

OKog *ɦatśir [阿珍]（穷）：OJpn ☆ atśi [安之]~*asi（坏、邪恶）

擦音：

OKog ś-：*OJpn s-~ ts-*

OKog *śur [首乙]（庡）：OJpn ☆ sü [须]~*tsu（巢）

OKog śa ：☆ siaw [肖]（豊）：OJpn *sa-~ ☆ tsa [佐]

OKog *śamiar [沙热]（清）：OJpn *samu~ ☆ tsamu-[左牟]（寒·冷）

滑音：

OKog y-：*OJpn y-*

OKog *ya~ ☆ yaw [要]（杨）：OJpn ☆ ya [夜]（杨·柳）

OKog *yatsi [也次]（母）：OJpn ☆ yatʊkʊ [夜都故]（<*yatʊ+*kʊ）（奴·婢）

OKog *yar [也尸]（狂~野）：OJpn ☆ yabu [也父]（薮）

（Beckwith，2004：109-112）

根据上述研究者对古朝鲜语辅音的总结，我们可以归纳如下：

表 3-3　古朝鲜语辅音各家拟构

Iksop Lee & S.R. Ramsey	Lee Ki-Moon & Ramsey	Beckwith
ch、ph、kh、th、β、z、s、p、t、c、k、l/r	清辅音：p、t、c、k 送气辅音：ph、th、ch、kh 鼻音：ong 流音：l 咝音：s	p、t、k、ɦ、ts/tś、ś、m、n、ŋ、r、y

从上面的总结中，可以看到如下情况：

（1）Iksop Lee 等人对古朝鲜语中的辅音情况持谨慎态度。他们仅针对存在的汉字与古朝鲜语的可能音对应情况做出总结，因此，他们没有给出全部的古朝鲜语辅音矩阵。

（2）李基文等人的分析更加全面，但他们也没有直接说古朝鲜语肯定具有他们所讨论的辅音。因此，他们也没有提供具体的辅音矩阵。本书对李基文等人观点的总结建立在其推断之上。

（3）Beckwith 的总结最为大胆。他列出了具体的词汇与音转可能，并据此建立了自己的古朝鲜语辅音矩阵。

（4）在上面三个研究所列出的辅音情况之间比较难以进行，其原因在于他们表述的方式不同，如不同音标的使用：ts/tś、s/ś、β/W[①]。

尽管上述的研究事实上仅仅对古朝鲜语辅音进行可能的追溯，且他们都承认由于文献的不足而造成拟构困难，所以也比较谨慎，但是从他们的总结看，古朝鲜语至少应该有如下辅音：

爆破音：（不送气）：p、t、k
　　　　（送气）：pʰ、tʰ、kʰ
塞擦音：c/cʰ
喉　音：h
鼻　音：m、n、ŋ
流　音：l
音节尾闪音：r
咝　音：s
滑　音：w、y

二　古通古斯语辅音

关于古通古斯语的辅音情况，我们也很难找到在时间上对应于古朝鲜语的研究文献，因此，我们仅能根据目前能够看到的一些研究成果来

---

① W 音相当于 Iksop Lee & Ramsey 所描述的带声 β。例如，李基文等人将 W 与 Sŏrabŏl、Sŏbŏl（徐伐）、syepel 中的 [b]、[p] 相对比。

推断古通古斯语的辅音情况。例如，"箕子"一词中的辅音或许为 j、z（s/c/dʒ/ʧ）或 k、j（Kija）（Lee & Ramsey，2011：35）；"乐浪"一词中的辅音或许可以写为 l/r、n、ŋ；"沃沮"一词中的辅音或许可以写为 w/m、j/y；"高句丽"一词中"高"的辅音或许可以写为 k；"夫余"一词的辅音或许可以写为 p、y；"肃慎"一词中的辅音或许可以写为 s/x、dʒ/ʧ、n 等。因此，本节根据中国古代文献记载的人名、地名等对古通古斯语辅音进行拟构。

d/t、g/k、h、y：udighe（乌德盖）、koguryo/koguryʌ（高句丽）、Kwanggaet'o（广开土）

c/ɕ/dʒ/ʧ/ʃ：ɕianbeje/ɕian-bəjə（鲜卑）、

j/dʒ：joson 或 chosŏn（朝鲜）、Kija（箕子）、Jolbon（卒本）

b/p：夫余（puyʌ）、xianbej（鲜卑）

s、n：susen/sisen（肃慎）、syamon/samā-n（解慕漱）

l、ŋ：səlmiŋ（朱蒙）

m：murin（马）、meyo/meyʌ（沃沮）、Maek（貊）

r、w：wuji（窝集）、woji/eji（勿吉）、wangkem（王俭）[①]

根据这个拟构，笔者认为古通古斯语含有以下辅音：

t（或许同时有 d）[②]

p（或许同时有 b）

k（或许同时有 g）

c/ɕ/dʒ/ʧ/ʃ[③]

---

① 具体词例的来源，参见古朝鲜语与古通古斯语元音比较部分。

② 一般来说，如果某种语言中含有成对辅音中的清辅音，那么该语言中或许也会有其对应的浊辅音。

③ 这是一个难以做出准确判断的辅音，其理由可以在以下词中发现：鄂伦春语中表示人称后缀的 -dʒin/ʃin/ɕin/ʧin、dʒεεn/ʃεεn/ɕεεn/ʧεεn 或 dʒəən/ʃəən/ɕəən/ʧəən，其音转往往为 – 春、– 千、– 真、– 仙。

r、l①

m、n、ŋ

j/y

w

h

根据国际音标对辅音的描述，上述辅音可以分类为：

爆破音：送气 t、k、p（如果有不送气爆破音，则为 d、g、b）

鼻　音：m、n、ŋ

塞擦音：ts、j、（dʒ/ʧ）/ʃ

咝　音：s

舌侧音 / 流音：l

闪　音：r

半元音：w、y

喉　音：h

三　古朝鲜语与古通古斯语辅音比较

通过对古朝鲜语及古通古斯语的辅音总结，大致揭示了两者之间的共性特征，我们可对其进行对比性描述。

（1）古朝鲜语与古通古斯语具有数量大致相同的辅音；②

（2）古朝鲜语与古通古斯语辅音中均没有 f、v 音；

（3）古朝鲜语与古通古斯语闪音仅出现在词尾；

（4）古朝鲜语与古通古斯语流音仅出现在音节尾。

---

① 有些语言，如通古斯语、朝鲜语同时含有 r、l，其语音环境大致为：l 只能出现在音节尾，r 只能出现在音节首。但 l 音并非为颤音。

② 从中国古代文献看，古通古斯语似乎有塞擦音 ʧ 与 dʒ 之间的对立，但是这种看法很难证明，例如"肃慎"中的"慎"可能仅能被视为 ʃ 音，而非 dʒ 音。如此，则 ʧ 与 dʒ 并不存在。

表 3-4　古朝鲜语与古通古斯语辅音比较

辅　音		古朝鲜语	古通古斯语
爆破音	送气	p、t、k	p、t、k
	不送气	p (b)、t (d)、k (g)	p (b)、t (d)、k (g)
鼻音		m、n、ŋ	m、n、ŋ
塞擦音		c/c^h	c、ɕ/ʃ、j
咝音		s	s
舌侧音 / 流音		l	l
闪音		r	r
喉音		h	h
半元音		w、y	w、y

经过比较，可以发现：

（1）古朝鲜语与古通古斯语辅音相同的比例高于元音相同的数量。这或许说明两者的同源特征在辅音中比在元音中明显。但值得注意的是，在历史比较语言学、历史语言学研究中，元音的描写难度要高于辅音，这是因为解读者往往对同一个元音有着不同的描写，或者从对文献的解读中做出不同的判定。对现代日常语言元音的描写同样存在着巨大的难题，因为元音往往在发音方式上更具有离散性，即任何一个元音音位只能相对确定，而实际读音却呈现出与该音位一定的偏移。

（2）古朝鲜语和古通古斯语对辅音的描写差异要小于对元音的描写。这说明辅音的接触部位和发音方法相对容易确定，唯一的困难在于描写中不同人使用的音标难以统一。这或许是因为：古代对其他民族名称的记录者没有语音学意识，而借助自己所使用的语言进行差异较大的音转记录，这导致后来的研究者难以从他们的记录中获得准确音值。例如，宋人孙穆对 12 世纪朝鲜语的记音依据不详。[①]

---

① 例如，孙穆在《鸡林类事·方言》中将当时朝鲜语的"树 / 木"一词音转为"南记"。这个词可以在通古斯语中看到。在通古斯语中，表示"树"或"木"意义的词的语音形态为 *mo，而古朝鲜语该词的读音是 *namu。可见，孙穆的转写与当时的朝鲜语词语音相距甚远。

（3）古朝鲜语与古通古斯语均没有辅音 f、v 音。中世朝鲜语、现代朝鲜语一致，也没有这两个辅音。这说明通古斯语中的部分语言，尤其是那些与汉语接触频繁的语言，后来借用了汉语的 f 音。

综上所述，古朝鲜语和古通古斯语在辅音方面表现出的同源特征似乎要远远多于其元音所表现的同源特征。

第三节　中世朝鲜语与中世通古斯语元音比较

中世朝鲜语和中世通古斯语语音情况要比古朝鲜语和古通古斯语明朗许多，其原因在于文献及研究更加丰富。

一　中世纪朝鲜语元音

Sohn Ho-Min 认为中世朝鲜开始于 10 世纪早期的高丽（Kolye）王朝时代，其具体时段为公元 918~1329 年之间，以朝鲜首都由庆州（Kyengcwo）迁至开城（Kaykyeng），开城成为新的政治、文化中心为转折的开始。这个时段还可以分为早期中世朝鲜和晚期中世朝鲜两个阶段。在早期阶段，政府使用汉语记录文献，而晚期则以政府使用自己创立的朝鲜文字（Hankul）为开端（Sohn Ho-Min，1999：44）。在该时段中，朝鲜语仍然保持七元音系统：

	前	中	后
高	i	ɨ	u
中	e	ə	ɔ
低		a	ɔ

15 世纪后期朝鲜文字在开城大量使用，记录当时政治、文化、经济、民俗等情况。由于首都开城方言逐渐演变为标准方言，当时文献记录中的朝鲜语元音便与古朝鲜语元音有所不同：

	前	中	后
高	i	ɨ	u
中		ə	o
低		a	ɔ

半元音 j　w

Sohn Ho-Min 将此时的元音分为三类：阳元音 a、ɔ、o，阴元音 ə、ɨ、u，中性元音 i。在元音矩阵中，仅前元音系列不对称，其理由是元音变位：e>ə>ɨ>u>o，中元音 ɔ> 低元音 ɔ。但这个假设需要严格证明。

Sohn Ho-Min 列出了中世朝鲜语双元音和三合元音情况：

双元音
　　入流（on-glides）：ja　jə　jo　ju
　　　　　　　　　　　wa　wə
　　后流（off-glides）：aj　əj　oj　uj　ɨj　ɔj

三合元音
　　入－后流（on-off glides）：jaj　jəj　joj　juj
　　　　　　　　　　　　　　waj　wəj

他解释说：虽然现代朝鲜语保持了入流发音形态，但后流元音自 18 世纪后期至 19 世纪早期，即现代朝鲜时代，逐渐变为单元音，例如 saj（鸟）变为现代朝鲜语 sɛ。三合元音也如此，例如 jəj 变为 əj（Sohn Ho-Min，1999：44–47）。

同 Sohn Ho-Min 观点一样，李基文等人认为中世朝鲜分为早期（918~1392）和晚期（1392~15 世纪）两个时段。他认为这个阶段朝鲜语变化很快，但朝鲜于 1592 年因日本入侵而亡国，所以语言记录十分混乱。

该阶段最大的变化是朝鲜有了自己的文字系统，晚期中世朝鲜语详细地记录了朝鲜语言整体情况，而早期中世朝鲜时期则因为汉字的使用而难以反映朝鲜语全貌。但是，将中世朝鲜语分为早期和晚期并非完全由于朝鲜文字的出现，是因为 14 世纪朝鲜语出现了明显的变化特征，尤其是元音方面的变化极为显著。这种变化的原因主要有：高丽王国向北迁都，所以将原来以新罗方言为主的语言变为以新首都当地方言为主，而当地方言有着很厚重的高句丽语成分。例如，13 世纪的《乡药救急方》（*Hyangyak Kugŭppang*）中"铅"的读音为"那勿"（*mamol），与高句丽语 *namər（乃勿）相同；"河谷"的音转为"吞、旦、顿"，与中国 1400 年出版的《朝鲜馆译语》中的记载相同，说明 15 世纪朝鲜语仍含有"吞"音。关于这一时段的朝鲜语情况，主要文献来源为《鸡林类事》（*Kyerim Yusa*）、药典《乡药救急方》及一些其他文献，如日本文献《中历》（*Nichū-reki*）、《怀中历》（*Kaichu Goyomi*）、《掌中历》（*Shŏchū-reki*），一些高丽歌本，如《乐学轨范》（*Akhak Kwebŏm*）、《乐章歌词》（*Akchang Kasa*），以及《高丽史》（*Koryŏsa*）、《宣和奉使高丽图经》（*Huanhe fengshi Gaoli tujing*）等。这些文献记录了当时朝鲜的一些语言情况，如数词、名词（官名、马、鹰、军队官衔）等。

李基文等人指出，朝鲜语文献明确显示出中世朝鲜语有元音变位现象，变位的时间在 13 和 15 世纪之间。变位的证据来自蒙古语。中世蒙古语元音分为前、后，前元音有三个：ü、ö、e，后元音有三个：u、o、a。蒙古语有中性元音 i。中世朝鲜语元音情况如下：

	前			后		
蒙古语	ü	ö	e	u	o	a
朝鲜语	u	wə	ə	u		o	a

　　李基文等人认为，关键的问题是为何朝鲜语 u 为前元音。如果其读音为 u，则肯定是用来描述蒙古语。除此之外，蒙古语 u 和 o 在朝鲜语中为一个元音 u 所替代。所以可以认为，朝鲜语前元音 u 应该写为 *ü。该音至 15 世纪时移到后元音位置。同样，朝鲜语 ə 实际上是蒙古语 e 的对音，该音后来向后移动。[①] 李基文等人还引用《鸡林类事》中出现的词作为其他音变的证据：如晚期中世朝鲜语 o 出现在 "河屯"（*hoton）（一）、"渴来"（kolay）（核桃）、"珂背"（koWoy）（裤子）、"末"（mol）（马）、"摆"（poy）（梨）、"败"（poy）（船）、"捻翅"（noch）（脸）等词中，而中国元朝时的汉字 "河"、"渴"、"末" 可以拟构为 *xɔ、*khɔ 和 mɔ，"摆"、"败"、"捻翅" 可以拟构为 *paj、*puj 和 *na。因此，这些拟构均可以显示出中世朝鲜语有一个略圆唇的后元音 ɔ。

　　晚期中世朝鲜语中高、非圆唇后元音 -u[ɨ] 可以在 "孛"（pul）（火）和 "没"（mul）（水）中看到，这两个音在元朝时的音值是 *pɔ 和 *mu。但晚期中世朝鲜语来自 *hukun 的 khun（大）能为此提供更好的线索。《鸡林类事》写为 "黑根"。既然在元朝的读音为 *xəj 和 *kən，那么就证明当时朝鲜语有一个 ə 音。由此，当时朝鲜语元音变化为：

13 世纪	15 世纪
*i	[i] /i/[②]
*ü	后移 [u] /wu/
*e	后移 [ə] /e/
*ə	升高 [ɨ] /u/
*u	降低 [o] /wo/
*ɔ	降低 [a] /a/

[①] 笔者认为李基文对音的比较固然正确，但其解释有误：当时朝鲜语为了能够较好记录元朝蒙古语，采用了类似于朝鲜没有文字之前使用汉语音转的方式，即用比较近似的音来替代外来词汇。

[②] 李基文没有给出这些音的具体读音说明，笔者认为李基文的 * 表示拟构音，[ ] 表示严式音标，/ / 表示宽式音标。

根据李基文等人的总结，我们可以将早期中世朝鲜语元音结构排列为以下矩阵：

	前	后
高	i	u
中	ə	o
低	a	

李基文等人总结了晚期中世朝鲜语元音系统，认为该系统表明这一时段已经增加了两个元音，其中一个为济州岛方言元音：

i[i]①	u[ɨ]	wu[u]
e[ə]		wo[o]
	a[a]	o[ʌ]

李基文等人认为，中世朝鲜语音值一直有所争议的原因在于《训民正音例解》（*Hunmin Chŏngǔn Haerye*）的描述不够清晰，所以导致人们对这些元音的解释有所不同。他们认为可以通过对比外国人（如中国人、日本人）对这些音节的理解来校正《训民正音例解》中的不清晰部分。（Lee & Ramsey，2011：94-95，156-157）

根据李基文等人的严式音标，我们可以总结出其所认为的元音系统：

i	ɨ	u
	ə	o
	a	ʌ

---

① 此处李基文给出的严式音标为实际读音。

但这个系统与现代国际音标的标注方式有所不同，所以可以改为：

与早期中世朝鲜语相比，晚期中世朝鲜语演化出了两个新元音。对这种情况可以有两种解释：①早期中世朝鲜语中已经含有至少 7 个元音（但限于当时的文献情况难以确认）；②其他语言在该时段大量融入，导致元音数量增加。然而，就世界一般语言情况看，文字都起到了硬性简化语音数量的作用。因为任何语言都有方言，而标准语具有权威规定性，所以削弱方言、强化标准语就自然导致语音数量的"减少"。因此，我们无法判断这一时段朝鲜语真实的元音数量及其音值，只能以不精确的方式对它们进行判断。况且，历史语言学研究追求的仅仅是某种语言当时的大致情况，所以李基文等人的判断无可厚非。

李基文等人认为，晚期中世朝鲜语半元音和双圆音数量也有增加。

① w- 为入流音，-y 为后流音。在晚期中世朝鲜语中，共有 4 个元音与入流音相关：ya、ye、ywo、ywu，它们的音值分别为 [ya]、[yə]、[yo]、[yu]。他们给出的例子是：yo 音的历史变化为 yo>ye，如 15 世纪朝鲜语 yele（几个）、yela（几个）。

② 入流音 w- 有几种形态：wa、we、wi、wo、wu，如动词词尾 -tiwi（但，然而）可以弱化为 w、so、-tiwi。

③后流音 -y 有如下形态：二合元音 oy、ay、ey、uy，以及三合元音 woy、wuy、way、wey、yey 与 yay。

李基文等人认为，这些流音在从晚期中世朝鲜语到现代朝鲜语时段过渡中发生了音变。（Lee & Ramsey，2011：159–161）

---

① 在国际音标一般描述中，ʌ 为央元音，ɔ 为后（中 / 低）元音。笔者认为，在没有更低元音的情况下，该音位应该被视为后低元音。

　　Iksop Lee 等人对中世朝鲜语元音研究的结果与李基文等人的研究大致相同，例如他们认为在七百多年中，朝鲜语出现了很大变化。中世朝鲜语分为早期和晚期两个阶段，但早期中世朝鲜语文献极为有限。尽管如此，早期中世朝鲜语的语音情况还是可以从这些有限的文献中找到证据。例如，强化辅音还没有发展为一个具有独特区别特征的系列，其可以在孙穆所撰写的《鸡林类事》中的"女儿"一词看到。孙穆将该词写为两个音节 *potəl，但现代朝鲜语为 ttal。这说明当时还有 p 音，后来随着 p 音脱落，该词形态变为 *ptol，才出现现代朝鲜语强化辅音现象 tt。此外，通过比较蒙古语和朝鲜语借入的蒙古词汇，可以看到当时朝鲜语的元音情况。（Iksop Lee & Ramsey，2000：281–282）

　　他们所总结的早期（13 世纪）朝鲜语元音系统如下：

$$
\begin{array}{ccc}
\text{i} & \text{ü} & \text{u} \\
\text{e} & \text{ə} & \text{ɔ} \\
& \text{a} &
\end{array}
$$

　　到了中世朝鲜语晚期时段（15~16 世纪），朝鲜文字的应用使得朝鲜语情况变得明了，所以这才是"严格意义上朝鲜语历史的开端"，因为此前没有对朝鲜语进行确切的语音标注。这个时段的朝鲜语元音可以总结为：

$$
\begin{array}{ccc}
\text{i} & & \text{u} \\
& \text{ə} & \text{o} \\
& \text{a} & \text{ʌ}
\end{array}
$$

　　同李基文等人给出的元音矩阵相同，Iksop Lee 等人的元音矩阵中也含有 ʌ，这显然与国际音标表音习惯有差别。所以笔者根据其描述，对他们提出的矩阵加以修改：

i	u
ə	o
a	ɔ

Iksop Lee 等人认为该时段的朝鲜语有两个半元音 w 和 y。y 可以为后流音，w 和 y 亦可以为入流音，如 ya、ye、yo、yu、wa、we。中世朝鲜语的入流半元音 y 在现代朝鲜语中均变为单元音。晚期中世朝鲜语与现代朝鲜语半元音变化如下：

晚期中世朝鲜语	现代朝鲜语
[ʌy]	[ɛ]
[ay]	[ɛ]
[əy]	[e]
[oy]	[ö]
[uy]	[ü]
[ɨy]	[ɨ]/[-i]/[e]

根据上面的综述，笔者将晚期中世朝鲜语的三家研究加以对比和总结：

表 3-5　晚期中世朝鲜语元音研究对比

	Iksop Lee & Ramsey	Sohn Ho-Min	Lee & Ramsey
元音	i　　　　u ə　　o a　　ɔ	i　ɨ　u ə　　o a　　ɔ	i　ɨ　u ə　　o a　　ɔ
半元音	y、w	j、w	y、w
双元音	ya、ye、yo、yu、wa、we ʌy、ay、əy、oy、uy、iy	ja、jə、jo、ju、wa、wə aj、əj、oj、uj、ij、ɔj	ei/ɛy、aw、əy、oy
三合元音		jaj、jəj、joj、juj、waj、wəj	

对三家之言进行整理，归纳出如下元音矩阵：

单元音：　　i　　　　　ɨ　　　　u

　　　　　　　　　　　ə　　　　o

　　　　　　　　　　　a　　　　ɔ

双元音：（入流）ya、ye、yo、yu、wa、we

　　　　　（后流）ay、əy、oy、uy、iy

三合元音：jaj、jəj、joj、juj、waj、wəj

这样归纳的基本原则是：①没有出现在单元音矩阵中的元音不能出现在复合元音系列，如 Iksop Lee 等人没有在元音矩阵中列出 ʌ，所以该音不应该出现在双元音 ʌy 中，因为双元音应该是在该语言存在音素之间的滑动；②依照历史语言学多则保留（除非例外）、少则不存的原则，单元音 ɨ 仍然保留在矩阵中；[①]③不能因为两家之言中没有讨论而舍去已有讨论部分，所以三合元音仍被列出。

综上，我们可以看出三家之言有如下异同：

（1）对于晚期中世朝鲜语的元音系统，Sohn Ho-Min 与李基文等人观点相同，他们都认为有高中元音 ɨ。Iksop Lee 等人则认为没有。中世朝鲜语中是否有 ɨ 音的问题目前本书尚无法做出判断。

（2）对于中世朝鲜语半元音的解释，三家没有异议，唯一差别在于使用的音标不同，所以，y 与 j 没有差异。

（3）他们都同意在中世朝鲜语中出现了新的元音而导致元音变位。[②]

（4）关于三合元音的总结，李基文等人最为全面，而其他两家则没有涉及。

二　中世通古斯语元音

从对通古斯语的研究成果中我们也可以看到，研究者田野研究所发现的活语言事实均存在于 20 世纪 10~40 年代，如凌纯声、史禄国、拉

---

① 但笔者对中世朝鲜语中高央元音 ɨ 的位置持怀疑态度：如果该音存在，则该音应该标注在前高元音 i 之后，而非排列在与 i 和 u 等距的中间位置。

② 这显然是错误判断。具体解释见"中世朝鲜语与中世通古斯语元音比较"部分。

铁摩尔等人的研究均如此[①]，且他们的研究均从人类学、民族学角度入手，对语言的讨论不够深入，也基本没有涉及纯语言角度的历史追溯。例如，凌纯声在近千页的研究中仅用57页对对赫哲语进行讨论（凌纯声，2012：487-544），史禄国在752页的研究中仅有53页的语言词表（史禄国，1984：30-577），拉铁摩尔的研究中也仅仅列出了一些词（Lattimore，1933）。例如，在拉铁摩尔的讨论中，他提到了当地人对自己祖先的说法："金兀术是金（Chin）朝或女真（Nuchen）朝人。他们自己的'原来的家'在白城（Pai-che'eng），也就是阿什河（Ashiho）附近……"[②]（Lattimore，1933：11）

　　中国人总是将居住在阿穆尔河上游的人不加区分地称呼为索伦（Solon）、栖林（Ch'i-lin）或达乎里（Ta-hu-li/Daghur），即使那些曾经生活在这些部落中的（中国）人也同样对一个名称之下的部落给出同样的描述及并讲述同样的故事。事实上，中国人对所有部落的'一般性常识'都被归结到几个故事中，而这些故事的真实性却没有人通过个人的观察而在意。在松花江和阿穆尔河交汇处，所有部落都被称为鱼皮达子（Yu-p'i Ta-tze），但也有这样的倾向，即鱼皮达子、索伦、栖林与达乎里都是'一样的'。因此，如同我从汉语做出的回答一样，我发现对当地人的称呼问题特别难以应对。""戈尔德人不喜欢'鱼皮达子'这

[①]　其他国外文献中表现出的研究时间也大致如此，具体文献参见 Poppe（1965）中的《满 – 通古斯语言研究》（*The Manchu-Tungus Languages*）部分的文献列表。

[②]　在朝克的研究中，满 – 通古斯诸语言"白"的读音为 ʂanjian（满语）、ʂaŋən（锡伯语）、bagdariŋ/giltadariŋ（鄂温克语）、bagdarin（鄂伦春语）、ʃaŋgin（赫哲语）、ʃaŋgin（女真语）。（朝克，2014a：356-357）韩有峰、孟淑贤给出的鄂伦春语中"白"的读音为 paxtarin（韩有峰、孟淑贤，1993：278），这个读音与朝克给出的读音大致相同。在尤志贤、傅万金编写的《简明赫哲语言语对照读本》（1987：142）中赫哲语"白"的读音同朝克的标音方式不同，为 ɕaŋkin。但从笔者的田野调查来看，听不出区别。

　　在朝鲜语中，"白"的读音有两个，一个是 hɯita（宣德五、金祥元、赵习，1985：164），另一个为 pɛk。pɛk 疑为汉语借词。pɛk 一词例证来自朝鲜民歌《桔梗谣》（*toratsi*）第一段中倒数第二个词"白桔梗"（pɛktoratsi）。第一句歌词为：toratsi toratsi pɛktoratsi，汉语翻译为："桔梗哟，桔梗哟，白桔梗哟"（参见尹铁超、方香玉，2017）。在其他通古斯语族语言中，表示"白"的意思的拟构原型为 *bag-，具体语言中的读音为：（转下页注）

个名字，因为该词有着对野蛮人的贬义。他们总是回答说，'真正的'鱼皮达子是吉尔亚克人（Gilyak）①或其他居住在阿穆尔河下游的部落。吉尔亚克人自称吉里敏人（Girimin）。估计该词中的 min 来自汉语的'人'。汉语中的'栖林'（Ch'i-lin）也许是'吉里'的误读，但此名称用来称呼居住在黑龙江地域、远离吉尔亚克人的部落。吉林（Kirin，汉语读为 Chi-lin）这个名字也许与该部落名称有所联系，但一般认为该词来源于满语，意为'乌鸦'。②吉里敏或吉尔亚克人常常自称为'带耳环的人'，并被看成奇楞人（Kile）。"（Lattimore，1933：18–19）

关于中世通古斯语的情况，也可以从我国学者对女真语的研究中得到一些迹象。例如，薛虹认为"肃慎、息慎、稷慎都是女真（jus:n）的同音异译。jus:n 一语在通古斯语系中，原来本意是人的意思，是其自称。先秦时……称之为肃慎，应该来自其自称。后来汉魏之际，对白山黑水间的居民，认识有所扩大，知道了居住在牡丹江、绥芬河、图们江流域的古代民族，称之为挹娄。挹娄（I-Lon）在通古斯语系中是鹿的意义。通古斯一语多词意，据西罗科夫（史禄国）的意见，是猪的意义……"（薛虹，1980：90）

（接上页注②）bagda-ma/-rin/baɣurin（清澈 [的天]）（Evenki 语）、bāwṇn/bāi（清澈 [的天]）（Even 语）、bagdajīn（Negidal 语）、bagdarin/bogdarin（Solon 语）（Sergei Starostin）。从 *bag- 留存的情况可以推断出中国境外的通古斯人由于地域因素而很少受到满语的影响，所以他们的语言中仍保留一些原始读音。这样，*bag- 就同"白城"中"白"的意义，与汉语音转形成了可比性。据此可判断，拉铁摩尔田野工作中调查的赫哲人受到满人的影响，将自己原来的家看成现在的阿城，并保留了难以说明的意义"白城"。在通古斯语族语言中，还有另一个表示"白"、"发光"的词，其拟构形态为 *gilta-:gilta-li（Evenki 语）、giltāl-（Even 语）、gilətərə-（满语口语）、gilta-（满语书面语）、gilte（Ulcha 语）、gilte-（那乃语）、giltarī（Solon 语），但这个词显然与 *bag- 相距甚远，不能作为同源词来进行比较。境外通古斯语词条参见 Sergei Starostin 编写的 Altaic Etymology Website 网站。相比之下，通古斯语中的"城市"却与李基文在解读朝鲜语时发现的"忽"有很大关联。例如，在满 – 通古斯语支中"城"的读音为 hoton（满语）、hoton/hutun（锡伯语）、hoton koton/kuun（鄂温克语）、hoton（鄂伦春语）、hoton（女真语）（朝克，2014a：231–262）。该词的同源情况参见本书同源词部分。

① 拉铁摩尔认为吉尔亚克人是居住在松花江流域，同戈尔德人相邻的部落。（Lattimore，1933：19）

② 此说法有误。现代满语中，"乌鸦"的读音为 gaha，而非 kirin。

虽然这种观点仅是推断，但遵循了历史语言学思考路径，即通过对古文字读音与早期或现代语言可能的同源词进行对比和推断。实际上，根据我们的理解，"肃慎"是个具有偏正结构的合成词，其意义应该是"肃 + 慎"，其中"肃"的意义为"一个自称为肃"的民族群体，"慎"是该语言表示"人"意义的后缀。所以，肃慎即是"肃人"，而"女真"是肃慎后代的名称，故"女真"也具有"女 + 真"的词汇结构。"肃慎"名称中第一个字"肃"在古代文献中记载为"朱"、"主"、"珠"、"诸"，或许其在通古斯语中为 su 或 ju 或 ʤ；第二个汉字"慎"在古代文献中记载为"真"、"申"、"扯惕"、"扯特"、"拙尔"、"察歹"，其在通古斯语中的读音可能是 ʤin/ʃin/ɕin/ʧi、ʤEEn/ʃEEn/ɕEEn/ʧEEn 或 ʤəən/ʃəən/ɕəən/ʧəən（表示"人"意义后缀的不同变体）[①]的汉语音转。

　　周有光认为，"生女真最初定居于安出虎水（松花江支流阿什河）。'安出虎'在女真语是'金'的意义，所以太祖阿骨打（完颜旻）定国号曰'金'。""女真语是满洲语的祖语（二者词汇 70% 相同），属通古斯满洲语族……"他总结了女真文字解读的研究历史说："1896 年葛鲁贝（Wihlelm Grube）作《女真语言文字考》，开创了女真语文学。1923 年罗福成作《宴台金源国书碑考》，这是我国学者研究的开端。后来中国、日本、德国、俄国的研究者接踵而起……"但"金氏父子基础深厚，两代钻研，因此能集其大成"。他总结了女真文字与女真语读音之间的关系，如 inəngi（日）、bia（月）、emu（一）、ʤuwə（二）、ilan（三）、abuxa（天）、guru（国）等。[②]"女真语是多音节语，一个字读一个到四个音节。女真字分'意字'和'音字'。'意字'又分'完全意字'和'不完全意字'。完全意字（'词字'）一个字代表一个完整的词……不完全意字需要再加词缀，方能代表完整的词。例如：nienieri（春）、tsuari（仁夏）、

---

① 参见尹铁超（2000）和（2001）、Yin Tiechao（2003）。关于通古斯人称后缀或表示"人"后缀的相关内容，参见韩有峰和孟淑贤（1993）、胡增益（1986）、朝克（2014a）、朝克（2014b）等。

② 在周有光的总结中还包括 ʃaŋ（上）、dai（大）、ça（茶）、i（雨）等词。但这些词显然具有汉语的词源，所以应该判断为汉语借词。

bolori（秋）、tuwari（冬）……"（周有光，1976：50-51）

周有光明确指出，"现在见到的女真字一共约有九百余字，估计总数不超过一千"，但"考证女真字和女真语词的读音，依靠三种资料：①《华夷译语》中'女真馆来文和杂字'的汉字注音；②《金史》中女真语的汉字译音；③满洲语文的比较。……但是注音的汉字所代表的音值不稳定，注音方法不划一，有错误和遗漏，有些女真字不见于'杂字'。《金史》中的译音，用字不一致，译音不完备，n和1不分，往往迁就字义，并有错误。满洲语和女真语虽然一系相承，但是颇多变异。所以考订读音是一件复杂的科学工作……"（周有光，1976：52）

周有光对女真语言记录情况的说明具有客观性，同时也揭示了女真语词汇不足而难以纵观其语言全貌的问题。相比之下，朝克对女真语研究情况的总结则比较细致，因此对讨论古通古斯语有所借鉴。

朝克在《关于女真语研究》一文中认为，讨论女真语研究及其研究成果"对我国北方诸民族语言文字的研究工作有着非常重要的价值，对解读契丹字以及有关汉字变体形式和音韵结构的研究也有一定学术价值，甚至对我国历史、考古、文字学、语言学、人类文化学等学科领域也都有较重要参考价值，尤其对满－通古斯诸语，乃至阿尔泰诸语言文字的历史比较研究及原始音系的构拟均会发挥特有的重要作用。"（朝克，2001b：58）

他总结了女真语言的元音情况："女真语与满语、锡伯语比较接近……句法结构以及形态结构方面跟满语也基本相同，并有一定数量和相当系统的粘着型词缀。除此之外，女真语里也有相当数量的与赫哲语、那乃语、奥罗奇语以及其他通古斯诸语间共有的基本词汇。甚至有的学者认为女真语的形态结构更接近于那乃语和赫哲语。根据美籍日本学者清濑义三郎于1973年在日本的《语言研究》第6期上发表的《女真音再构成考》一文中指出：女真语语音系统中元音有a、o、e、i、u、ö、ü……其中，元音ö、ü被认为是金代女真语特有的语音形式，在明代以后的女真语中这两个元音没有再出现。我国女真语专家道尔吉在他的硕士论文《女真语音初探》中根据《永乐译语》汉字音值的女真语语音系统判定，女真语元音有a[a]、e[e、ɛ、ə]、i[i]、è[ɪ]、o[o、

ɔ]、u[u]、ū[ɯ]、ö[ø]、ü[y]……该文中道尔吉着重构拟了明代女真语
语音系统。他构拟的明代女真语元音系统是 a、ə、i、e、è、ï、o、u、
ū，其中 ə、è、ï 是属于音位变体。这样一来明代女真语实际元音是 a、
i、e、o、u、ū 六个。……女真语里除了单元音之外，还有 ai、əi、ui、
oi、ia、iə、ua、uə、au、ou 等复合元音。而且，这些复合元音多数在
词首音节或单音节词里出现，在蒙古语借词及汉语借词中使用较多。有
的女真语专家认为这些复合元音只能在借词内使用，在女真语里出现是
由于拼写上产生错误所造成的语音……在元音 i、u 后面接其他元音时，
产生过渡性半元音 y、w 之音变。"（朝克，2001b：56）

根据朝克对女真语的总结，我们可以尝试排列出中世通古斯语的双
元音①情况：

> 高向低滑动：ia、iə、ua、uə
> 低向高滑动：ai、əi、ui、oi、ou、au

也可以分为：

> 前向后滑动：ia、iə
> 后向前滑动：ai、əi、ui、oi、uə

应该注意的是，在现代满 - 通古斯语族中，各种语言中双元音数量
不尽相同。②

在拟构原始通古斯语词汇时，Sergei Starostin 没有对原始通古斯
语元音情况进行解释，而是仅仅列出了词表及拟构的语音情况。笔者认
为，他通过现代通古斯语族诸语言的现实情况对原始通古斯语进行拟构
有一定问题，主要表现在：现代通古斯语族诸语言从远古至今肯定发生

---

① 朝克使用"复元音"术语，但并没有列出超过双元音的三合元音情况，见朝克（2014a：
凡例 1-3）。

② 根据朝克的列表，满 - 通古斯语族各语言中双元音数量为（递减）：锡伯语（14 个）、赫
哲语（10 个）、满语（7 个）、鄂伦春语（2 个），其他语言中没有双元音。（朝克，2014a：
凡例 1-3）

了较大变化，虽然多数词具有明显的同源特征，但仍然难以从几乎空白的文献中得到证实。所以本书更愿意将他的拟构划为中世通古斯语族语言发展时段，并根据他的例词归纳出中世通古斯语的元音情况。

*i

原始通古斯 – 满语：*dīdü（~ʒ-）（山脊）

Evenki 语：ʒīdi/dial、Even 语：gidan、满语书面语：ʒidun、Ulcha 语：ʒi̯du̯、Orok 语：ʒi̯du̯（n）、Oroch 语：ʒidi[①]

*e

原始通古斯 – 满语：*ebe-（弱，收获，提交，愚蠢，固执）

Evenki 语：ewe-ʒekin、满语书面语：ebe-ri/ebi-lun、Ulcha 语：ebe-le、Orok 语：ebe-le、Nanai 语：ebe-ri-、Oroch 语：ebe-le

*u

原始通古斯 – 满语：*ugē（r）–/*ug-be（n）（浪）

Evenki 语：ūɣe/uwē/uwge-、Negidal 语：uwē/ubge-n、满语书面语：were-n、Ulcha 语：ugbe（n）、Nanai 语：wẽ/ugbẽ、Oroch 语：uwe、Udighe 语：wē/ue/ugbe（n）

*o

原始通古斯 – 满语：*ńōb-（/*ńāb-）（之前，前进，带头）

Evenki 语：ńō-/ńōɣū/ńōw/ńāw-de、Even 语：ńōɣ/ńōw、Negidal 语：ńōɣū、Ulcha 语：jo-ro-、Orok 语：nawra-、Nanai 语：mi̯o-ri̯a-、Oroch 语：ńau-kä、Udighe 语：ńōɣi-

*a

原始通古斯 – 满语 *aja/*aju-（好看，美丽，帮助）

Evenki 语：aja、Negidal 语：aja、满语书面语：aj-luŋGa、女真语：aju-bulu、Ulcha 语：aja、Orok：aja、Nanai 语：ajā、Oroch 语：

---

① 该网站各种语言的名称可以分别翻译为：埃文基（Evenki）、埃文（Even）、乌尔查（Ulcha）、奥罗克（Orok）、奥罗奇（Oroch）、那乃（Nanai）、尼基达（Negidal）、乌德盖（Udighe）、索伦（Solon）。下同。

aja、Udighe 语：aja、Solon 语：aja

　　*j

　　原始通古斯 – 满语：*bejū-（犴）

　　Evenki 语：bejūn、Even 语：bujūn、Negidal 语：bejūn、Ulcha 语：buju（n）、Orok 语：buju（n）、Nanai 语：bejũ、Oroch 语：beju（n）、Udighe 语：bui、Solon 语：bejū-nī beje（猎犴人）

　　*w

　　原始通古斯 – 满语：*ńōb-（/*ńāb-）（之前，前进，带头）

　　Evenki 语：ńō-、Even 语：ńōɣ、Negidal 语：ńōɣū、Ulcha 语：joro-、Orok 语：nawra-、Nanai 语：mịo-rịa-、Oroch 语：ńau-kä

　　*ia

　　原始通古斯 – 满语：*biaru（羊）

　　Evenki 语：bēr̂u

　　*ue

　　原始通古斯 – 满语：*bue（我，我们）

　　Evenki 语：bi/bu/mit、Even 语：bi/bu/mut、Negidal 语：bi/bu/bitta/butta、满语口语：bī/bō/mesə、书面满语：bi/be/muse、女真语：mi-n、Ulcha 语：bi/bū/bue、Orok 语：bi/bu、Nanai 语：bi/bū/bue、Oroch 语：bi/bu/biti、Udighe 语：bi/bu/minti、Solon 语：bi/bū/miti

　　*a（i）

　　原始通古斯 – 满语：*ča（i）ʒa-n（女人乳房、动物乳房）

　　Evenki 语：ʒadan、Even 语：ʒeʒin（/-a-）、Negidal 语：ʒojan、满语书面语：čeʒen、Orok 语：dada-qta、Nanai 语：ʒaʒaqta

　　*oi/j

　　原始通古斯 – 满语：*bogī-（养不应该养的人、流产）

　　Evenki 语：boɣī-/bō-kān（奴隶）、Negidal 语：boɣịn-、满语书面语：bojχolo-（逃离，逃脱）、Ulcha 语：bojal-、Nanai 语：bojaGo-

　　根据对阿尔泰同源词网站例词的梳理及该网站的拟构，我们可以总

结出如下元音：[①]

表 3-6　中世通古斯语元音拟构

	中世通古斯语
高元音	i、u
中高元音	e、o
低元音	a
双元音	ia、ue、a（i）、oi/oj
半元音	j、w

　　由于 Sergei Starostin 给出了丰富的不同语言比较，且证据比较充分，笔者认为他的拟构更加可信。但该网站给出的中世通古斯语中没有央元音 ə[②]，没有三合元音，这似乎与现代通古斯语中具有丰富的中低央元音 ə 难以匹配。这种现象只能说明该网站拟构时所采用的标音方式不同。另外，对于中世通古斯语是否有三合元音现象的分歧，也可以理解为研究者视角不同而导致的判断差异。如现代古通古斯语中的双元音往往由半元音 j 间隔音节所取代，所以将 j 视为半元音的理由为：①中世通古斯语中有 j 和 w 存在。如果将其视为双元音的一部分，则中世通古斯语中会有三合元音或三个元音连续的形态，如 aja（好）、suwan（鱼鹰），但在 Sergei Starostin 的拟构中没有给出解释，而仅仅提供了他们视角下的语音情况；②中世通古斯语中含有双元音，但或许没有三合元音。

　　除此之外，如果从李基文、Sohn Ho-Min 和 Iksop Lee 等人的视角看，中世通古斯语也有入流与后流双元音，例如可将中世通古斯语的双

---

① 笔者在拟构中世通古斯语时没有采用朝克等人的研究成果，其缘由在于：a. 没有发现足够的例证；b. 女真语难以被归入"中世"时段之中；c. 中世通古斯语语料严重匮乏；d. 中世通古斯语研究成果几乎为零。

② 对现代通古斯语 ə 的描述主要体现在中国学者的研究中。但在 Sergei Starostin 的表述中，他采用 e 表示，例如原始通古斯 - 满语的"人"拟构为 *beje。然而，在其他词中，如 hahə（男人、兄）、aŋə（嘴、尝）、afə-（攻击）、arəvən（形状）、arəqən（罕有）、ašə（嫂子）、aməhə-（睡觉）、ažigə（长子）、bahə-（寻找）、banʒə-（怀孕）等却用 ə 标注。这种情况令人费解。

元音 ia、ue、a（i）、oi/j 分别写为 ya、we、ay、oy。如此，则这些形态在中世朝鲜语中都有出现。

三　中世朝鲜语与中世通古斯语元音比较

根据上面的总结，我们可以对中世朝鲜语与中世通古斯语元音进行比较。

表 3-7　中世朝鲜语与中世通古斯语元音比较

	中世朝鲜语	中世通古斯语
元音	i ɨ　　u e　　ə　o a　　ɔ	i　　u e　　ə　o a　　ɔ
半元音	y、w	y、w
双元音	（入流）ya、ye、yo、yu、wa、we （后流）ay、əy、oy、uy、iy	ya、we、ay、oy
三合元音	jaj、jəj、joj、juj、waj、wəj	

从对比中，可以做出如下结论。

（1）中世朝鲜语与中世通古斯语的主要区别在于一个前高圆唇元音 ɨ。虽然对该音的描写并不一定完全准确，但该音的存在说明中世朝鲜语延续古朝鲜语，并且这个音一直得到保留。

（2）从现代通古斯语看，中世通古斯语应该具有央元音 ə 和后低元音 ɔ，其理由是若仅有一个 a 和一个后中高元音 o 会较大程度影响意义表达，而朝克等人和阿尔泰语同源词网站的研究均表明通古斯语具有 ə 与 ɔ 元音。从对古通古斯语的分析看，中世通古斯语应该还存在央元音 ʌ。

（3）中世朝鲜语和中世通古斯语中半元音情况一致。

（4）中世朝鲜语和中世通古斯语都含有双元音，其形态之间差异不大。

（5）三合元音是否在中世通古斯语中存在仍然是个值得讨论的问题。

（6）韩国研究者认为中世朝鲜语有元音变化现象。但笔者认为这种描述并不合理，因为当时朝鲜语元音变化的主要原因是政治因素：新罗语成为首都方言后，其语音被视为标准读音，而在此之前的首都方言朝鲜语被取代。这才是新罗时代的元音与之前时代的元音相比变化的原因。李基文等人认为的元音升高或变化显然是套用了印欧语系研究发现和由此引出的历史语言学理论阐释。这样看来，李基文等人的观点不符合当时朝鲜语的语言变化事实。

从上面的总结看，除去三合元音在通古斯语中是否存在不确定外，中世朝鲜语和中世通古斯语两者之间的对比较好地反映出相互一致的特点。

第四节　中世朝鲜语与中世通古斯语辅音比较

一　中世朝鲜语辅音

关于中世朝鲜语辅音情况，李基文等人认为：该时段朝鲜语记录情况更加明确，所以辅音的很多特征得到显示。他们认为 15 世纪词首辅音簇是通过弱化元音方式出现，如 psol（生来）在《鸡林类事》中写为 2 个音节：*pɦuə-sat。第一个音节为双唇爆破音，表明当时有 *posol，所以 psol 就是由 o 音消失及 u 音弱化而形成。又如，wotwoktwoki（和尚）在《东医宝鉴·汤液篇》中写为 wotwptwoki，在《乡药救急方》中音转为"五得浮得"和"乌得夫得"，从可以看出一个位于辅音 p、t 之间的元音存在。《乡药救急方》编撰于 13 世纪中叶，所以元音的弱化一定在其后发生。

在早期中世朝鲜语中有送气音，但之后逐渐减少。有些送气音通过元音弱化而产生，如 15 世纪动词 tha（骑）在《鸡林类事》中写为 *xɦja:t-a（iŋ），表明当时的动词为 *hota。15 世纪送气音在弱化元音之后出现辅音的语音变位：*hota>*hta>tha[tʰa]。同样，《鸡林类事》中"大"的音形为 *xəəh-kən，表明由 *hukun 演变为 15 世纪 khun（大）。

紧音大概在古朝鲜语具有独立特征，或在以 l（流音）结尾的词干后面，如"尸"通常转写为 *r。但当紧辅音出现在词首时情况并不明了，如《鸡林类事》"宝姐"（*puwa-dɦat）（女儿）大致可以拟构为

*potol。但在晚期中世朝鲜语中却写为 stol，而非 *ptol。实际情况可能
是 tˀɔl 当时由紧音开头。这说明当时紧音与松音不加区分。[①]

《鸡林类事》和《乡药救急方》文献表明，浊塞音 z 至少在 12 世
纪就存在，如《鸡林类事》中"弟弟"写为"了儿"（*liaw-ri）、"四
十"写为"麻刀"（*ma-rin），但实际上，当时这两个词在朝鲜语中分
别为 azo 和 mazon；《乡药救急方》中"豆音矣荠"或"豆衣乃耳"中
的"荠"的意义为"一种草（药）"，第二个音节中的"乃耳"可以转写
为 *naj-ri，两个音节都表示 nazi（一种草药）。

浊塞音 z 至少可以追溯到 12 世纪，例如"菟丝子"被转写为"鸟
伊麻"，其中"鸟"（sa）的意义为"麻"（sam），"伊"为 y 的音读。
这说明 12 世纪 *saysam 在 15 世纪变为 sayzam（即 s 音变为 z 音）。

15 世纪文献记载有难以确认的唇音 w 音形。当时的文献可能用
带有 f 或 v 音的汉字来表示 β 音，或许该音在中国人听上去更像 p 或
b 音。如"途孛"（*tɦuə-pɦut）（二），15 世纪的音形为 twuul/twul；
"酥孛"（*suə-pɦut）（米酒），15 世纪的音形为 swuul/swul、"珂背"
（*kʰa-puaj）（裤子），15 世纪的音形为 kowoy……这说明唇音 w 显然
与 p 音有所区分。（Lee & Ramsey，2011：90–91）

古朝鲜语出现辅音结尾音节，早期中世朝鲜语也如此，如《鸡林类
事》音转的"渴翅"（*khat-syi）（皮）变为晚期中世朝鲜语 kach、"捺
翅"（*nat-sye）（脸）变为晚期中世朝鲜语 noch。这些词表明当时音节
尾辅音有齿送气塞擦音，如 *tsʰ。

《乡药救急方》对当时朝鲜语的音转更加清晰地标示出词尾辅音情
况，如"叱"不仅仅用来表示所属格词素 *s，也可以用来标示词尾辅
音，如"你叱花"（胭脂）、"鸡矣碧叱"（鸡冠）。[②]

李基文等人认为，13 世纪朝鲜语词尾辅音应该包括 */p/、/t/、/k/、

---

① 力提甫·托乎提认为该词（女儿）的演变情况为：pʌtʌn>ptʌn>tˀal（力提甫·托乎提，
　2004：296）。显然，他并不认为当时的朝鲜语具有以 pt 为词首的紧音。

② 第一例中的"花"为意转，"你叱"为（nis）音转；第二例中的"鸡"为意转，"矣"
　（*uy）为音转，"碧叱"（pyes）（冠）为音转。

/s/、/z/、/c/、/l/、/n/、/m/、/ng/、/h/。

关于中世朝鲜语流音情况，李基文等人总结说，中世朝鲜语后来脱落了 *t、*s、*z、*c、*ch、*n 之前的 l 音，如"柴"在《鸡林类事》中转写为"孛南木"（*pul-namwo），这说明词尾 *l 仍然保留。《乡药救急方》中的情况更加明显，如"榭寄生"（*kyezul-sali）转写为"冬乙沙伊"，"乙"显然为 l 音。"板麻"（*nel-sam）转写为"板麻"。在晚期中世朝鲜语文献中，这两个合成词写为 kyezu-sali 和 ne-sam，表明流音 l 的脱落，因此，*l 在 15 世纪后半叶消失（Lee & Ramsey，2011：93-94）。

Sohn Ho-Min 认为早期中世朝鲜语中出现了如下特征：①浊塞擦音 z，如 kɔzɔl（秋）、azo（弟）、mɔzɔm（心灵）；②双唇塞音 β，如 nuβi（妹妹）、sβəl（液体）、tuβəl（二）；③紧辅音 p'、t'、c'、k'、s'、h'，如 p'ulhwi（根）、t'ɔl（女儿）、k'əzə（画）。但随着 15 世纪开城作为主要方言区之后，文献记录的朝鲜语情况与早期中世朝鲜语有所不同。①

Sohn Ho-Min 转引 Huh（1975）对当时朝鲜语语音研究的成果而列出晚期中世朝鲜语语音情况。他认为该时段朝鲜语的变化情况并非完全由于上个语言时段内朝鲜语本身发生了巨大变化，而不过是记录者仅仅记录了朝鲜语某个重要方言区情况。他认为晚期中世朝鲜语（开城方言）辅音情况如下：

爆破音：松音	p	t	c	k
送气	ph	th	ch	kh
紧	p'	t'	c'	k'
塞擦音：浊松音	β	z		ɦ
清松音		s		h

---

① 其实，这些变化唯一的理由是朝鲜文字成为统治者掌控的重要传播工具，首都方言也变为被朝鲜人认可的标准方言。这样一来，其他地区方言随着首都的迁移而逐渐被忽视。尽管朝鲜半岛的语言并没有发生巨大变化，但是这个时代的朝鲜标准语开始变为开城方言。

紧		s'	h'
鼻　音：	m	n	ŋ
流　音：			l

Sohn Ho-Min 对辅音进行了解释。他认为由于分布有限及使用不够广泛，浊松音 β、ɦ 约在 15 世纪中叶至 16 世纪早期消失。β 变为 w，例如 kɨlβal>kɨlwal（句子）、təβi>təwi（热、温度），在开城方言中该音也与 p 融合；ɦ 音似乎在所有方言中消失。

此时的朝鲜语辅音存在复辅音现象，每个复辅音音簇包含 2~3 个辅音，如：

两辅音系列：pt	pth	ps	pc
sp	st	sn	sk
三辅音系列：pst	psk		

（Sohn Ho-Min，1999：44-46）

但 sp、st、sk 的出现是否由于书写原因还是作为 p'、t'、k' 的变体仍然有争议。这种复辅音现象可以在现代朝鲜语某些方言中看到，例如 t'ək（米饼）、t'oŋ（粪）仍然被读成 sitəku 及 sitoŋ。该两个词的变化大概为：sitəku>stək（u）>t'ək，sitoŋ>stoŋ>t'oŋ。[①]

Sohn Ho-Min 进一步解释说："语言学家一般同意复辅音辅音簇的读音与书写文献记载的情形一致。例如，中世朝鲜语词 psɔl（脱壳米）包含 ps 辅音簇。首音 p 后来消失，现代朝鲜语形态为 s'al。然而，在

---

① 通古斯语系似乎也有类似的现象，如鄂温克语 giloski（黄花菜）（朝克，2014a：108）。但尚无法解释这种例外，或许如 Sohn Ho-Min 所言，是属于"书写"问题。而笔者认为，这种描写似乎不符合当时的语言事实，例如，古朝鲜语的音节结构中没有类似的现象，却如何在中世通古斯语中出现？复辅音之间插入元音，如 sitəku 中的 i 音，似乎可以说明或许该复辅音从一开始就不存在。因此，Sohn Ho-Min 提出的或许是书写原因导致复辅音现象出现的观点是正确的。鄂温克语中的 giloski 在实际使用时的音节结构为 gil-os-ki，这种情况与朝鲜语 co-ps'ɔl 中将 p 切分为第一个音节首情况相同。

其他词汇中，p 仍然存在，如 co-ps'ɔl（co- 小米 +ps'al）（脱壳米）。现代朝鲜音节边界位于 cop 和 s'ɔl 之间。其他的例子包括 ptit（意愿）、psi（种子）、psɨ（使用）、pcak（一对）、pskul（蜂蜜）及 pstaj（时间）。这些辅音簇被认为一直保留到中世朝鲜语结束时代。它们演变为早期现代朝鲜语的加强爆破音，如 t'is（意愿）、s'i（种子）、s'ɨ（使用）、c'ak（一对）、k'ul（蜂蜜）、t'ɛ。"

他认为，中世朝鲜语也出现了词尾辅音的非爆破或不送气现象。[①]所以，在词尾音节中，所有双唇辅音变为中性化 p，所有齿音、喉音都变为 t，所有腭音都变为 k。其结果是，同现代朝鲜语一样，仅仅 p、t、k、m、n、ŋ、l 会出现在词尾。李基文认为这种非爆破化导致了 r 和 l 在中世朝鲜语合并为一个音位，l 出现在词尾，而 r 出现在其他环境。

Sohn Ho-Min 认为，在中世朝鲜语中 i 和 j 之间的腭辅音并未出现，因此，现代朝鲜语的 coh（好）、cə（那）的音形为 tjoh 和 tjə。同样，在 i 和 j 前的辅音 n 脱落也没有出现，例如 nima（前额）（现代朝鲜语为 ima）及 nimkɨm（国王，现代朝鲜语为 imkɨm）。（Sohn Ho-Min，1999：47–49）

Iksop Lee 等人认为，晚期中世朝鲜语送气音与清辅音对立现象出现。该证据可以从世宗（Sejong）创立的文字系统中看到：

非送气：	p	t	k	c	s	h
送　气：	ph	th	kh	ch		
浊　音：	β					
鼻　音：	m	n	ng			
流　音：	l					

---

① 笔者不认同该观点。在任何语言中，词尾清辅音都会采用变体形式的非爆破或弱化，如英语中的 p、t、k。在现代朝鲜语中，当某个音节尾后接有另个音节时，该音节尾的辅音也会采用这种发音形式，如 kimqi、Samguk 中的 m 音都是如此。这也是为什么 co-ps'ɔl 在读音时，p 被划为前一个音节的原因。

世宗时代的文献也证明复辅音现象存在，如：

sp-	st-	sk-	(ss-	hh-)
pt-	pth-	ps-	pc	
pst-	psk-			

《训民正音例解》规定，"当位于词首时，两个或三个字母可以连写，例如在口语中，sta（地）、pcak（一对中的一只）、pskum（裂口）"。这种现象虽然在今日朝鲜语中明显缺失，却毫无疑问地真实。事实上，这些复辅音便是现代朝鲜语中强化辅音的起源。例如，sta在现代朝鲜中为ttang（地），pcak在现代朝鲜语为ccak（一对中的一只）、psol>ssal（米）、psi>ssi（种子）、ptut>ttus（意义）、psuta>ssuta（使用）、pstay>ttay（时间）、pskwul>kkwul（蜂蜜）。

然而，在现代朝鲜语中有时也会显露这样的痕迹，如ssal（米）在独立使用时，其词首的p音脱落，但在某些合成词中p音却依然存在，如cop-ssal（脱粒后的小米）（<cop"小米"+ssal"大米"）、ip-ssal（不黏的米、大米）、meyp-ssal（不黏的米）、chap-ssal（黏米）（cha-"黏"）、hayp-ssal（新米）（<hay"年"）。p音的痕迹还可以在下列词中看到，如pyep-ssi（稻种）（<pye"稻秧"+ssi"种子"）、ip-ttay（这时）（<i"这"+ttay"时间"）、cep-ttay（那时）（<ce"那"+ttay"时间"）。这说明"米"一词曾经的词首音为p。然而，强化辅音在中世朝鲜语中也有存在，例如sk-、st-、sp-的读音大致与现代朝鲜语kk、tt、pp相同。除此之外，还有其他类似于今日朝鲜语的强化辅音，如ss-。

中世朝鲜语的另一个变化是双唇浊辅音β消失，如1450年左右，kulβal（文字）被写为kulwal，teβi（热）被写为tewi，sukoβol（乡村的）被写为sukowol（现代朝鲜语作sikol）。在今日，w仍然在许多词中存在，如saβi（虾）被写为saywu，nwuβe（躺下）被写为nwuwe。另一个在中世朝鲜语中消失的音为z，但其消亡过程延续了一个世纪。如在世宗时代sozi（间隔）被写为soi，这或许说明当时写作者自己的语言中没有 z 音。现代朝鲜语多半失去 z 音，但仍然在某些词中可以看到其遗迹，如 mozom（心）变成 maum，azo（弟）变为 awm，kozol（秋）变为 kaul，kyezul（冬）变为 kyewul，mozol（村庄）变为 maul。

中世朝鲜语 ts 与现代朝鲜语不同，它在 i、y 之前有腭音 ʧ 特征，如 tsang（柜）与 ʧyang（酱油）有所区别，tsə（自己）与 ʧyə（筷子），tsʰo（醋）与 ʧʰyo（蜡烛）有别。中世朝鲜语 ʃ 的发音与现代朝鲜语 s 不同，如 ʃyo（牛）与 so（沼泽）有所区别。辅音 t 和 th 在 i、y 前呈现出自由变体形态。但在大约十七八世纪 t 变为 c，如 tina（消逝）变为 cina，tyokhena（是好的）变为 cohkena，tye（在那儿的东西）变为 ce。th 也如此，在 i 和 y 前变为 ch，如 thiketun（打）变为 chiketun，thyentong（雷）变为 chentong。辅音 n 出现在 i、y 之前，但后来 n 脱落，如 ni（牙）后来变为 i，nima（前额）变为 ima，niph（叶子）变为 iph，nyelum（夏天）变为 yelum。

中世朝鲜语词尾 -l、-ng、-t、-n、-p、-m、-s 与现代朝鲜语大致相同。（Iksop Lee & Ramsey，2000：284-286）

综合上述研究者的研究成果，可以推断出中世朝鲜语的辅音：

爆破音：松音	p	t	c	k
送气	ph	th	ch	kh
紧	p'	t'	c'	k'
塞擦音：浊松音	β	z	ɦ	
清松音		s	h	
紧		ss		
鼻　音：	m	n	ŋ	
流　音：		l		

二　中世通古斯语辅音

关于古通古斯语的情况，研究者均没有什么建树，其原因在于古代中国文献没有对该语系语音方面的研究。

鲍培对通古斯语的研究时段可以推到至少前一百年，所以他的总结或许能够比较贴近中世通古斯语实际情况。他认为：

①元音之间存留 g/γ，后消失（例如通古斯语语支与满语语支之间）；

②音节首的 *p 演变情况为 *p（>p、f、x、h、零）。（Poppe，1965：26）

鲍培给出的实证例子有：

①满语：tuveri<*tüeri（冬天）、女真语 tu'e'rin（t'uh-óh-lin）、Goldi 语 tuę、Ulcha 语 tùę、Orochi 语和 Udehe 语 tuę、Oroki 语 tuʋę、Negidal 语 tuɣʷeni、Evenki 语和 Lamut 语 tuɣęni、Solon 语 tugu

②满语：（肝）、Goldi 语和 Ulcha 语 pa、Orocki 语 paka、Orochii 语 xaki、Udehe 语 x'āi、Negidal 语 xāxin、Evenki 语 hākin、Lamut 语 hākān、Solon 语 āxin

③满语：ǰili（动物角根部）、Goldi 语 ǰeli（头）、Ulcha 语 dili、Orocki 语 dili、Orochii 语 dili、Udehe 语 dili、Negidal 语 del、Evenki 语 dil、Lamut 语 děl、Solon 语 dili/dil

④满语：nadan（七）、Goldi 语 nada、Ulcha 语 nada、Orocki 语 dadā、Orochi 和 Udehe 语 nada、Negidal 语 nada、Evenki 语 nada、Lamut 语 nadan、Solon 语 nadā

这里根据我国学者对女真语和笔者对"鲜卑"等古老民族名称的讨论，将讨论中所涉及的辅音进行了归纳：

g、r、m、n: Girimin（吉里敏人）（Lattimore，1933：19）

k: Kirin（吉林）（Lattimore，1933：19）

l: Kile（奇楞人）（Lattimore，1933：19）

j/dʒ/ʧ、s、ʃ: jusːn（女真）(薛虹，1980：90)、dʒin/ʃin/ɕin/ʧin、dʒεεn/ʃεεn/ɢεεn/ʧεεn 或 dʒəən/ʃəən/ɕəən/ʧəən（人）（尹铁超，2000，2001）

i、ŋ、g: inəŋgi（日）

b: bia（月）

w：ʤuwə（二）

x/h：abuxa（天）

ts：tsuari（仁夏）

t：tuwari（冬）

（周有光，1976：51）

由于阿尔泰语同源词网站给出的例子中拟构了古通古斯语形态，笔者认为也可以根据他们的总结来推断出中世通古斯语辅音情况：

*b、*d

原始通古斯 - 满语：*abdu-（牛）、Evenki 语 abdu、Even 语 abdụ、Negidal 语 abdụn、满语口语 adun（动物群）、满语书面语 adu、女真语 ad-hu、Orok 语 abdụ

*č①

原始通古斯 - 满语：* aču-（变得苗条，苗条，回答）、满语书面语 aču̇x̓a-da-/aču̇x̓an、Nanai 语 ačōgo-

*k

原始通古斯 - 满语：*ak-/*kaka（男人，哥哥）、Evenki 语 akā/akin、Even 语 aqa/aqþn、Negidal 语 aga/axa、满语口语 hahə、满语书面语 xaxa/axun、女真语 xaxa-aj/axun（axun-un）、Ulcha 语 aGa、Orok 语 aGa/aqa、Nanai 语 ā、Oroch 语 aka/akin、Udighe 语 aga、Solon 语 axā 及 axin

*g

原始通古斯 - 满语：*gagda（一对中的一只）、Evenki 语 gagda、Even 语 gād、Negidal 语 gagda、满语书面语 Gaqda/Gaqta、Nanai 语 GaGda、Oroch 语 gagda、Udighe 语 gagda

---

① 该音在古通古斯语中能产性差。在 Sergei Starostin 统计的 2435 个词根中，仅发现不足 10 个同源词根。

*x

原始通古斯－满语：*xačin（类型，各类）、满语口语 hačin、满语书面语 χačin、女真语 ha-če-jin（东西）、Ulcha 语 χačị（n）、Orok 语 χatčị（n）、Nanai 语 χačĩ

*j

原始通古斯－满语 *beje（人）、Evenki 语 beje、Even 语 bej、Negidal 语 beje、Nanai 语 beje、Solon 语 bei/beje

*l

原始通古斯－满语：*abu-（缺少，浪费）、Evenki 语 abul-/abu-、Even 语 abъl-、Negidal 语 abụl-、满语书面语 absa-/abuliqabi、Ulcha 语 abụlị-、Orok 语 abụlị-、Nanai 语 abolị-、Oroch 语 abuli-、Udighe 语 abuli-、Solon 语 abụl-

*n、*w

原始通古斯－满语：*agulān（牧场、平原）、Evenki 语 awlān/aɣlān、Even 语 awlъn、Negidal 语 awlan、Ulcha 语 awda（n）、Orok 语 awla（n）、Nanai 语 aodã、Oroch 语 auda/aula

*m

原始通古斯－满语：*kama-（压迫，禁止，无法帮忙，失去）、Evenki 语 kama-/kama-lit-、Even 语 kamaɣ、Negidal 语 kama-li-、Ulcha 语 qama-lụ–、Orok 语 qama-lị–、Nanai 语 qama-li-/qama、Udighe 语 kama-/kamasi-

*ŋ

原始通古斯－满语：*ŋēle-（被吓，害怕）、Evenki 语 ŋēle-、Even 语 ŋēl-、Negidal 语 ŋēle-、满语口语 gelə-、满语书面语 gele-、Ulcha 语 ŋele-、Orok 语 ŋēle-、Nanai 语 ŋele-、Oroch 语 ŋēle-、Udighe 语 ŋele-、Solon 语 nēle-

*p

原始通古斯－满语：*pigi-n（暴风雨，风）、Evenki 语 xigin、Negidal 语 xiɣin/xijin、Ulcha 语 piwsu（n）、Orok 语 sii、Nanai 语

piugi-、Udighe 语 sī

*q

原始通古斯 – 满语：*al-（土，埋在土里，海湾，海口）、Evenki
语 aldi-、Orok 语 alāq、Nanai 语 alian

*r

原始通古斯 – 满语：*ar-（制造，工作，苏醒，使害怕，形状，鬼魂）、
Evenki 语 arit-/arū-/arinka、Even 语 ar-/arị–/ar-/ariŋqь、Negidal 语 ajị、满语口
语 arəvən/arəvun（形状）、满语书面语 ara-/arbun/ari、Nanai 语 arị

*s

原始通古斯 – 满语：*sār-（易碎的，小的，分裂，罕见地，除
草）、Even 语 sarkama、Negidal 语 saj、满语书面语 sarḱa-、Ulcha 语
sar（bi）、Orok 语 sār（bī）、Nanai 语 sār（bī）、Oroch 语 sar

*t

原始通古斯 – 满语：*tāksa（泥，干泥）、Evenki 语 tāksa、Even
语 tās、Negidal 语 tāksa、Ulcha 语 toaqsa、Orok 语 tōqso、Nanai 语
toaqsa、Udighe 语 takeä

*ǯ

原始通古斯 – 满语：*ǯaǯiki（鱼的）、Negidal 语 ǯačịn（大狗鱼）、
满语书面语 ǯaǯigi/ǯaǯixi、Nanai 语 ǯaǯịχị̃、Oroch 语 ǯadigi（一种鱼
的名字）、Udighe 语 ǯoǯuɣo（海虾虎鱼）

按照 Sergei Starostin 的拟构可以看出，从女真语推测通古斯语无
法得到较好的原始语言事实。换句话说，虽然女真语本身为通古斯语族
的一员，但无法用其来推测整个中世通古斯语语言事实。所以，综合中
国学者的研究，我们推断出中世通古斯语辅音情况：

*b、*d、*č、*k、*g、*x、*j、*l、*n、*m、*ŋ、*p、*q、*r、
*s、*t、*ǯ

但上述辅音中，q 的音值难以确定。本书根据上面例词，认为该音为 x 音。所以，本书对中世通古斯语辅音进行拟构：

*b、*d、*č、*k、*g、*x、*j、*l、*n、*m、*ŋ、*p、*r、*s、*t、*ʒ

按照发音方式分类，则为：

送气、不送气音：*p/*b、*t/*d、*k/*g

擦音：*x

塞擦音：*č（ʧ）、*ʒ（ʤ）

喉音：*h

流音：*l（位于音节尾）

闪音：*r（位于音节首）

鼻音：*n、*m、*ŋ

咝音：*s

半元音 *j（y）、*w

三　中世朝鲜语与中世通古斯语辅音比较

根据对中世朝鲜语与中世通古斯语辅音的总结，我们可以归纳为下表：

表 3-8　中世朝鲜语与中世通古斯语辅音比较

中世朝鲜语辅音	中世通古斯语辅音
爆破音：（松音）　　p　t　c　k	送气、不送气：p (b)、t (d)、k (g)
（送气）　　ph　th　ch　kh	擦音：x
（紧）　　　p'　t'　c'　k'	塞擦音：č（ʧ）、ʒ（ʤ）
塞擦音：（浊松音）β　z　ɦ	喉音：h
（清松音）　　s　h	流音：l
（紧）　　　　ss	闪音：r
鼻音：　　　　m　n　ŋ	鼻音：n、m、ŋ
流音：　　　　　l	咝音：s
闪音：　　　　　r	半元音：w、j（y）
半元音 / 半辅音：w、y	
词首复辅音：sp-、st-、sk-、pt-、pth-、ps-、pc-、st-、psk-	

从上面的总结中，可以看到如下情况：

（1）在爆破音方面（送气与不送气），中世朝鲜语与中世通古斯语之间不同的地方是：①中世朝鲜语有 c 音；②中世通古斯语没有强化辅音，但 Iksop Lee 等人的解释可以大致说明，中世朝鲜语不过将不送气音发得更紧，并导致了现代朝鲜语相同的形态；③中世纪通古斯语有 b、p 之间的对立，但我们认为这种记音上的对立实际是不同记录者记录方式的差异导致的，而非两个独立的辅音音位。

（2）中世朝鲜语和中世通古斯语均有塞擦音，但中世朝鲜语将其分为浊、清和紧音。这种分类方式或许有些问题，例如，ss 在紧音化过程中，由本来的啮音变为塞擦音，所以其归属仍然值得讨论。由于中世通古斯语没有该音，所以无法进行比对。但中世通古斯语 ʃ 音的分类也有问题，我们认为该音应该与 ʧ 音或 x 音相同。[①]

（3）中世朝鲜语和中世通古斯语都有擦音，但中世通古斯语 x 音为舌前伸的平舌音，而中世朝鲜语则将 s（舌位后缩平舌）归为松音。[②]但应该均属于擦音。

（4）中世通古斯语仍然没有 f 音。

（5）中世朝鲜语与中世通古斯语鼻音情况一致。

（6）中世朝鲜语的 β、z 音没有在中世通古斯语中找到对应。然而，该二音实际上后来均消失，相应的音为 w 或 u 音。（Iksop Lee & Ramsey，2000：286）所以，我们认为这两个音来源不详，或许是外来音。

（7）中世朝鲜语和中世通古斯语均有喉音 h，两者之间的差异为表音方式的差异。

（8）中世朝鲜语和中世通古斯语均有流音 l 和位于音节尾的闪音 r，出现位置亦相同。

（9）中世朝鲜语和中世通古斯语均有半元音 w、y。

---

① 笔者在田野调查中没有看到现代通古斯不同民族对 ʧ、ʃ 和 x 进行意思区分，如"星"的发音可以为（w）oxigda 或（w）oʃigda，"人"（后缀）的发音可以为 -ʧin、-ʃin 或 -xin。

② 在辅音分类上，松音和紧音的表述没有依据，这一般是对元音的解释。

（10）中世通古斯语中没有发现复辅音现象，[①] 所以中世朝鲜语中的该现象难以解释。然而，中世朝鲜语中的这些复辅音后来均消失。我们认为，这种消失（但仍有部分残留）或许说明这些辅音形态借用自其他语言，但这个假设需要证据来说明。

综上，可以大致看出两者之间共同特征多于差异特征。

第五节　现代朝鲜语与现代通古斯语元音比较

现代以来，朝鲜语文献大量增加，为描写者提供了很好的语言素材。这一大时段的语言特点是：

（1）以首尔和平壤两个方言区方言为主流和标准方言；

（2）文字导致不同方言趋同；

（3）社会因素掺杂进语言中，导致本时段的朝鲜语相对于中世朝鲜语发生了较多变化。

相比之下，现代通古斯语的变化则难以归纳，其主要原因为：

（1）满族人在该时段中先是统一东北地区，后成为整个中国的统治者；

（2）满族文字的创立导致满语内部达成一定的语言范式；

（3）中国境外的部分通古斯人群体采用了根据俄语字母编制的文字系统；

（4）绝大多数通古斯人群体仍然没有文字；

（5）中国境内通古斯语受到汉族文化冲击而发生语音、词汇、句法方面的一些变化；

（6）中国境内通古斯语迅速消亡；

（7）俄罗斯境内通古斯人逐渐被俄罗斯文化同化，语言逐渐消失。

[①] 但现代通古斯语中含有少量的复辅音，如锡伯语 kərt kərt（嚼东西的声音）、赫哲语 jaŋk（脓）、鄂温克语 danslattan（记账）、满语 sitərsxun（腿似绊住的）等。（朝克，1999：33-34）从这个角度看，中世通古斯语应该也存在复辅音现象，只不过没有被发现而已。

这一系列变化导致了语言向两个方向发展：

（1）朝鲜语逐渐相互分离，形成两个大方言区；

（2）通古斯语由于人口的流动和语言环境的变迁逐渐走向消亡。

由于政治、经济、社会环境等诸多原因，很多语言没有得到仔细的研究，如朝鲜民主主义人民共和国的研究成果很难看到，俄罗斯通古斯群体的语言情况也带有较大的政治色彩，中国境内通古斯群体虽然人数增加，但语言消亡过于迅速而没有得到有效的记录和研究。

一　现代朝鲜语元音

现代朝鲜语早期与现今大致情况一致，所以我们将其统一进行讨论。

Sohn Ho-Min 认为这一时段的元音变化主要有以下特征。

（1）元音 ɔ 消失于 18 世纪后半叶，其变化规律是 ɔ 与 ɨ、o 或 a 合并，如 palɔ>palɨ（正确）、hɔlk>halk（土壤）、talɔ>talɨ（不同、区别）、olɔ>olɨ（攀爬）、motɔn>motɨn（所有）、nakɔnaj>nakɨnɛ（客人）、sɔmaj>somɛ（袖子）、tɔlpʰaŋi>talpʰaŋi（蜗牛）、thɔta>thata（打、玩）、nɔmil>namul（蔬菜）、stɔl>t'al（女儿）、pɔlɔm>palam（风）。

（2）所有后流双元音单音化，所有三合元音双元音化，j 与其前面的元音合并，即 aj 简化为 ɛ，əj 简化为 e，oj 简化为 ø，uj 简化为 y。这样，前元音增加到 4 个。然而，单元音化的 2 个后流双元音 oj 和 uj 并不彻底，它们在许多方言中合并，变为 we 和 wi。后流 ij 分裂为 3 个元音：i（在其前面没有辅音时，词首音节）、e（属格词缀/品词）和 i（其他语音环境）。但当其位于词首时，ij 通常仍被年轻人读为 ij，如 ijsa [ij.sa]（医学博士）。双元音 oj 及三合元音 joj 和 juj 在 18 世纪后期后消失。

（3）非圆唇高元音 ɨ（在唇辅音 p、ph、p'、m 之后）变为圆唇，如 pil>pul（火）、phil>phul（草）、p'il>p'ul（角）、mil>mul（水）、pilk>pulk（红）、nɔmil>namul（蔬菜）。

（4）元音和谐规律开始被打破。其原因为：ɔ 变为 ɨ、o、a。这表明由于 ɔ 为亮音，而 ɨ 是暗音，所以元音和谐被破坏不可避免。

（5）元音变化出现，即非前元音前移，如 məki>meki（喂）、olchŋi>olɛchŋi（蝌蚪）。

他对该时段的朝鲜语元音做出如下归纳：

高	i	y	ɨ	u
中	e	ø	ə	ɔ
低	ɛ		a	
半元音	j	w		

双元音	ja	jə	jo	jɛ	je
	wa	wə	wɛ	wi	

（Sohn Ho-Min，1999：53–55）

Iksop Lee & Ramsey 列出了现代朝鲜语元音矩阵：

	前	中	后	
	非圆唇			圆唇
高	i	ü	ɨ	u
中	e	ö	ə	o
低	ɛ		a	

Iksop Lee 等人解释说，上面列出的矩阵仅仅代表理想化的元音系统。这些音值在中部及首尔周边地区的确存在，但在其他地区则更加常见，如标准方言 wi（ü）和 oy（ö）也可以分别读为类似于双元音的 [wi]、[we]。

他们说："元音 e 和 ɛ 的区分被视为标准方言（即首尔方言）的标志性特征。由于在首尔整个南部地区该区别已经消失，所以能够区分它们便成了首尔城里老一代本地人骄傲的象征。然而，尽管如此，年轻人几乎无法分辨这两个音的差异，因为韩语文字中有所区分，所以这两个音的确具有区分特征，但在实际语言使用中的情况却是另一回事：南方人无法区分出这两个音。"①

关于复合元音，Iksop Lee 等人认为："朝鲜语有两个半元音：w 和 y，它们与其他元音组合构成七个双元音和四个三合元音：

双元音

  y 入流：ya ye yo yu

  w 入流：wa we

  y 后流：uy

三合元音

  y 入流：yay yey

  w 入流：way wey

但是很多双元音往往在首尔老年人中被合为一个单元音，如 uy，在 uysa（医生）或 uyca（椅子）中被读成 [i]:[isa] 和 [idʒa]。在一般位置上，如 kanguy（报告）或 mincwucwuy（民主主义）中被读成 [i]:[kaŋi] 和 [mindʒudʒui]……但对多数年轻人及中年首尔人来说，uy 仍然以书面方式来读，且已经成为他们读音的正常部分：在位于词首时，其读音为 iy。当然，这个读音也有例外：尽管文字上写为 uy，可是也有人简单将其读为 [i]，如 huyta（成为白色）、hwanhuy（欢乐）、mu.nuy（格式）中的 uy 的读音都是 [i]。"

三合元音不出现在辅音后。尽管文字上似乎允许，如 kyeysan（估计）、sikyey（钟）、cihyey（智慧）读时 y 均不发音，而分别读作 [kesan]、[ʃige] 和 [tʃihe]。

李基文等人认为，自 19 世纪以来，朝鲜语元音在几个方面有所变化。现代首尔方言（标准方言）有两个圆唇前元音，但在 19 世纪时却并非如此。19 世纪文献表明有三合元音 woy 和 wuy，但在现代标准方

---

  ① 笔者在韩国进行田野调查时验证了 Iksop Lee 等人的观察。

言中，/woy/ 的发音为 [ö] 和 [we]，/wuy/ 的发音为 [ü] 和 [wi]。总体说来，当出现在词首，且其前面没有辅音时，它们通常的读音为 [we]、[wi]。例如，"黄瓜"为 [we]、"上部分、上面"为 [wei]。但当其前面出现辅音（尤其是腭辅音）时，它们变为 [ö] 和 [ü]，如 swoy（金属、铁）的读音为 [sö]、cwoy（犯罪、违背）的读音为 [ʧö]、swuy（蝇卵）中为 [ʃü]、cwuy（老鼠）中为 [ʧü]。许多首尔年轻人语言中没有这些圆唇前元音，直接将这些音读为 [we]、[wi] 而不区分语音环境，但这却被仍然看作是标准方言：

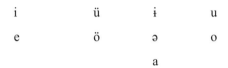

值得注意的是，/e/ 的音值并非总是 [ə]，该元音的读音要依据长短来判断，这种音位变体早在 19 世纪就已经存在。当该音为短音时，其读音接近 [ʌ]；当其为长音时，其读音为 [ə:]。例如，汉字词"荣"读音为 [yʌŋ]、"永"为 [yə:ŋ]。

标准方言的元音系统变化一直存在。所以上述元音系统对首尔年轻人来说已经有些老旧。除了圆唇前元音消失之外，还有 ay[ɛ] 与 ey[e] 两个音的融合现象，现在年龄低于 50 岁的首尔人几乎无法判断两个音的区别。对多数首尔人来说，kay（狗）与 key（蟹）仅仅在语境中才具有意义区分……另一个音变是 uy，其读音往往被变为双元音 [ɨy]，其原因是后流 y 音脱落。现代年长的首尔人不将 uy 视为双元音，他们将其读为 [ɨ]（音节首）和 [i]（音节尾）。除此之外，所属格品词 /uy/ 虽然在书面写法仍然如此，却被年长者和年轻人读成 [e]。

还有一些历史遗留的拼写方式的读音发生了改变，如 huy（希望）常常被读成 [hi]、kyey（阶）被读成 [ke]、(sil) lyey（失礼）被读成 [(ʃil) le]，这些词第二音节的滑音不复存在。（Lee & Ramsey，2011：294-295，298）

宣德五等人认为现代朝鲜语有 9 个元音①，分别是：

a：不圆唇央低元音，如 arɛ（下）、ʧa（尺）、p'ari（苍蝇）、hata（做）

ə：不圆唇央元音，如 əkkɛ（肩）、t'ə（地基）、mənʧə（首先）、səta（站立）

o：圆唇后次低元音，如 ori（鸭）、ʧo（栗）、hok（瘤子）、ton（钱）

u：圆唇后高元音，如 u（上）、susu（高粱）、kuk（汤）、siru（蒸笼）

ɯ：不圆唇后高元音，如 ɯu（银）、tɯr（平原）、jərɯm（夏天）、kotɯrɯm（冰锥）

i：不圆唇前高元音，如 i（齿）、tti（带子）、sin（鞋）、k'okkiri（象）

ɛ：不圆唇次低元音，如 ɛki（小孩）、mɛ（鹰）、kɛ（狗）、torikkɛ（连枷）

e：不圆唇前次高元音，如 tte（木筏）、ʧepi（燕子）、mepssar（粳米）、ire（七天）

y：圆唇前高元音，如 y（胃）、ʧy（鼠）、syn（五十）、ttyta（跳）

根据上述描写，我们可以归纳出元音矩阵图：

i　　　y　　　ɯ　　　u

e　　　　ə　　　　o

a

宣德五等人同时也列出了现代朝鲜语半元音和双元音及其使用环境：半元音 j 出现在元音 a、ə、o、u、ɛ、e 之前，半元音 w 在元音 a、ə、ɛ、e 之前。j、w 位于词首和词中首音节时，起着和辅音相同的作用，与其后的元音及辅音共同构成音节；j、w 位于辅音与元音之间时则与后续的元音结合为假性复元音 ja、jə、jo、wa、wə、wɛ、we，并与其前面的辅音共同构成音节。

---

① 宣德五等人认为朝鲜语书面及个别方言中还有一个圆唇前次高元音 ø，但很少出现。

表 3-9 现代朝鲜语半元音和双元音的使用环境

位于词首时 相当于辅音	位于词中音节时 相当于辅音	位于辅音与元音之间时 性质是半元音
jaŋ（半）	ʧ'ijak（牙膏）	njaŋ（两）、səŋnjaŋ（火柴）
jər（十）	mijək（海带）	pjər（星）、ʧ'ənjə（姑娘）、p'jopəm（豹）
jo（褥子）	kajo（歌谣）	ʧ'ap'jo（车票）、kjur（桔子）、səŋnju（石榴）
juri（玻璃）		
jɛki（故事）		
jennar（昔日）		hwar（弓）、sakwa（苹果）
waŋ（王）	kiwa（瓦）	kwənʧ'oŋ（手枪）、iʧ'əŋkwən（政权）
wənsuɲji（猴）	koŋwən（公园）	kwɛnji（镝）、santwɛʧi（野猪）
wɛ（为什么）		
weʧ'ita（喊叫）		

　　宣德五等人认为朝鲜语口语的复元音很少，并且都是后响的假性复元音。书面语中的真性复元音 w 是元音 w 和 i 的结合，它们各自保持原来的音值。（宣德五、金祥元、赵习，1985：3-4，9-10）

　　宣德五等人列出的元音与李基文等人的元音矩阵有差异，即不圆唇次低元音只有一个 ɛ 音，并无其他同高/低的平行元音。这似乎表明我国境内的朝鲜语依然保留着 Iksop Lee 等在首尔方言中老年群体中发现的，而在首尔年轻人群体中及首尔以南地区已经或者正在消失的 e 与 ɛ 共存现象。

　　综上所述，现代朝鲜语单元音、双元音和三合元音可以大致总结为：

单元音：　i　　　y　　　ɯ　　u

　　　　　　　e　　　　　ə　　　　o

　　　　　　　　　　　a

长元音：a、u①

双元音：ya、ye、yo、yu、wa、we、uy

三合元音：yay、yey、way、wey

---

① 关于现代朝鲜语长元音情况的描写及分析，参见本书第五章第一节。

二　现代通古斯语元音

从现代通古斯语系诸语言中，可以看到现代通古斯语中元音可以分为三类：短元音、长元音、双元音。[①]

在短元音系列中，不同语言的情况稍有不同。朝克对此有比较完整的归纳："满 – 通古斯语内短元音有 11 个。其中，短元音 a、ə、i、o、u 是满 – 通古斯诸语中均有的元音音素；短元音 e 在锡伯语、赫哲语、鄂伦春语、鄂温克语中出现；短元音 ө、ʉ 只在鄂伦春语及鄂温克语内使用；短元音 y、œ 只出现于锡伯语和赫哲语中；短元音 ʊ 也只在满语中使用。"（朝克，1999：14–16）

表 3–10　满 – 通古斯语族元音

满语	a、ə、i、o、u、ʊ
锡伯语	a、ə、i、o、u、e、y、œ
鄂温克语	a、ə、i、o、u、e、ө、ʉ
鄂伦春语	a、ə、i、o、u、e、ө、ʉ
赫哲语	a、ə、i、o、u、e、y、œ

根据朝克对通古斯语短元音的描述，笔者采用矩阵方式整理如下：

表 3–11　现代通古斯语短元音矩阵

	前	央	后
高	i、y	ʉ[①]	u、ʊ
次高	e	ө	o
次低	œ	ə	
低	a		

我们通过田野调查发现，上述某些元音并不存在，如 ʉ 和 ө。满语中不存在 ʉ 音，其音值为人们对中世满语短元音的误解而导致的错误

[①]　由于阿尔泰语同源词网站提供的词汇采用了不同表音方式，但不确切知晓其描写的理由，所以本书仅采用我国研究者对现代通古斯语描述所采用的音标。

[②]　朝克在对满 – 通古斯语诸语言短元音最后的总结中没有列出该音。

记录，^①在田野调查中作者也没有发现该音。通古斯语 ɵ 音的情况也是如此。^②

œ 音出现的情况也很少，如朝克认为："短元音 œ 在满 – 通古斯诸语中只有在锡伯语和赫哲语中使用。例如锡伯语 œmin '喝'、dœ "往里"，赫哲语 tœko '鸡'。"^③

前高圆唇短元音 y 仅在锡伯语和赫哲语中出现。

综上，我们认为，朝克对通古斯语短元音具有的核心特征（a、ə、i、o、u）的认识是正确的，所以可以重新整理通古斯语短元音矩阵：

表 3–12 整理后的通古斯语短元音矩阵

	前	央	后
高	i		u
中		ə	o
低		a	

朝克认为，长元音虽然在赫哲语、满语的一些方言中存在，但主要在鄂温克语和鄂伦春语中出现，长元音与短元音具有区别意义的作用，如鄂伦春语 aχiŋ（兄）和 aaχiŋ（肝）、ilan（三）和 ilaan（光），以及鄂温克语 ooroŋ（干）、orooŋ（上面）及 oroŋ（地区）。然而，阿尔泰语同源词网站提供的词汇中没有显示长元音现象。如"晾干"在 Evenki 语中为 olgo-/olgokin，^④在 Solon 语中为 olgo-；"上面"

---

① 具体参见 Yin Tiechao，Wu Xuejuan（2012）。例如在朝克给出的例子中，如鄂伦春语 tɯksɯ（云彩）也可以写为 tukɕu、tukʃu 或 tʼuxʃu。

② 朝克给出的例子为：鄂温克语 ɵmɵʃʃɵ（冰），但在另一本专著中，该词被记录为 omoʃʃo（胡增益、朝克，1986：17）。

③ 涂吉昌等人在《鄂温克语汉语对照词汇》中将"喝"一词描写为 emu（涂吉昌、涂芊玫，1999：203），尤志贤等人在《简明赫哲语汉语对照读本》中将"鸡"一词描写为 tʼiɔkʼu（尤志贤、傅万金，1987：109）。因此，赫哲语中的 iɔ 或许有双元音特征。

④ "晾干"的其他语言形态：Even 语 olg-/olgɓŋ-、Negidal 语 olgo-/olgokin、满语口语 olǝhǝ-/olǝhu-/olǝha、满语书面语 olGo-/olχon、Ulcha 语 xolʒo（n）、Orok 语 xoldoxo、Nanai 语 χolGo-/χolGoqto/ŋ、Oroch 语 oggipta、Udighe 语 ogo-/ogoʻu。

在 Evenki 语中为 xoron，在 Solon 语中为 orõ（山道）。[①] 从 Evenki 语和 Solon 语的对比中可以发现两点：①语音形态稍有不同；②长、短元音没有区别。这两种现象在鄂伦春语中实际上也存在，如"三星"为 ʃukʻa ɔɕixtʻa、"三十"为 kutʻin、"光亮"为 utʻaan，"亮光"为 kilpəən（韩有峰、孟淑贤，1993：69、191）。

表 3-13　朝克列出的通古斯语长元音

语言	长元音
鄂温克语	aa、əə、ii、oo、uu、ee、θθ、ʉʉ
鄂伦春语	aa、əə、ii、oo、uu、ee、θθ、ʉʉ
赫哲语	aa、əə、ii、oo、uu
满语	ii、oo
锡伯语	

表 3-11 中的长元音情况符合朝克关于满－通古斯语系中并非所有语言都有长元音的描述。如果参照阿尔泰语同源词网站列出的词汇形态，那么可以基本断定通古斯语中的长元音现象并不普遍，从宏观上看，多数通古斯语元音的长短并不区分词义，所以长元音不是独立音位。

朝克亦列出了现代通古斯语复合元音（双元音、三合元音）情况。

表 3-14　朝克总结的现代通古斯语复合元音

语言	二合元音（双元音）	三合元音
鄂温克语		
鄂伦春语	ʉə、ua	
赫哲语	ai、əi、oi、ui、ia、iə、io、iu、au、əu、ua、uo	iao
满语	ai、əi、oi、ui、io、ao、əo	ioi
锡伯语	ai、əi、oi、ui、ia、iə、io、iu、au、əu、ou、ua、uo	iau、iəu、uai

---

① "上面"的其他语言形态为：Negidal 语 xojo（n）、满语口语 forən/forun、满语书面语 foron、Ulcha 语 poro（n）、Orok 语 poro（n）、Nanai 语 porõ、Oroch 语 xō（n）（上面的空间）、Udighe 语 xō（n）。

朝克解释说："满－通古斯诸语的复合元音主要在锡伯语、满语、赫哲语里出现。在鄂伦春语中只有少数复合元音，而鄂温克语里没有复合元音。"朝克认为三合元音的出现率低于双元音。其他研究也证实了朝克的观点。

朝克认为鄂伦春语中的双元音主要出现在汉语借词中，如 guəjin（国营）、χuaŋgua（黄瓜），锡伯语的三合元音也主要在汉语借词中使用，如 juanşuai（元帅）。（朝克，1999：17-24）

阿尔泰语同源词网站给出的词汇表明，我国境外通古斯语诸语言中除了一些外来词外，没有复合元音。

上述总结较好地表明如下事实：

（1）我国境内通古斯语受其他语言的影响，在演变过程中出现了复合元音现象，且还有不断增加的趋势。

（2）复合元音或许不是原始通古斯语和古通古斯语固有的特征。

三 现代朝鲜语与现代通古斯语元音比较

无论朝鲜语还是通古斯语都经历了在与其他语言交流中演进的过程。相比之下，通古斯语受到外来语言的冲击要远远小于朝鲜语，其原因可以从其人群的历史中找到：绝大多数通古斯人群长时间处于文明发展相对缓慢状态而较少受到外来语言的影响。所以，到了现代，朝鲜语与通古斯语都出现了不同的语言现象。尽管如此，两者之间还是有着一些共同特征。

表 3-15　现代朝鲜语与现代通古斯语元音情况对比

现代朝鲜语元音	现代通古斯语元音
i　y　ɯ　u	i　　　u
e　ə　o	ə　　o
a	a

表 3-16　现代朝鲜语与现代通古斯语长元音情况对比

现代朝鲜语长元音	现代通古斯语长元音
a、u	aa、əə、ii、oo、uu、ee

表 3-17　现代朝鲜语与现代通古斯语双元音情况对比

现代朝鲜语双元音	现代通古斯语双元音
ya、ye、yo、yu、wa、we、uy	ai、au、əu、əi、ao、oi、ui、ia、iə、io、iu、ua、uo、əo

表 3-18　现代朝鲜语与现代通古斯语三合元音情况对比

现代朝鲜语三合元音	现代通古斯语三合元音
yay、yey、way、wey	iao、ioi、iau、iəu、uai

从上面的元音矩阵中可以看到如下情况：

（1）朝鲜语单元音数量多于通古斯语。

（2）朝鲜语中含有一个圆唇前高元音和一个半圆唇后高元音，而通古斯语中仅部分语言中有圆唇前高元音。

（3）朝鲜语中含有一个前中高元音，而通古斯语中或许将该音与ə音合并。①

（4）朝鲜语与通古斯语仍然保留着基本的元音倒三角形矩阵，这或许说明两者在演进中尚保留着基础特征。

（5）朝鲜语长元音仅限于 a、u 两个音，通古斯语则在任何元音中都可以具有长元音。但从实际情况看，除了个别具有区分作用的词中有元音的长短区别外，通古斯语长元音在绝大多数词语中没有显现区分意义的作用，所以其长元音音位存在的理据是语言习惯。

（6）朝鲜语双元音数量从表面上看少于通古斯语，但如果从整体角度看，通古斯语双元音数量并不占优势。②

（7）朝鲜语三合元音数量与通古斯语基本相同，但通古斯语实际上仅在例外的情况下才有三合元音现象，而朝鲜语中三合元音出现的比例要高于通古斯语。

以上表明：现代朝鲜语与现代通古斯语的元音系统在较多地方不尽

---

① 从阿尔泰语同源词网站可以看到这种情况，如 beje 在中国研究者的描写中多半被写为 bəjə。

② 例如有些语言中没有双元音。

相同，这或许是因为现代朝鲜语在经历了诸多复杂的历史过程后出现了更加独特的演进情形，而通古斯语则相对保持了较为古老的形态。

第六节　现代朝鲜语与现代通古斯语辅音比较

一　现代朝鲜语辅音

Iksop Lee 等人列出了现代朝鲜语的辅音情况。他们认为朝鲜语没有音节首清辅音与浊辅音的对立，但有明显的三重辅音对立现象，例如：

tal（月亮）	thal（面具）	ttal（女儿）
pul（火）	phul（草）	ppul（犄角）
kayta（展开）	khuayta（挖）	kkayta（破开、打破）
cata（睡）	chata（踢）	ccata（布线）

在这些例子中，第一纵列词的首音节辅音 [t]、[p]、[k]、[c] 分别与第二和第三纵列词的首辅音形成对立。

现代朝鲜语的元音间松辅音变为浊辅音，如早期朝鲜的 [papo]（头脑简单的人）在现代朝鲜语的发音为 [pabo]，送气松辅音 [p] 音变为不送气浊辅音 [b]；早期朝鲜语的 [koki]（肉）的现代朝鲜语发音为 [kogi]，送气松辅音 [k] 音变为不送气浊辅音 [g]。此时段的朝鲜语浊辅音 b、d、j、g 与早期朝鲜语清辅音对应十分规律，且没有发现早期朝鲜语清辅音 p、t、c、k 音的变体。

在音节尾部，松辅音仅有 p、t、k 三个。在这个位置上这三个音均为清音和不送气音，例如 cip（房子）中的 -p 音。

紧辅音与送气辅音基本位于音节中部。然而，当它们为双写音标时，紧辅音还有发音时间长的特点。例如，在 appa（爸爸）中，pp 发音时双唇保持闭合的时间要长于 p，可与 apeci（父亲）一词中的 p

对比。

紧辅音及送气辅音不出现在音节尾部位置。在朝鲜语中，如果它们后面跟随元音，则它们的发音为紧辅音，如 aphey（在……前面）的发音为 [apʰe]。当 ph 音出现在音节尾部，它的发音自然为不送气松辅音，例如 aph（前面）的发音为 [ap]。

齿擦音没有上述三重对立现象。朝鲜语中齿擦音仅有两个——s 及 ss。s 音为松音，但在音节首时，s 音有明显的送气气流（虽然该音位于音节中时有明显减弱）。奇怪的是，s 音与其他松音不同，/s/ 在两个元音之间并没有变成浊音，仍然发为清擦音。朝鲜语中没有 /z/ 音。

在朝鲜语中难以区分 s 和 ss 音。但紧辅音 ss 常常听上去类似英语的 s，如 does 中的 s。这或许因为朝鲜语有轻微的送气，所以 s 音与英语的 s 音并不相同，无论为松音还是紧音，s 音都会在 i 和 wi 前硬腭化，而紧辅音 ss 却常常不是如此。由于这个缘由，讲英语者常常会听到 si（诗）与 ssi（种子）之间有区别，如同英语中的 she 和 see（Iksop Lee & Ramsey，2000：62-63）。①

表 3-19　Iksop Lee 等人归纳的现代朝鲜语的 19 个辅音

	松音	紧音	送气音	鼻音	流音
双唇音	p	pp	ph	m	
齿音	t	tt	th	n	l
齿龈塞擦音	c	cc	ch		
腭音	k	kk	kh	ng	
擦音	s	ss	h		

Sohn Ho-Min 认为该时段的朝鲜语辅音变化具有如下特征：

（1）复辅音变为强化辅音，其结果是朝鲜语音节结构变得简化，没有超出 CGVC 格式（C 为辅音，G 为滑动元音或半元音，V 为元音）。

---

① 宣德五等人总结说：s 在 i 和 y 之前的音值分别为 [ʃ]、[ʃʃ]，如 sita 为 [ʃida]（酸）、syn[ʃyn]（五十）、ssi[ʃʃi]（种子）两者之间的差异为标音方式不同。（宣德五、金祥元、赵习，1985：6-7）

（2）浊辅音 z 消失于 17 世纪早期。该音在现代朝鲜多数词中化为零，如 əpəzi>əpəi（父母）。s 音也在多数方言中消失，除了南方方言外，z 音与 s 音合并，如"其他村"的变化就是如此：mɔzɔl>masilhe、mosil（南方方言）和 maɪl（其他方言）；"如果（他）建设"也是如此：cizɨmjən>cisɨmjən（南方方言）和 ciɨmjən（其他方言）。

（3）h' 音与 kh 合并，如 h'jəta>khjəta（拉）；或与 h 合并，如 hhong>hong（宽）。

（4）腭化 t、th、t' 变为 c，如 ti>ci（落）、t'ih>cih（池）、kotisik>kocisik（头脑简单）、tikhɨjta>cikhita（保卫）。

（5）位于 i 或 j 之前的 n 辅音脱落，如 ni>i（牙）、nimkɨm>imkɨm（国王）、nilɨ>ilɨ（告知）。

（6）大量词语中的松辅音变为对应的强化或送气辅音，如 koskoli>k'ojk'oli>k'øk'oli（夜莺）、kɔtkɔtha>k'ɛk'itha（像）、tɔstɔssha>t'at'isha（暖）。

他对该时段的朝鲜辅音情况归纳如下：

爆破音：（松）	p	t	c	k
（送气）	ph	th	ch	kh
（紧）	p'	t'	c'	k'
塞擦音：（松）	s	h		
（紧）	s'			
鼻　音：	m	n	ŋ	
流　音：	l			

（Sohn Ho-Min，2000：45-46）

李基文等人认为，现代朝鲜语时段开始于朝鲜向世界开埠的 19 世纪，该时期也可以被称为"启蒙时期"，其特点是文字改革、正字法出现和语言标准化。在此时段，辅音、元音均发生了一些变化。

现代朝鲜语的辅音基本延续了 19 世纪的辅音。爆破音和塞擦音也同以前一样，可以分为三个系列——松、送气和紧辅音。

（松）	p	t	k	c
（送气）	ph	th	kh	ch
（紧）	pp	tt	kk	cc

当位于音节首时，松音为清音，且有轻微的送气，在元音间变为浊音。送气音为清音，当位于音节首时，带有明显送气，但在音节中时则送气不如在音节首时强烈。紧音带有较大程度声带肌肉紧张，在喉音时更加紧张，所以可以认为是喉音化。紧音也是清音，当位于音节中位置时，爆破紧音闭合时间比清辅音更长。然而，这三个系列的对立不能在擦音中体现。现代朝鲜语仅有 2 个齿擦音：s 和 ss。松音 s 位于音节首时，比其他清音的送气特征更明显；在两个元音间时不是浊音，这使得语音学家认为该音可以被列为送气音。现代朝鲜语仅有 1 个喉擦音 h。在中世朝鲜语中，曾经有过紧喉擦音 hh，后来消失。这反映出朝鲜语语音结构的变化。现代朝鲜语有 3 个鼻辅音 m、n、ng 和 1 个流音 l。流音 l 有两个变体，一为闪音 ɾ，另一个为舌侧音 l。软腭音 ng 不出现在音节首。

整个朝鲜语发展过程显示出一个趋势，即非爆破音增多。在这个过程中，音节尾辅音对立逐渐消失，在今天，某个音渡仅仅能以元音或者七个辅音（p、t、k、m、n、ng、l）之一结尾。这些尾辅音均为除阻音。其他辅音则以形态音位的形式出现在词尾，所以，仅当其后面跟有品词或屈折词尾时才发音。送气及紧辅音位于词尾时则呈现中性化特征，如 p、ph 都读为除阻爆破音 [p]。擦音、塞擦音及爆破音在词尾时没有区分，所以在这个位置上，t、th、c、ch、s、ss 统一读为 [t]。值得注意的是，s 在 15 世纪与 t 约在 16 世纪时区分意义的特征消失了。/l/ 位于词尾也与朝鲜语发展趋势相适应，逐渐变为非爆破音。

现代朝鲜语中音节首和音节尾复辅音消失，偶然会出现 lm，如 salm（生命），但这不过是拼写问题。在元音间最多可以有 2 个辅音，但由于语音规则，第一个辅音脱落，如汉字词 twoklip（独立），但已经被 -ngn- 取代，因此实际读音为 [toŋnip]。然而这种尤其在汉字词早期出现的现象为何消失则不尽明了（Lee & Ramsey，2011：287-294）。

李基文等人没有给出现代朝鲜语全部辅音列表，但从其上述总结看，他的观点与 Sohn Ho-Min 及 Iksop Lee 等人相同。

宣德五等对中国境内朝鲜人群的研究结论基本与上述总结相吻合。（宣德五、金祥元、赵习，1985：5-10）

各方研究使现代朝鲜语中标准方言辅音情况比较明了，其特殊性也得到了很好的体现。从对比中可以看到各位研究者的音标使用有差异，但并不能说他们的观点不正确。在此，我们进行综合性总结。

表 3-20　现代朝鲜语辅音

	松音	紧音	送气音	鼻音	流音/闪音	喉音
双唇音	p	pp	ph	m		
齿音	t	tt	th	n	l/r	
齿塞擦音	c	cc	ch			
软腭音	k	kk	kh	ng		
擦音	s	ss				h

二　现代通古斯语辅音

在现代通古斯诸语中，辅音数量不尽相同，但所有语言都有比较共性的辅音音位。朝克认为满-通古斯语诸语言内有 b、p、d、t、g、k、G、q、dz、ts、dʐ、tʂ、dʒ、tʃ、dʑ、tɕ、m、n、ŋ̩、ŋ、r、l、f、v、s、ʂ、z、ʃ、ɕ、x、χ、w、j 共 33 个单辅音，lt、ld、lf、lk、lx、lχ、rt、rd、rs、rk、rx、rχ、sx、sχ、sq、tk、tx、tχ、nt、nd、ns、ntʂ、nk、nq、ŋt、ŋk、ŋg、ŋtʃ、ŋdʒ、nʃ、mp、ms、mx、mχ、vs、vx、vq、jk、jg、x、xs、χt、bt、kt 等 44 个复合辅音，以及 bb、pp、mm、dd、tt、nn、ll、rr、ss、gg、kk、ŋŋ、χχ、dʒdʒ、tʃtʃ、ʃʃ、jj、ww、ʂʂ 等 19 个叠辅音。

从朝克给出的词汇例子可以发现，他所列出的上述辅音来自他个人对音标的理解，所以没有采用国际音标通用的严式辅音表音方式，例如 b 音被描述为双唇不送气清塞音 [p]，如满语 bi（我）；p 音被描述为双唇送气清塞音 [p']，如满语 polori（筐篓）、赫哲语 pakan（球）；g 音被描述为舌面后不送气清塞音 [k]，如鄂伦春语 gadan（要）、鄂温克语 goro（远的）。按照国际音标一般惯例，可以分别整理为 p、t、k。

此外，据朝克的描述，似乎可以将某些辅音合为一个音位，例如 dz 音被描写为舌尖前不送气清擦音 [ts]，如满语 dznxuawa（遵化）、锡伯语 dzibən（资本）；ts 被描写为舌尖前送气清擦音 [ts']，如满语 tsun（寸）、锡伯语 tsixai（辞海）；dʐ 被描写为舌尖后不送气清塞擦音 [tʂ]，如 dʐəmbi（吃）、锡伯语 dʐuxo（冰）；tʂ 被描写为舌尖后送气清塞擦音 [ts']，如满语 tʂanaŋgi（前天）、锡伯语 tʂal（粮仓）；dʒ 被描写为舌叶不送气清塞擦音 [tʃ]，如鄂温克语 dʒoonoŋ（思念）、鄂伦春语 dʒuga（春天）、赫哲语 sundʒa（五）；tʃ 被描写为舌叶送气清塞擦音 [tʃ']，如鄂温克语 tʃoŋtʃiraŋ、鄂伦春语 itʃirən（看）、赫哲语 tʃarmi（碗）；dʑ 被描写为舌面前不送气清塞擦音 [tɕ]，如锡伯语 dʑilχan（声音）；tɕ 被描写为舌面前送气清塞擦音 [tɕ']，如锡伯语 tɕiuxan（稀泥）。这些辅音实际上可以根据同一发音部位、不同发音方法合并为几个音位，分别是 ts、tʂ、tʃ、tɕ。另外，这些辅音绝大多数都用来表达借词（尤其是汉语借词），所以它们并非是通古斯语中固有的辅音，而是借音。

朝克对不同语言进行了细致的描写，并对某些语言特有的辅音进行了描述，例如，G 被描述为小舌不送气清塞音 [q]，如锡伯语 bodoGon（计谋）；ʂ 被描述为舌尖后清擦音 [ʂ]，如锡伯语 uʂə（皮条）；ɕ 被描述为舌面前清擦音 [ɕ]，如锡伯语 aiɕin（金子）。

关于二合辅音，朝克比较确切地阐释了其在现代通古斯语中的发展趋势，即"满-通古斯诸语中复合辅音现象越来越多"，然后列举了很多二合辅音的词汇语音形态。关于三合辅音的情况，朝克也按语言分别进行了描述，认为各种语言间三合辅音数量多少不一，且规律不同。

关于叠辅音，朝克认为，是指在具体语音结构中出现的某一辅音的重叠现象，也就是说发音方法和发音部位完全相同的两个辅音（如 bb、nn、gg）中间，不介入任何其他音而构成的紧密相连的形式。有些专家学者根据发叠辅音时产生的成阻和除阻过程均属一次，以及成阻后阻止气流时间的相对延长而称叠辅音为长辅音。但从音节结构及音节结构划分的角度来讲，叠辅音中的两个辅音分别归属于两个音节。在语音学里，人们谈到单一或复合形式的某一语音结构时，往往是在具体的某一个音节内进行探讨，如长元音、短元音、复合元音、单辅音、复合辅音都是如此。从这个意义上讲，把满－通古斯诸语中在两个音节中间出现的某个辅音的重复现象叫作叠辅音比较合适。（朝克，1999：24-41）

根据朝克给出的例子及他本人的观点，叠辅音应该是在语言描写过程中形成的，而在实际中所谓叠辅音则没有必要单独划分为一类。例如，赫哲语"春天"被描写为 ninne，鄂温克语"祷词"被描写为 nonno，其中有 -nn-，实际上完全可以用 nine 和 nono 来描写，因为在具体使用中 n 被前后两元音所分享，具有"分裂"特征。从音长角度看，叠辅音的描写也没有实际意义，因为如果某个辅音分别被前后两个元音占用时则其读音必然会延长。因此，除非某个叠辅音形态具有特殊的读音方式（例如朝鲜语中叠辅音具有独特的音值），否则该叠辅音不应该存在。[①]

根据朝克列出的现代通古斯语辅音，我们整理如下：

爆破音：

（送气）p　t　k

（不送气）b　d　g

擦音：

（清音）ɕ　χ

（浊音）v　z

---

① 现代朝鲜语中也有类似于二合辅音的"双韵尾"情况，例如仅仅出现在词尾的 ks、nj、nh、lg、lm、lb、ls、ps（Kim Jung-sup et al.，2013. Hangeul-in-a-Hurry Chart 1），但这些辅音实际上仅读右侧的辅音发音，所以没有被列入双辅音或二合辅音的范围。

塞擦音：

    （清音）G q ts tʂ tɕ ∫

    （浊音）dz dʐ dʒ dʑ

鼻辅音：m n ŋ ɳ

流音 / 闪音：l/r

喉音：x

闪音：r

排除某些语言特有的辅音，则通古斯语辅音可以重新写为：

爆破音：

    （送气）p t k

    （不送气）b d g

擦音：

    （清音）ɕ

塞擦音：

    （清音）ts tɕ ∫ q

    （浊音）dz dʒ

鼻辅音：m n ŋ

流音 / 闪音：l/r

喉音：x/h

阿尔泰语同源词网站列出的词表也是根据不同语言的辅音特征采用了不同的描写方式，如 č、ǯ、ъ、G、ń、ɣ、r、ś 等。由于无法知道该网站众多词汇提供者分别采用什么标音方式，所以难以同朝克、胡增益、韩有峰等人提供的描述方式进行对比。

三　现代朝鲜语与现代通古斯语辅音比较

在辅音方面，现代朝鲜语和现代通古斯语有着较大的差异。现代朝鲜语延续了中世朝鲜语的一些辅音特征，逐渐与通古斯语产生了分离。现代通古斯语则受到其他语言的影响，也逐渐在辅音方面产生了新的形态。

表 3-21　现代朝鲜语辅音

	松音	紧音	送气音	鼻音	流音 / 闪音	喉音
双唇音	p	pp	ph	m		
齿音	t	tt	th	n	l/r	
齿塞擦音	c	cc	ch			
软腭音	k	kk	kh	ng		
擦音	s	ss				h

表 3-22　现代通古斯语辅音

	送气	不送气	清音	浊音
爆破音 擦音	p、t、k	b、d、g	ɕ	
塞擦音			ts、tɕ、ʃ、q	dz、dʒ
鼻辅音	m、n、ŋ			
流音 / 闪音	l/r			
喉音	x/h			

对比的结果呈现出两者之间的异同：

（1）现代朝鲜语与现代通古斯语辅音数量稍有差异。

（2）现代朝鲜语有着一些独特的辅音特征，如紧辅音，[①]而通古斯语则没有这种现象。所以，在通古斯语中如果两个同样的辅音恰巧因为音节相邻而相同，则相同的辅音并不出现如朝鲜语的紧辅音特征。

（3）现代朝鲜语与现代通古斯语流音 l 均有两个变体：l/r。其位置

---

① 但是，紧辅音特征有时也在韩国人群中呈现出特殊情况，如笔者曾听到一些韩国人将英语 study 中的 [t] 读为送气音。现代朝鲜语有着比较接近英语不送气 [t] 音的紧辅音，其读音大致与英语不送气 [t] 相当，所以基本可以用 [tt] 替代，可事实却不如此。另外，朝鲜语紧辅音具有区别意义的作用，如 pur（火）、ppur（犄角）（宣德五、金祥元、赵习，1985：7），而通古斯语中的相邻同形辅音则没有该特征。

均为：r 位于音节首，l 位于音节中辅音前或音节尾。

（4）现代朝鲜语与现代通古斯语喉音相同。

（5）现代朝鲜语和现代通古斯语均没有 z 音。

（6）现代朝鲜语和现代通古斯语均没有独立的浊辅音特征，而只有送气和不送气差异。

（7）现代朝鲜语中没有辅音 f，现代通古斯语的 f 音为借音，[①]但 f 在某些语言中已经逐渐归化为自己辅音系统的音素。由于 f 音呈现出系统性缺失，所以 f、v 音同时应该排除在通古斯语传统音素外。

（8）现代朝鲜语和现代通古斯语仍然保留着一些最为基本的辅音特征。

小　结

通过对朝鲜语和通古斯语不同时段的语音情况考察，我们发现：

（1）尽管古朝鲜语和古通古斯语文献稀缺，但从中还是可以找到一些各自语言的踪迹，如：古朝鲜语双元音多于古通古斯语，古通古斯语没有高央元音；古朝鲜语与古通古斯语之间辅音相似或相同的数量高于两者之间元音相似或相同的数量；古朝鲜语与古通古斯语均没有辅音 f、v。

（2）中世朝鲜语中出现的元音特征一直延续到现代朝鲜语，如前高圆唇元音 y 和后高圆唇元音 ɯ。通古斯语系的某些语言也具有前高圆唇元音 y，如锡伯语 tyry（豆子）、赫哲语 yktə（头发）。这说明通古斯语中原来也存在 y 音，但后来 y 在通古斯许多语言中消失，而锡伯语与赫哲语中的 y 就是原始读音的遗迹。中世和现代通古斯语没有后高圆唇元音。中世朝鲜语与中世通古斯语都有双元音，且差异不大。中世朝鲜语与中世通古斯语的半元音情况一致。中世朝鲜语仍然没有辅音 f、v，但

---

①　目前生活在俄罗斯境内的那乃人语言中仍然没有 f 音（Ko Dongho，Yurn Gyudong，2011：9）。可见在俄语大环境影响下（俄语中有 f 音），此音仍没有受到影响。

中世通古斯语则开始出现 f 音。中世朝鲜语中的紧辅音，如 ss、kk 有其渊源理据，但其读音已经在现代朝鲜语中演化成独特的音值，而无论中世还是现代通古斯语都不存在叠辅音。现代朝鲜语中也有类似于现代通古斯语的辅音相邻现象，如朝鲜语 kimqi（咸菜）与鄂伦春语（w）ɔiɕixt'a（星星），但这两个词中的第一个音节尾辅音 m（朝鲜语）、第二个音节尾辅音 x（鄂伦春语）与相邻的音节首辅音 q、t 并不构成叠辅音。

（3）现代朝鲜语与同时段的通古斯语在元音和辅音方面差异逐渐加大，这说明两者在现代发展过程中分离速度加快。

第四章　朝鲜语与通古斯语音节结构比较

在历史比较语言学研究中，音节结构的讨论被用来作为语言类型分类的主要依据之一。但该讨论在现代却十分罕见，理由是任何语言都绝非毫无例外地遵守某一类型，所以现代语言学者均认为语言类型学的讨论没有必要。然而，尽管如此，对于语言音节结构的比对仍然是描述语言间同源性特征微观层面的重要一环，所以还应该加以说明。本章旨在通过对朝鲜语和通古斯语音节结构的对比来发现两者之间的异同，并作为两者之间同源性比较的一个不可缺少的部分。

第一节　古朝鲜语与古通古斯语音节结构

一　古朝鲜语音节结构

古朝鲜语的音节结构在文献里没有得到归纳，如李基文、Iksop Lee & Ramsey、Sohn Ho-Min 等均对此没有阐释。这或许是由于当时的文献不足以完全支撑当时整个音节结构情况，或者这些学者试图避开对语言类型进行讨论。例如，Beckwith 认为："古代朝鲜语音节结构难以确定，其原因在于朝鲜语原始文献的匮乏。"（Beckwith，2004：112）

在此，我们以他们研究给出的词汇为基础来拟构当时的音节情况。[1]

---

[1]　本章词汇的具体出处，请参见这些词在不同章节中的标注。C 代表辅音，V 代表元音。

CV：sa（新）、mai/mie（水）、mɛy（水）

CVC：mil（推）、mir（三）、tawŋ（取）

CVCV：kəju（鹅）

CVCVC：turak（石头）

CVCCV：kʊtsi（口）

二　古通古斯语音节结构

对于古通古斯语音节结构情况的研究更加稀少，我们在此选用上文中对古通古斯语元音和辅音讨论中出现的词汇进行拟构。

VCVCV：udigə（野）

CVC：ɕian-（鲜）

CVCV：wuji（沃沮）、puyʌ（夫余）、meyo 或 meyʌ（沃沮）、Kija（箕子）

CVCVC：susen 或 sisen（肃慎）、murin（马）、joson 或 chosŏn（朝鲜）

CVCCVC：səlmiŋ（朱蒙）、wangkem（王俭）

三　古朝鲜语与古通古斯语音节结构比较

对古朝鲜与古通古斯语的音节结构情况极不明了，所以对比难以进行。尽管如此，两者间的音节特征还是能够得到一定的确认，即两者都具有 CV、CVC 的主要特征。其他特征，如 -CC- 等不占多数。

第二节　中世朝鲜语与中世通古斯语音节结构

一　中世朝鲜语音节结构

由于朝鲜文字在晚期中世朝鲜语时段出现，其音节结构更容易得到描述。

VC：ich-（不喜欢、恨）

VCV：azo（儿子）

CV：na（内）、*tsu（鹇）ya 或 yaw（杨）

CVC：cas（城堡）、kac（枝）、tan 或 tʰən（谷）、tar（高）

CCV：khi-（一扇窗户）、khoy-（挖）、khu-（大）、sta（地）

CCVC：khwong（黄豆）、kwoh（鼻）

CVCV：yele（几个）、yela（几个）

CVCVC：kechul（野）、kuliq（渴望）、pɔtɔl（女儿）

CCVCCV：pwuthye（佛）

CVCVCC：nywolq（来）

二　中世通古斯语音节结构

对中世通古斯语音结构的描写主要集中在女真语，所以对其总体情况不尽明了。

VCV：emu（一）、aja/aju-（好看）、*aču-（苗条）

VCVCCV：inəŋgi（日）

VCCV：abdu（牛）

VCVCVC：arəvən/arəvun（形状）

VCVCVCVCV：abuliqabi（缺少）

VCVCV：abuxa（天）

CV：bia（月）、wē（浪）、pa（肝）

CVC：ʤin/ʃin/ɕin/ʧin（人）

CVCV：ʤuwə（二）、guru（国）、dili（头）

CVCCV：gagda（一对中的一只）

CVCVC：hākān（肝）

CVCVCV：tsuwari（仁夏）、bolori（秋）、tuwari（冬）

三　中世朝鲜语与中世通古斯语音节结构比较

从上述描述看，中世朝鲜语的音节结构形态与中世通古斯语有着首音的差异，如 CCV 形态在中世通古斯语中没有出现。这表明中世朝鲜语沿着自己的方向演进。然而，值得注意的是，中世朝鲜语 CCV 形态的出现仅仅为文字方面特征，因为从现代朝鲜语中看到，一般若两个辅音联合出现在音节中，其中的一个辅音（往往是第一个辅音）会失去读音。这表明语音简化性及塞音规律在起作用，所以当时朝鲜语或许在底层的确具有读音的特征不在表层上体现。

尽管如此，中世朝鲜语与中世通古斯语仍然保留着基本音节结构 VC、CV、CVC，其他一切附属性特征，如 CVCCV 等均为第二性特征。

第三节　现代朝鲜语与现代通古斯语音节结构

一　现代朝鲜语音节结构

V：y（胃）

VCV：oli（攀爬）、arε（下）

CV：kay（狗）、key（蟹）

CVC：p'ul（角）、pul（火）、mul（水）

CVCC：halk（土壤）、pulk（红）

CVCV：somε（袖子）、tali（不同、区别）

CVCCV：kanguy（报告）

CVCVC：palam（风）、namul（蔬菜）

CVCVCV：nakinε（客人）

二 现代通古斯语音节结构

满－通古斯诸语的音节结构有 V、VV、VC、VCC、CV、CVV、CVVC、CVC、CVCC、CVVV、CVVCC、CVCCC 等类型，"后三种多出现于借词"。例如：①

V：uu（一种熟皮子的工具）
VV：ai（什么）
VC：om（池塘）
VCC：əsx（鳞）
CV：na（地）
CVV：bəi（碑）
CVVC：məix（蛇）
CVC：dən（高）
CVCC：təns（藤子）
CVVV：fiəu（屁）
CVVCC：fiasx（墙壁）
CVCCC：səntʂx（鼻钩子）

表 4-1　朝克对通古斯语音节结构分布的总结

语言＼音节	V	VV	VC	VCC	CV	CVV	CVVC	CVC	CVCC	CVVV	CVVCC	CVCCC
满语	○	○	○	○	○	○	○	○	○	○		
锡伯语	○	○	○	○	○	○	○	○	○		○	○
赫哲语	○	○	○	○	○	○	○	○	○	○		
鄂伦春语	○		○		○	●	●	○	○			
鄂温克语	○		○					○	○			

注：○表示存在；●表示在借词中存在。

---

① 见胡增益（2001：30）。这部分选用的词汇主要来自朝克（1999：47-51），不一一标出。

三　现代朝鲜语与现代通古斯语音节结构比较

现代通古斯语似乎在音节结构上呈现出更多不同于现代朝鲜语的形态，且数量多于现代朝鲜语。但这些多出的部分是通古斯语在演进中出现的独特现象。而从基本情况看，现代朝鲜语与现代通古斯语仍然保持着最为基本的音节结构特征 VC、CV、CVC。[①] 这显现出两者一直延续着早期形态。通古斯语中的一些特殊结构，如 VV、CVVV 显然为例外，因为它们主要用在借词（尤其是汉语借词）中。

小　结

在语言对比过程中，从历时和共时两个角度讨论音节结构有重要的意义：它们能够在某个层面上反映出语言间的同源特征。例如，从某种基本音节结构在某语言内部所占的比例可以看出该语言一定的特性：属于印欧语系的英语音节首和音节尾辅音都存在辅音连缀现象，属于斯拉夫语系的俄语则在音节尾存在多于英语的辅音连缀。虽然在读音上存在简化特征，但辅音连缀并非都出于文字上区分意义的需要。这种特征说明英语、俄语与通古斯语之间有着音节结构上的不同，所以不能划归同一语系。

从基本音节结构中可以看出，朝鲜语与通古斯语都有粘着性特征。

元音能否在朝鲜语中独立充当音节问题，可以从朝鲜语历史发展过程中得到一定解释，例如 Iksop Lee & Ramsey、李基文、Sohn Ho-Min 都认为朝鲜语曾经在元音 i 之前有过 n 音，只是后来脱落："中世朝鲜语辅音 n 出现在 i、y 之前，但后来 n 脱落，如 ni（牙）后来变为 i、

---

① 两者在描述方面最大的争议在于元音能否单独充当音节。宣德五等认为："朝鲜语的元音不单独构成音节"，如 i（齿、虱子）的读音为 [ji]。但他们却在另个例子中给出了 y（胃）音。（宣德五、金祥元、赵习，1985：4、12）朝克、胡增益等人认为通古斯语的元音能够单独作音节。（朝克，1999：47；胡增益，2001：30）从语言的共性角度看，任何语言都具有元音单独充当音节的情况，朝鲜语和通古斯语也不例外，所以上述讨论没有必要。

nima（前额）变为 ima、niph（叶子）变为 iph、nyelum（夏天）变为 yelum。"（Iksop Lee & Ramsey，2000：286）虽然该音（n）仍然可以在现代朝鲜语中看到迹象，如汉字词 njə（女）、nju（钮），但在具体使用时消失，如 jə-ʧa（女人）、ju-tɛ（纽带）（宣德五、金祥元、赵习，1985：16），因此，该音节结构在现代朝鲜语自然也发生了变化。

现代通古斯语中含有 i 前的 n 音，如满语和锡伯语 niman（山羊）（朝克，2014a：56）、鄂伦春语 nira（男人）（朝克，2014a：387）、*nibu（p）–（吸烟）（阿尔泰语同源词网站）。但目前我们尚无法知道通古斯语早期形态中是否也具有该形态。如果也有，则两种语言间的同源特征就十分明显。音节结构相似度越高，则语言间的同源特征越强，因为音节结构可以用来判断"语言亲缘关系方面的归属问题。"（Robbeets，2008：337）[①]

---

① 当然，音节结构的异同并非总是能够用来判断语言间的同源关系，例如现代汉语也有诸如 VC 和 CVC 式的音节结构：mǎ（马）、dəŋ（灯）。因此，这也使音节结构不能完全作为语言同源性判断的唯一标准。

第五章　朝鲜语与通古斯语超音段特征比较

　　超音段特征，也称超切分特征，是"指超过话语中一个以上的语音的特征，如音调、重音、连音"（哈特曼、斯托克，1981：341），也有研究将超音段特征视为语言的韵律特征（Sloat et al.，1978：70）。事实上，音段内虽然可以包括一个单音节、两个或两个以上音节，但音段内的描写多为静态描写。然而即使在这些音段内部的描写也无法解释由于语音间相互影响而形成变化的原因，所以，超音段研究的对象应该将音调、重音、连音、正逆同化、语调、语音之间协调或呼应等也包括在内。由此，中世朝鲜语中的声调、现代朝鲜语中的元音长短、朝鲜语与通古斯语中元音间相互呼应（包括词缀与词干之间的元音相互配合）等也应该被视为超音段特征。本章对这些特征进行对比。

第一节　声调

　　声调在一些语言中是表示意义区分的重要特征，但在绝大多数语言中声调并不存在该特征，这或许表明声调是世界语言发展过程中的继发现象。[1]声调往往是语言分类的重要参数，因此，在朝鲜语与通古斯语对比中，声调情况能够反映出二者是否有共性特征。"声调"一般"指一个音节的区别性音高"（克里斯特尔，2002：361）。还有人定义为：

---

　　[1]　值得注意的是，任何语言在动态使用中都有强调、疑问、肯定等意义表达功能。但这些表达往往被视为副语言现象，因此不在静态语言的声调中得到描写。而与意义区分直接相关的声调，如现代汉语四声，则在静态语音中是必须研究的对象。

"在某些语言中（如汉藏语系的大多数语言）中，一个音节发音的高低、升降、曲直的状况叫做声调。"（王今铮等，1984：287）

一　古朝鲜语声调

由于能够反映古朝鲜语声调情况的文献为零，所以该时段朝鲜语声调无法讨论。

二　古通古斯语声调

我们认为，尽管难以证实，但从中世通古斯语和现代通古斯语诸语言中均没有声调可以推断出古通古斯语中没有声调特征。

三　中世朝鲜语声调

自朝鲜文字被发明和使用后，朝鲜语言情况变得更加明朗。朝鲜语文献表明，中世朝鲜语阶段具有声调特征。李基文等人认为："汉字很早进入朝鲜半岛，但三国时期才开始广泛使用。当这个外国书写系统被朝鲜人同化及本土化（naturalized）之后，朝鲜人对汉字的读音的接触大概源自中国访问者所使用的语音。但由于罕有证据表明朝鲜人吸纳读音的过程，所以这仅仅是猜测。新罗是最晚接纳汉字的王国，所以新罗汉字的读音和书写方式最可能受到已经在高句丽及百济所使用汉字的读音和书写方式影响。但是这也不过是猜测而已。"

"我们确实知道的是朝鲜语对汉字读音规则吸纳的传统在新罗统一半岛后就一直保留：从中世朝鲜语一直延续到今天的现代朝鲜语。在 8 和 9 世纪之间基本没有大规模的再次引进新规则。"

"这种被西方人称为'汉字词'（Sino-Korean），在朝鲜被称为"东音"（tongǔm）的汉化读音并非是简单地系列借入汉语词汇，而是紧密依赖于汉字韵律表和辞书而形成的朝音汉词形态。换句话说，在采纳汉-朝读音后，朝鲜借入的是整个（书写）系统，而非单个词。的确，朝鲜词汇包含了很多早期汉语借词，但这些词与以朝音汉词为代表的词汇无关，这些早期汉语借词与任何现代汉字无关。但仅仅研究者知道它们有着汉字的词源。"

　　李基文人继续解释说："汉字词的读音传统反映出中古汉语后期的词汇读音形态。出于这个理由，它们一般被认为是或多或少按照中国唐朝长安的读音而读音。当然，朝鲜语中也有来自于其他语源的不规则词汇。关于汉字词读音的一个谜，主要表现在它对'入声'（entering tone）音节中词尾音 -t 的处理方式上。汉语中以 -t 结尾的词，朝鲜语中相应的音节一律换做 -l 音。例如，在用汉语转写地名'勿'（mut）时，中世朝鲜语的词尾音为 mul，其意义是'水'。在乡歌中，表示朝鲜语宾格词素（particle）[①]的汉字'乙'的汉语读音为 ʔit，而朝鲜语中读为 -o/ul。"他们认为，汉语的词尾 -t 都变为朝鲜语词尾 -l，或许是许多汉语研究者所认为的汉语"入声"弱化为 r 音造成的。

　　在中国北方方言地区，软腭爆破音也被认为有弱化现象，如 -k>[*g]>[*ɣ]。汉字词对这些入声词的读音保留了原有的 -k，但早期朝鲜语借词却反映出这种弱化现象。在中世朝鲜语中，这些借词（被认为是本土词汇，并从未写为汉字）被转写成一个具有词尾音 /h/ 的音节，如汉字词 sywok（俗）在中世朝鲜语的对应词为 sywoh（普通人），zywok（褥）与 zywoh（垫子、蒲团）对应，tyek（笛）与 tyeh（笛）对应，pwok（襆）与 pwoh（包裹东西用的布）对应，chyek（尺）与 cah（尺）相对应。（Lee & Ramsey，2011：68–70）

　　Sohn Ho-Min 通过 15 世纪首尔发布的声调标识符号规定判断出中世朝鲜语有三个声调——高调（音节左边加·表示）、升调和低调（音节左边加：表示），所以是声调语言。升调是低调与高调的结合。所有带有升调的元音都是长元音（现代朝鲜语也如此），而高调和低调元音都为短元音。但朝鲜语声调于 16 世纪消失（Sohn Ho-Min，1999：47–48）。

　　　·kil（路）　　　　　·son（手）　　　　　·pal（脚）

[①] particle 可以翻译为"小词"或"品词"，是"语法描写用来指具有语法功能的不变形词项，特别指那些不容易按词类标准分类的词"（戴维·克里斯特尔，2002：258）。但笔者认为，这是一种表示语法形态的词，但不能独立使用，所以应该解释为"语法词素"。

ka·ci（多样）　　·kaci（枝）　　·mal（度量单位）

:saj（鸟）　　　　:pal（百叶窗）　　:mal（词）

:cip（房子）　　　:son（客人）　　　:mal（马）

pulhuj（根）+·i（主语）→ pul:huji

tɔli（桥）+·i（主语）→ tɔ:li

李基文等认为中世朝鲜语仅有三个声调：高调、升调和低调 / 平调。声调的使用以《训民正音例解》制定的规则为标准：①高调声音最强；②升调先低后高；③平调声音最低。他们采用容易识别的方式，用大写音标表示高调，小写音标表示低调，小写音标加大写音标表示升调：

低调 / 平调	高调	升调
son（客人）	SON（手）	
pi（石碑）	PI（雨）	
kaci（茄子）	KACI（枝）	kaCI（类）
	PAL（脚）	paAL（竹百叶窗）
	SOL（松树）	soOL（刷子）
	SELI（中间）	seLI（霜）

他们不认为朝鲜语声调具有独立音位特征，而将其看作是由一个低调和一个高调相加而成，具有长音特征的单音节。从历史角度看，许多升调是由一个平调加上一个高调构成。例如，15 世纪"狗"一词具有两个音节，一个为低调，另一个为高调：kàhí。但到 16 世纪后半叶，h 音脱落，该词变成只具有升调的单音节词 kǎy。[①]

对于中世朝鲜语是否具有升调问题，不同的看法来自 Ramsey。他

---

① 李基文等人对这个时段的声调进行了较长篇幅的论证，列举了很多例证说明声调及其历史演变的情况，同时还列举了现代朝鲜语一些方言中声调残存的现象，说明晚期中世朝鲜语的确是声调语言。

对古代和中世朝鲜语声调提出了质疑："我相信原始朝鲜语中没有一个具有区分特征的韵律系统，（因为朝鲜语）最后一个音节自然具有重音。如果这个假设正确，那么与典型的词尾重音（oxytonic）类型有别的形态就一定来自于音变、复合和借用。"[①]宣德五等人则认为现代"朝鲜语没有声调，汉字（词）音也没有四声的区别。但在朝鲜中有一部分音节随音的高低、长短不同，词义也不一样。"（宣德五、金祥元、赵习，1985：21）他们给出的例子如下：

高短音	低长音
mar ⌐（马、斗）	mar ノ（话）
nun ⌐（眼睛）	nun ノ（雪）
par ⌐（脚）	par ノ（帘子）
pam ⌐（夜晚）	pam ノ（栗子）

这些例子说明现代朝鲜语部分词的音高变化能区别意义，但不能归入声调范围，因为在朝鲜语中并非所有词都具有这种意义区别特征。而在汉语标准方言（普通话）中，声调几乎在每个词中都可以区别意义。[②]

李基文也给出了同样的四组词，但他认为朝鲜语声调应按元音长短来区分："首尔方言具有使用元音长短来区分意义的特点。如所讨论过的情况一样，朝鲜语中部方言在 16 世纪失去声调，但其痕迹却在元音长短中体现。"（Lee & Ramsey，2011：296）例如：

---

① Ramsey 在其文章中总结和统计了中世朝鲜语中的重音情况，在分析了古代文献（尤其是用中文记载的文献）中和朝鲜文字出现后文献中记载的朝鲜语重音情况后，认为中世纪朝鲜语具有三种声调：平调（低调）、高调和升调。他根据现代朝鲜语不同地区方言的声调残留拟构出古代朝鲜语重音，认为升调特征并非原始朝鲜语固有，因此，他认为朝鲜语从来就不是声调语言。参见 Ramsey，httpaltaica.ruLIBRARYramseytram_jap_alt.pdf（2）。

② 现代汉语标准方言中并非所有词都具有四个声调，如 ne。

长元音 短元音

ma:l①（话语） mal（马）

nuw:n（雪） nwun（眼）

pa:m（栗） pam（夜）

pa:l（百叶窗） pal（脚）

Iksop Lee 等人也认为元音的长短可以用来区别意义。他们除了给出"马"／"话语"、"眼"／"雪"和"夜"／"栗"的举例外，还列举了另外两对词：saki（瓷）/sāki（道德）和 toyta（成为）/tōyta（变硬、变厚）。他们说："元音长短导致的意义差别仅在词的第一个音节中出现。如果某个词有一个底层的长元音，而该长元音出现在合成词中，那么该长元音变为短元音。例如，nwūn（雪）、māl（话语）和 pām（栗）出现在合成词中，如 ches-nwun（第一场雪）、kēcis-mal（谎言、非真实）和 ssangtong-pam（两个长在一起的栗子），原来的长元音都变为短元音。在许多词典中，有些不处于音节首的元音被标示为长元音，如 pōhō（保护）、mopāng（模仿）、meli-māl（序言）就是如此。但是这些标记均以词源为基础，并且不代表具体读音。所以这些音都读为短音。""总体来说，元音长短在动词词干中比在名词词干中得到更加稳定和较好的保持。"（Iksop Lee & Ramsey，2000：66）

上述观点在语音数据化测量时得到了科学上的印证，即这些词意义的最小对立是由长短而非升降调来区分，例如：②

对比图1、图2下半部分的音高和音长可以看出上面两组词的元音长短，同时也可以看到两组词在音高（Hz）方面没有差异。

---

① 李基文用"："表示长元音。

② a.在数字化图示中，图下半部分的曲线表示音节，曲线的起伏代表声调起伏，曲线的长短表示读音的长短；b.本读音由方香玉博士提供；c.本文所采用软件为 praat；d.由于中世朝鲜语无法确定音值，所以无法通过数字化语音软件进行测量。

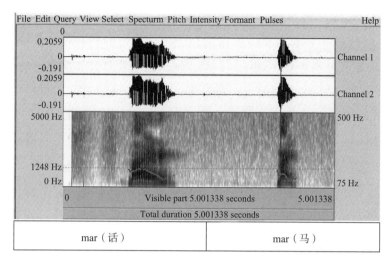

图 5-1　mar（马）与 mar（话）的元音测量比较

注：mar（马）为长音，mar（话）为短音，声调差异不明显

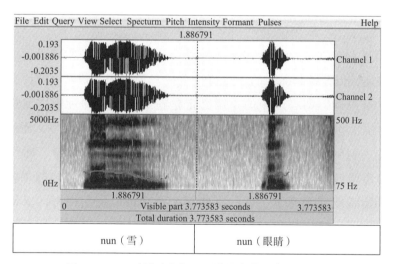

图 5-2　nun（眼睛）与 nun（雪）的元音测量比较

注：nun（眼睛）为长音，nun（雪）为短音，声调差异不明显

　　宁薇和方香玉博士在观察中发现，首尔地区及其他很多朝鲜语方言区中的现代朝鲜青年人已经很少通过长短，而是直接通过语境来区分意义。如方香玉博士认为，现代朝鲜语中 pa:m（栗）、pam（夜）、pa:l

（百叶窗）、pal（脚）的元音没有长短之分。李基文等人对这种现象的解释是："当位于非音节首时，早期现代朝鲜语中的元音长短特征消失，例如动词 e:ps（不存在）词干。但当该词干出现在非音节首时，如 kkuth-epsi（无尽的），e 变为短元音。在日常话语中，ches-nwu:n（首场雪）和 ches-nwun（第一眼看到）的元音长短区分消失。这种消失在汉字词中最为明显，如 tay（大）出现在'大学'（tay:hak）中时，tay 仍为长音，但在 hwaktay（扩大）中却成为短元音。"（Lee & Ramsey，2011：297）

如此看来，这种长短元音的区分也正在朝鲜语中消失。本书对这种现象的解释是：出于语音简化的需要，朝鲜语通过其他方式，如语境来作语言意义区分，因此语音上的冗余（如语调）自然就会被语境取代。[①] 但在特别需要的语境中，如强调、专有名词、显示文化水平的话语表达中，长短可能会出现。汉字词到现代时段已经基本朝鲜语化，其特殊历史任务已经完成，因此这些词完全依照朝鲜语自身的规律归化成朝鲜语读音。

尽管 Sohn Ho-Min 和李基文等对中世朝鲜语声调进行了具体和确切的描述，但是 Ramsey 的观点值得重视。我们认为朝鲜语或许自开始就不具有声调，朝鲜语中的声调必定是在借用汉字的过程中演进出来的。自中世朝鲜语时段开始，朝鲜统治阶层就开始借用汉字，而当时汉字在传入朝鲜后，使用汉字的读书人必然了解汉字的读音，对汉字所携带的声调自然也熟悉。[②] 例如我们目前看到的中世朝鲜语的很多文献都由统治者或知识分子记载，有些文人甚至可以使用很好的汉语知识写出同中国文人一样流利的汉语韵文，所以他们的语言必然受到汉语音调的影响的事实也直接反映在朝鲜语音中。如此，官方朝鲜语便从借用汉字之前的无声调，逐渐过渡到借用汉语声调，并因此部分影响了朝鲜本土语言。随着朝鲜文字的出现，半岛人群便有了适合自己语言的文

---

① 关于语音简化特点，可以参见尹铁超、包丽坤（2010）。

② 研究者均明确认为古代汉语具有声调，虽然声调情况不尽明了，但是"汉语有声调这个事实，至少从上古时期就可以确定下来"（王希杰，1983：199）。而有些古代汉语的声调在现代汉语中消失（黄伯荣、廖序东，1991：80）。

字系统，因此他们必然会最终放弃借用来的且对朝鲜人来说不自然的声调。[1]

本书将朝鲜语标准方言声调变化特征简单表述为：

（古朝鲜语）无→（中世朝鲜语）有→（现代朝鲜语）基本无或少量残存

宣德五等人的例子说明，现代朝鲜语仍然在为数不多的词语中残留了声调的痕迹。但这并不能说明朝鲜语从一开始就是声调语言，因为现代朝鲜语较少的声调或许本身就是汉语影响的结果，或者是朝鲜语后来在与汉语接触时获得了一些汉语韵律的特征。而我们在数字化语音测量中发现两个特点：

（1）现代朝鲜语声调不起辨别意义的音位作用，而由音长承担；

（2）在语言实际运用中，不可能保证任何音节的读音彻底没有声调变化，例如语境、疑问、否定、命令、音量大小，语用场合等都会影响音调的变化。因此我们认为宣德五、李基文、Iksop Lee 等人与宁薇和方香玉博士的观点并不冲突。

四　中世通古斯语声调

从对通古斯语文献的研究看，目前似乎没有证据能够说明中世通古斯语也具有同朝鲜语一样的声调特征。因此，在这方面二者无法进行比较。

五　现代朝鲜语与现代通古斯语声调

在目前朝鲜语和通古斯语的实际使用情况中没有发现声调，所以不需要进行两者之间的比较。

综上，声调是中世朝鲜语的一个重要特征，但随着语言的发展，朝鲜语的声调消失。这说明中世朝鲜语声调为继发现象，即中国文字及中国北方方言的读音被朝鲜语大量借用，使得该时段的朝鲜语不得不在知识阶层使用声调来表达意义。后来，随着汉字词在朝鲜语中变成一个固

---

[1]　李基文等人在讨论声调问题时，也列举出现代朝鲜语一些方言中仍然保留了部分声调的情况。（Lee & Ramsey，2011：165-167）

定组成部分而不断被使用者采用，又因为朝鲜民间语言不存在声调，所以声调特征最终退出朝鲜语言。相比之下，由于通古斯语使用者没有借用汉字来书写自己的语言，所以通古斯语中一直没有出现声调特征。

从这个角度看，我们可以做出这样的结论，即：朝鲜语和通古斯语自古就不是声调语言。

然而，由于语调的消失带来意义区分的困难，所以朝鲜语必然使用某种方式来代偿这种损失。为了保证意义的有效表达，朝鲜语采用了几种方式来代偿语调的消失。

（1）脱落某些音节：如 kàhí（狗），后来脱落 h，变为单音节词 kǎy。（Lee & Ramsey，2011：164）

（2）改变读音：如中世朝鲜语 sta（地）、pcak（一对中的一只）在今日朝鲜语中变形，分别变为 ttang（地）、ccak（一对中的一只）。这两个词通过强化辅音（tt、cc）或增加音节（-ng）来取代中世朝鲜语语词。（Iksop Lee & Ramsey，2000：284）①

（3）添加意义：即通过合成词方式在原有意义上添加新的意义，如 ches-nwun（首场雪）、ches-nwun（第一眼看到）、hwaktay（扩大）（Lee & Ramsey，2011：297）、kēcis-mal（谎言、非真实）、ssangtong-pam（两个长在一起的栗子）、meli-māl（序言）。（Iksop Lee & Ramsey，2000：66）

（4）通过语境区分：下面的句子均通过语境来区分几乎同音的词的意义："pal pae.neun neou sida."（这个梨很酸。）与 "kkeuneun oneul pae.ga apaseo chulgeunhaji mitaetta."（他今天肚子痛，不能来上班。）句子中的同音词 pae 有两个不同意义——"梨""肚子"，但在不同语境中不会被误解。又如："kkeunyeoneun mareul du mari gilreotta."（她养了两匹马。）与 "kkeunyeoui mareun matta."（她的话是对的。）两个句子中的同音词 mare（马；话）不会造成歧义。"nuneun aju huigo, aju nunbusida."（雪很白，很耀眼。）此句中的两个同音词 nun（雪；

---

① 尽管这种读音变化的原因是首辅音脱落，但是现代绝大多数朝鲜人并不认为理由如此。

眼睛）在语境中也不会形成意义的混淆。[①]

另外，值得注意的是，任何语言都不可能在话语使用过程中保持绝对平稳的语调和不加重音，因为意义表达需要语调的起伏。比如现代朝鲜语中除了表达疑问、肯定语气之外，也必须用语调[②]的起伏来表达意义。例如：

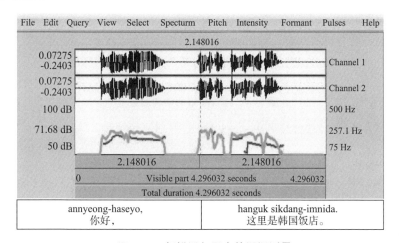

图 5-3　朝鲜语句子中的语调测量

在上面的句子中，可以看到音强差异（Kim，Cho & Lee，2013：164）。因此，从这个角度看，朝鲜语句子含语调起伏。[③]

通古斯语同朝鲜语一样，也没有使用重音来区分意义的特征，但也存在用语调的起伏和音强来表示意义。例如，鄂伦春语"pi piraʧ'enNi pəjə."（我是毕拉尔路人。）[④]一句有着明显的语调起伏。

同朝鲜语一样，通古斯语中的词也会随语音环境的不同而改变重音，因为语言在表达过程中必然不会全部是没有起伏的平调。

---

① 这些句子由宋英华博士提供。

② "语调"的定义为：由语音的升降、轻重、长短、快慢、续顿诸要素综合构成的语音格调。语调不属于词而是属于句子的。（王今铮等，1984：419）

③ 本句子录音由方香玉博士提供。在语音检测软件下半图中，有两条曲线，上面的曲线表示语音的音强，下面的曲线表示音高。该句子中的音强表现出语言使用者讲话的重音情况。

④ 本句子录音由刘晓春博士提供。

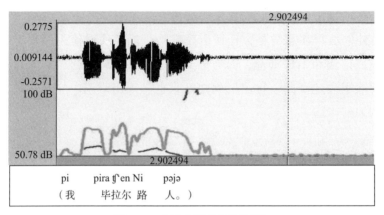

pi   pira ʧ°en Ni   pəjə
（我   毕拉尔 路   人。）

图 5-4   通古斯语的语调测量

第二节　重音

在一些语言中，重音往往会影响意义的表达。中世朝鲜语与汉语相类似，也运用声调来表达意义差别。然而，随着朝鲜语逐渐演化，其声调逐渐淡化，以至于在绝大多数词中消失。[①] 随之而来的问题是：朝鲜语如何通过其他方式来代偿声调消失而带来的辨意困难？重音是否能用来进行代偿？

一　古朝鲜语重音

由于古朝鲜语文献不足，无法确定当时朝鲜语的重音情况。

二　古通古斯语重音

同古朝鲜语一样，对古通古斯语重音情况也不明了，所以无法讨论。

---

① 李基文说："在显示声调方面，15 世纪朝鲜文献高度一致……但到了 16 世纪，声调标识开始出现不一致特点。然后，在 16 世纪中叶……这种特征的标识出现混乱，并首次出现无声调标识文献……这表明声调区别已经在 16 世纪中叶开始从首都地区消失。"（Lee & Ramsey, 2011：169）

三　中世朝鲜语重音

中世朝鲜语时段出现了文字，并带有相应的标示重音的符号，所以重音的情况得以反映。李基文等认为，中世朝鲜语重音与声调有着必然的联系：在现代朝鲜语中有两个重要声调特征，一为词汇中初始升调音节具有长音特征，二为在词汇和短语中第一个高调具有区分意义作用。然而，中世朝鲜语与现代朝鲜语方言在超音段系统中有所不同。首先，中世朝鲜语中每个音节的声调具有区分性，如分别类似于汉语普通话的二声和四声的 pòy（梨）与 póy（肚子）。其次，中世朝鲜语声调以低调开始，而在后来的朝鲜语某些方言中却为升调，如 mwokoy（蚊子）一词中的第二个 o 音从中世的 ó（mwókóy）变成后来的 ò（mwókòy），并形成了高低相间、"歌唱式"（sing-song）的韵律特征。

李基文等人在中世朝鲜语后期时段之前的文献中没有发现对声调的描述，然而，他们认为 15 世纪之前的文献却显现出一丝可以重新拟构的可能。这些文献显示：在中世朝鲜后期之前，朝鲜语声调特征不明显，但的确在动词中存在；在单音节名词中，升调要比低调几乎多四倍；双音节名词中，低 - 升调要比低 - 低调名词多三倍，比三音节词多出五倍。可见，早期中世朝鲜语名词的典型特征是：重音落在最后一个音节。（Lee & Ramsey，2011：167–168）

代词在使用时（中世朝鲜语与现代朝鲜语类似）音高尤其不规则。例如，第一人称反身代词 na（我自己）在独立使用时，用低调（nà）；但后接品词时，则为高调（nán~ná_nón）；当主格品词 i 出现，该代词变为高调（náy）；当与表示所有格的品词（óy）连接时，该音节为低调（này）；当在宾格品词前使用时，na 变为升调 nǎl~nǎ_lǒl。（Lee & Ramsey，2011：186）

Sohn Ho-Min 认为中世朝鲜语有重音现象。这种具有音乐性的音高特征与词汇中的元音一起出现，但自此后，尤其在庆山（Kyengsan）和咸镜（Hamkyeng）[①]方言中消失。因此，在所有现代朝鲜语方言中，

---

① 咸镜的英文拼写常常为 Hamgyeng。

音高均与音调而非词汇相关。（Sohn Ho-Min，1999：197）

四　中世通古斯语重音

目前尚没有发现关于中世通古斯语重音情况的文献。但从现代通古斯语重音情况看，中世通古斯语没有重音现象。

五　现代朝鲜语重音

Sohn Ho-Min 认为朝鲜语中的重音无关紧要，因为在朝鲜语中重音不用来区分意义。尽管如此，作为语调的一部分，不具有音位意义的重音常常出现在句子最后一个音节上，尤其是当该音节以辅音结尾，如 hakca-nin [hak.c'a.nin]（至于学者）。词首音节一般具有独特显著的重要性，因此长元音带有重音。如果一个短语音节以单元音及第二个音节以辅音开头时，第二音节带有重音，如 onil-to [o.nil.do]（今天也如此）。此外，说话人可以将重音放到任何他认为相对重要，或需要强调或要引人注意的音节上。除了上述情况外，朝鲜语重音一般会平均分布。（Sohn，1999：197）

宣德五等人的研究结论基本相同，他们也认为现代朝鲜语不使用重音来区分意义，因此现代朝鲜语不存在重音现象。[①]

六　现代通古斯语重音

一些对通古斯语的研究成果认为，通古斯语词汇中存在重音现象。李树兰等人认为："锡伯语词的一个音节的元音有微弱着力的重音，末尾音节有稍微升高的音调。例如：'tsoqo（鸡）、'galmən（蚊子）、'muku（水）、'talmən（雾）、'audun（结实）、'ələnəm（厌倦）、'dorun（印）、'səndəʤim（缺口儿）。"（李树兰、仲谦，1986：18）尤志贤等人认为："赫哲语是通过重音和清音配合使用使语言的音节显得活泼、生动，来增强表达效果的。词的重音，就是多音节中念得重

---

① 例如，宣德五等编写的《朝鲜语简志》（1985）没有提及朝鲜语重音。笔者在我国朝鲜族聚居区和韩国的语音田野调查中没有看到比较突出的重音现象。

的音节。双音节的词，重音都是落在第一个音节上。例如：fatu（烟荷包）、xaxa（男）、məuŋ（银）。三音节词以中、轻、次重为主要格式。例如：sɔləki（菜）、t'alək'ə（刹生鱼）。四音节词以'重、轻、次重、轻'为主要格式，如əməxəɕia（你）来了。"（尤志贤、傅万金，1987：8）

张彦昌等人认为："鄂伦春语有着固定的重音。它常常落在词汇最后一个音节上，如na:'tɐʊ（舅、叔）、ʥək'tə（餐）、nək'tə（短）、u'rə（丘）。"（张彦昌、李兵、张晰，1989：25）但另有些研究则认为鄂伦春语重音位于词汇的第一个音节上："凡是能够独立成音节的词，词重音都落在第一个音节上，发第一个音节的元音用力，因而音色清楚而且响亮。不仅如此，词的重读元音后续音节的元音，特别是附加成分的元音都是轻读元音。词除了有重音以外，在末尾还有稍微升高的音调。例如：'mudur（龙）、'ətirkəən（熊）。"（胡增益，1986：11）韩有峰等人则认为鄂伦春语重音不固定，如：'aawun（帽子）、Na'ala（手）、am'aa（父亲）、tilaʧ'a（太阳）。（韩有峰、孟淑贤，1993：5）

胡增益等人认为，鄂温克语词汇的重音位于第一个音节上："词的第一个音节的发音清晰，比其他音节着力，是重音的所在，音调为低平。例如：'gɪranda（骨头）、'ʊnaʤɪ（姑娘）。"（胡增益、朝克，1986：11）

李兵认为鄂伦春语、满语的重音出现在第一个音节，因为在多音节词根／干中，相对于词缀中元音的变化而言，第一音节呈现出元音不弱化、不变音现象，这表明其重音所在。[①]

黄锡惠认为："重音区别词意是满－通古斯部分语言中客观存在的语法现象。"（黄锡惠，2001）

同上述研究者结论一样，朝克认为"满－通古斯诸语内均有重音现象，而且，作为重音而体现的元音音强和音高是相当明显的。另外，满－通古斯语诸语的重音位置也是相对固定的。一般说来，锡伯

---

① 李兵2016年5月24日上午在黑龙江大学满族语言文化研究中心讲座中论述了这个观点。

语、赫哲语、鄂温克语、鄂伦春语的重音绝大多数是在词的第一音节元音上，例如，锡伯语 tʾalmən（雾）、赫哲语 ʾiməxsə（油）、鄂温克语 baˈχaldiaŋ（见面）、鄂伦春语 ʾətirkən（熊）……但在命令式或祈求式中重音基本上都移到末尾音节元音上，例如：锡伯语 utukˈin!"（朝克，1999：55）

从上面的研究看，绝大多数研究者都认为通古斯语中词有重音是普遍现象，但对重音所处的位置有所争议。例如 Kim Juwon 等认为："虽然满语重音与音长不区分意义，但重音和音长变化的确在词汇中出现。有重音音节元音较长。尽管难以对满语重音和音长进行规则的总结，但如果一个词具有三个音节，则第一音节中元音要长于其他元音，而重音则位于第二音节。如果一个词有两个音节，则第二个音节为重音……如 takulum [tʰaːˈqʰulum]（使用）、kusun[kʰuˈzun]（威力）。"（Kim et al.，2008：21-22）

笔者实际田野调查看到的情况[①]与赵杰对满语重音的观察一致，即满语的重音根据语境来实现，所以满语重音不能确定的看法（赵杰，1989）实际上可推广到对通古斯语系其他语言上。

在一些语言中，重音的位置十分重要，因为重音是具有区分意义作用的超音段位位。但在通古斯语中，重音不用来区分意义，因此也就同朝鲜语一样，有习惯性重读音节，但不区分意义。[②]事实上，在较长的语段中，通古斯语的重音会根据说话人表达或换气的需要而改变。

现代朝鲜语与现代通古斯语中都存在习惯性重音情况，但并非都用来区分意义。因此，从这个方面看，两者相同。

---

① 例如，对赫哲语重音的位置一直有争议，但实际考察的结果是重音不够确定。（尹铁超、库拉舍娃，2008：75-77）

② 例如，韩有峰、刘晓春博士等人认为鄂伦春语中重音可以根据意义强调的需要移动，所以有时候听起来感觉比较别扭的重音完全不会影响意思的表达。朝鲜语的情况也是如此，如 kimʧi/kimqi 的重音完全可以放在第一音节或第二音节上而不具有区分意义特征。但在语言使用中，该词重音的移动的确表达不同的语气，如疑问、肯定等。

第三节　元音和谐

一般来说，"元音和谐"是指"一个音系单位的发音方式或受一词或短语中另一单位的影响（即与其'和谐'）。一个类似的概念是同化。和谐分为辅音和谐（consonant harmony）和元音和谐（vowel harmony）两大类。典型的元音和谐，如见于土耳其语和匈牙利语，一个词内的全部元音共享某些特征。例如，都用舌前发音，或都是圆唇音"。（克里斯特尔，2002：168）

哈特曼等人的定义为："某种多音节词的所有元音都具有某个特征。"他们给出的例子是匈牙利语 ház（房子，单数形态）与 házak（房子，复数形态）、hely（地方，单数形态）与 helyek（地方，复数形态）。（哈特曼、斯托克，1981：393）

李兵的定义为：元音和谐是"一种音素形态。在典型情况下，所有出现在一个词内的元音都共有一个或更多共同语音特征"。他的例子可分为七类：①硬腭音和谐；②前伸舌根音和谐；③圆唇音和谐；④鼻音和谐；⑤舌位高低和谐；⑥咽音和谐；⑦松紧音与闪音和谐。（Li Bing，1996：50-51）

清格尔泰将"元音和谐"定义为："就是关于一个词的前后音节里的元音之间的求同性、限制性、制约性的规律。简言之，就是一个词里元音之间的调和及制约关系的规律。"（清格尔泰，1983：200）

综上所述，所谓"和谐"，无论是元音和谐还是辅音和谐，都涉及至少两个音节，即某个音节内的元音或辅音与另个音节内的元音和辅音之间呈现出某种对应、匹配、限制或制约关系。那么，如果将每个音节都视为一个音段，则这种和谐必然是音段之间的相互关联。因此，不同音节之间元音或辅音相互匹配的规律也自然是音段之间的和谐。

（1）音段内：音段内仅有一个元音，所以不存在和谐关系。如鄂伦春语的 bi（我）、满语 su（龙卷风）、鄂温克语的 sat（公棕熊）及朝鲜语的 i（牙）、ka（临时）、kim（蒸汽）等均属此列。

（2）音段外：不同音段均含有元音，所以不同音段的元音时常依照和谐规律出现，因此在多音节词干、粘附在词干上的词缀才可能具有元音和谐特征。如通古斯语的 puyʌ（夫余）及朝鲜语的 kəru/kəju（鹅）、-a/-asə（动词粘附成分）等均属此列。①

根据上面的总结，我们可以看到，在朝鲜语和通古斯语中，多音节词干有元音和谐的要求，粘着性成分中的元音也需要根据它们所粘附的词干而进行相应的和谐。所以，这些粘着性词缀或品词不应该视为词汇固有的部分。② 如此，则粘着性语法形态中元音也就必然在音段外以跨音段的方式与词干相互照应。所以，我们认为克里斯特尔的定义或许更为准确。例如，李基文等人在讨论中世朝鲜语元音和谐特征时所举的词缀词素的例证能够说明元音和谐也可以延伸到语段之外。③ 李兵在研究中也认为，"在元音和谐严整的语言里，根据固有词内元音出现的情况，全部元音可以分成两类。在词干内同一类属的元音可以同现，不同类属的元音不能同现；词缀元音和词干在类属上保持一致，词缀表现为在词

---

① 不具有严格元音和谐的语言虽然也有超过一个音节的词，但在这些词中，元音之间并不要求按某种特定的原则相互照应和匹配。例如，英语词 revole 中的 i、ɔ 之间没有呼应要求，因为英语中还有 revet、review，其中的 i 分别可以与 e、jiu: 搭配；汉语"社会"中的 e、ui 之间也不存在类似的搭配规则。

② 克里斯特尔给出的"后缀"的定义为："指加在词根或词干后的词缀……在英语中很常见，既用于新词项的派生 [例如 -ize '－化'，-tion（构成名词）]，也用来表达语法关系（如 -s，-ed，-ing 这类屈折词尾）。"他在词条下面同时给出了另一个术语 superfix/suprafix（"超音段"）："语音学和音系学上用来指覆盖话段中不止一个音段的发生效应，例如音高、重音、音渡形式等，特别是从某一语法结构的角度来观察这类现象时。但现今广泛使用的替代术语是超音段成分。"（克里斯特尔，2002：345）

③ 有些研究者将语言的元音和谐特征看作是同化现象（戚雨村，1985：105）。这种观点似乎也有一定道理，却无法经得住严格推敲：如果元音和谐"本身是一种元音同化现象。同化是为追求发音的顺口，异化是为了避免发音的拗口"（赵杰，1989：45），那么英语、汉语中也应该具有元音和谐现象，而这些语言中实际上却并非都是如此。例如英语的 hippty-hop（颠步蹦跳）、汉语的"来来往往"具有元音和谐特征，但英语的 revolution 和汉语的"蜂蜜"、"蜜蜂"却难以从元音和谐角度得到有效解释。除此之外，"同化"是独立的音位学概念，指的是语音在相邻时相互影响而产生发音方式或语音器官接触部位之间的趋同。季永海认为元音和谐和同化不属于同一概念，因此不应该混淆。（季永海，2008：33–51）

干元音作用下的交替出现的语素变体"。(李兵，2002：37) 这些都证明词缀并非是词根或词干的一部分，却能与词根或词干在元音或辅音方面进行和谐匹配。[①]

一　古朝鲜语元音和谐

李基文等人讨论了朝鲜语中元音和谐现象，认为古代文献中难以发现古朝鲜语的元音和谐特点，如乡歌仅仅反映出某些词的意义、语音的情况，但难以找到元音和谐现象。然而，如果从历史发展视角观察中世朝鲜语和现代朝鲜语的元音和谐现象，就会发现这样的事实：元音和谐越来越工整，例外越来越少。这明显表明古朝鲜语中肯定存在元音和谐。这个规律在其他语言的硬腭音和谐中也有发现，所以关于古朝鲜语中有元音和谐现象的推断具有合理性（ Lee & Ramsey，2011：68 ）。

尽管如此，我们认为从他们拟构出的古朝鲜语词汇中能够看到一些元音和谐的特征，但由于无法找到词缀的例子，所以仅仅列出词汇本身。例如：

ü-i：*püri（火）

u-a：*turak（石头）（Iksop Lee & Ramsey，2000：278）

i-ɔ：niskɔm（国王）

ə-u：kəru/kəju（鹅）

o-i：mori（山）

a-i：nari（河）（Sohn Ho-Min，1999：43）

ʋ-i：kʋtsi（口）

a（ɨ）-i：kaipi（穴）（Beckwith，2004：115）

[①] 吴宏伟对元音和谐构成的总结实际上也表明，元音和谐具有超音段特征："从语音学角度看，元音和谐规律存在于前后两个音节之间。前后两个音节或者是前者在词干之中，后者在语法成分之中；或者是前者在词根之中，后者在构词成分之中；或者是两者都在多音节的词根之中。因此，元音和谐就可以区分为：（1）词干和语法成分之间的；（2）词根和构词成分之间的；（3）词根内部的。这三种情况的和谐，以第一种出现的频率最高，也最有典型性，第二种次之，第三种更次之。"（吴宏伟，1991：150）

依照朝鲜语阴、阳和谐方式，可以将其整理为：

阳 – 阳

阴 – 阴 ə-u：kəru/kəju（鹅）

阳 – 中 o-i：mori（山）、a-i：nari（河）、a（ɨ）-i：kaɨpi（穴）

阴 – 中 ü-i：*püri（火）、ʊ-i：kʊtsi（口）

中 – 阳 i-ɔ：niskɔm（国王）

中 – 阴

中 – 中

阴 – 阳 u-a：*turak（石头）（Iksop Lee & Ramsey，2000：278）

阳 – 阴

　　由于古朝鲜语文献不足，所以无法找到全部对应的元音和谐序列。然而，即使少量的证据也足以说明古朝鲜语中的确存在元音和谐特征。

二　古通古斯语元音和谐

　　同古朝鲜语情况相同，古通古斯语文献资料的空白限制了研究者对其元音和谐的研究。但我们沿用对古朝鲜语词汇内部音段的观察方式找到一些古通古斯语词内的元音和谐现象。例如：[1]

i-e：udighe（乌德盖）

o-u：koguryo/koguryʌ（高句丽）

a-a：Kwanggaet'o（广开土）

a-ə：ɕian-bəjə（鲜卑）

o-o：joson/chosŏn（朝鲜）、Jolbon（卒本）

i-a：Kija（箕子）

u-ʌ：puyʌ（夫余）

---

① 　下面这些词选自本书对古通古斯语辅音的讨论部分。

u-e：susen（肃慎）

a-o：syamon（解慕漱）

a-a：samā-n（解慕漱）

ə-i：səlmiŋ（朱蒙）

u-i：murin（马）

e-o：meyo（沃沮）

e-ʌ：meyʌ（沃沮）

u-i：wuji（窝集）

o-i：woji（勿吉）

e-i：eji（勿吉）

a-e：wangkem（王俭）

根据很多研究者如李兵等的观察，通古斯语中阴、阳元音有着与朝鲜语不同的特征，现代通古斯语反映出来的阳性元音为 a、o、ū，阴性元音为 e，中性元音为 i、u。[①] 根据这种观察，我们可以将古通古斯语元音和谐类型重新总结如下：

阳–阳 a-a：Kwanggaet'o（广开土）

　　　a-ā：samā-n（解慕漱）

　　　o-o：joson/chosŏn（朝鲜）/Jolbon（卒本）

　　　a-o：syamon（解慕漱）

阴–阴

阳–中 o-u：koguryo/koguryʌ（高句丽）

　　　ə-i：səlmiŋ（朱蒙）

　　　o-i：woji（勿吉）

---

① 李兵注：这是多数人的分类。也有人认为 ū 属于中性元音。持这种观点的人认为 ū 和 u 的音值相同，也就是说，ū 是有字无音。（李兵，1998：32）值得注意的是：通古斯语阴阳元音的划分方式与朝鲜语有所不同，例如，无论 ū/u 是否为同一个音，它们都应该属于高元音，所以应该是阳元音，但 u 同时被划为中性元音的理据则不充分。

阴－中 e-ʌ：meyʌ（沃沮）

　　　　e-i：eji（勿吉）

中－阳 i-a：Kija（箕子）

中－阴 i-e：Udighe（乌德盖）

　　　　u-ʌ：夫余（puyʌ）

　　　　u-e：susen（肃慎）

中－中 u-i：murin（马）

　　　　u-i：wuji（窝集）

阴－阳 e-o：meyo（沃沮）

阳－阴 a-ə：ɕian-bəjə（鲜卑）

上述总结为对古通古斯语词汇拟构音，所以其音值无法验证，也因此可能出现一些不符合元音和谐总体规律的特点，如阴、阳元音之间出现了混杂而打破和谐规律。然而，由于此处不意在专门讨论元音和谐问题，所以这些例子已经能够说明古通古斯语中存在元音和谐特征。

三　中世朝鲜语元音和谐

关于中世朝鲜语元音和谐，Sohn Ho-Min 总结说："与现代朝鲜语相比，15 世纪的朝鲜语有着更加严格的元音和谐规则，即，阳元音 a、ɔ、o 仅仅与阳元音和中性元音 i 匹配；阴元音 ə、i、u 仅仅与阴元音或中性元音 i 匹配。由于发音时舌根后缩，所以阳元音比其他元音更响亮。"Sohn Ho-Min 列出了中世朝鲜语与现代朝鲜语元音和谐对比情况。（Sohn Ho-Min，1999：48-49）

表 5-1　中世朝鲜语与现代朝鲜语元音和谐对比

中世朝鲜语	现代朝鲜语	含义
namo	namu	树
kamakoj	kamaky	乌鸦
talɔ	tali	区别
kulim	kulim	云

续表

中世朝鲜语	现代朝鲜语	含义
nilkup	ilkop	七
halmi	halmi	老女人
son ɔlo	son ilo	用一只手
skum ilo	k'um ilo	用/带一个梦
salɔm ɔl	salam il	人（宾格）
skum il	k'um il	梦（宾格）
son ɔj	son ij	手（属格）
cip ɨj	cip ɨj	房子（属格）
mak-ɔni	mak-ini	当某人阻断
mək-ini	mək-ini	当某人吃
mak-ɔmjən	mak-imjən	如果某人阻断
mək-imjən	mək-imjən	当某人吃
salɔm	salam	人
jəlim	jəlim	水果
nɔl-kaj	nalkɛ	翅膀
təp-kəj	təphkɛ	盖子

根据 Sohn Ho-Min 的对比，我们总结了朝鲜语中元音和谐现象规律，如下：

表 5-2 朝鲜语中元音和谐规律

中世朝鲜语	元音和谐现象	现代朝鲜语	元音和谐现象
namo	a-o	namu	a-u
kamakoj	a-a-o	kamaky	a-a-y
talɔ	a-ɔ	tali	a-i
kulim	u-i	kulim	u-i
nilkup	i-u	ilkop	i-o
halmi	a-i	halmi	a-i
son ɔlo	o-ɔ	son ilo	o-i
skum ilo	u-i	k'um ilo	u-i

续表

中世朝鲜语	元音和谐现象	现代朝鲜语	元音和谐现象
salɔm ɔl	a-ɔ	salam il	a-i
skum il	u-ɨ	kʼum il	u-i
son ɔj	o-ɔ	son ij	o-i
cip ij	i-ɨ	cip ij	i-i
mak-ɔni	a-ɔ	mak-ini	a-i
mək-ini	ə-ɨ	mək-ini	ə-i
mak-ɔmjən	a-ɔ	mak-imjən	a-i
mək-imjən	ə-ɨ	mək-imjən	ə-i
salɔm	a-ɔ	salam	a-a
jəlim	ə-ɨ	jəlim	ə-i
nɔl-kaj	ɔ-a	nalkɛ	a-ɛ
təp-kəj	ə-ə	təphkɛ	ə-ɛ

从分析中可以看出，中世朝鲜语比较严格地遵守元音和谐规律，即按照元音出现的线性条件而出现。

（1）阳元音 a、ɔ、o 仅仅与阳元音和中性元音 i 匹配；

（2）阴元音 ə、ɨ、u 仅仅与阴元音或中性元音 i 匹配；

（3）中性元音 i 可以与任何阴、阳元音匹配；

（4）音段内和音段外元音和谐都遵守以上三条规则。

李基文等人对晚期中世纪朝鲜语元音和谐的观点同 Sohn Ho-Min 大致相仿，认为此时段的元音和谐现象可以在《训民正音例解》中看到。该书将朝鲜语元音分为阴和阳，例外的元音为中性元音 i。阳元音包括 o、wo、a，阴元音包括 u、wu、e。其应用的基本规则为：阳元音仅与阳元音协同出现；阴元音仅与阴元音协同出现。如阳元音和谐 ato（儿子），在现代朝鲜语中 atul 变为不和谐，因为 u 是阴元音；阴元音和谐 petul；中性元音 i 与阴、阳元音和谐，如 api（父亲）、emi（母亲）。

元音和谐也出现在词尾，如 ol（[ʌl]）出现在阳元音音节后：salo.m ol（人）；ul（[ɨl]）出现在阴元音后：yelu.m ul（夏季）。表示方位的品词

ay（[ay]）和 ey（[əy]）则根据所跟随的词汇元音情况而变化：palo.l
ay（在海中）、nyelu.m ey（在夏季）。

如果某个词尾为辅音，则其后缀/品词元音和谐规律（在多数情况
下）被阻断而不起作用。如品词 -man（仅、刚刚）接在 kes 后面，具
体情况为 kes-man（就是那个东西……）；动词词尾 -kwo 也是如此，
如 kuchikwo（正在停）、cwukwo（正在给）。然而，有些品词则不遵守
这一个规则，如 -te/-ta（表示反身）、-ke/-ka 需要与其跟随的词干而配
以元音和谐。这个现象产生的原因不详。（Lee & Ramsey，2011：162）

四 中世通古斯语元音和谐

中世通古斯语的元音和谐情况仍然不尽明了，但从一些词中可以看
到一些现象。这里采用中世通古斯语元音和辅音比较部分的一些词作为
例子来探求这一时段的元音和谐现象。

i-u：*dīdü（~ǯ-）（山脊）

e-e：*ebe-（弱，收获，提交，愚蠢，固执）、*beje（人）、*ŋēle-
（被吓，害怕）（阿尔泰语同源词网站）

u-e：*ugē（r）–/*ug-be（n）（浪）

a-a：*aja-（好看，美丽，帮助）、*ča（i）ǯa-n（女人乳房，动物
乳房）、nadan（七）（周有光，1976：51）

a-u：*aju-（好看，美丽，帮助）、abuxa（天）、*abdu-（牛）

e-ū：*bejū-（犴）

o-ī：*bogī-（养不应该养的人，流产）（阿尔泰语同源词网站）

i-i：ǰili（动物角根部）、Girimin（吉里敏人）、Kirin（吉林）

i-e：Kile（奇楞人）（Lattimore，1933：1）

i-ə：inəŋgi（日）

u-ə：dʒuwə（二）

u-a：tsuari（仁夏）、tuwari（冬）（周有光，1976：51）

a-i：*xačin（类型，各类）、*ǯaʒiki（鱼的）

将上述通古斯语元音和谐类型重新总结如下：

阳－阳 a-a：*aja-（好看，美丽，帮助）、*ča（i）ǯa-n（女人乳房，动物乳房）、nadan（七）

        a-u：*aju-（好看，美丽，帮助）、abuxa（天）、*abdu-（牛）

        u-a：tsuari（仁夏）、tuwari（冬）

阴－阴 e-e：*ebe-（弱，收获，提交，愚蠢，固执）

阳－中 o-ī：*bogī-（养不应该养的人，流产）

        a-i：*xačin（类型，各类）、*ǯaǯiki（鱼的）

阴－中 e-ū：*bejū-（犴）

中－阳

中－阴 u-e：*ugē（r）–/*ug-be（n）（浪）

        i-e：Kile（奇楞人）

        i-ə：inəŋgi（日）

        u-ə：ʤuwə（二）

中－中 i-u：*dīdü（~ǯ-）（山脊）

        i-i：ǰili（动物角根部）、Girimin（吉里敏人）、Kirin（吉林）

五　现代朝鲜语元音和谐

李基文等人认为，虽然现代朝鲜语中大多数中世朝鲜语元音和谐系统已经被破坏，但仍然有一些还具有能产性。尤其是阳元音 /a/ 和 /wo/ 与阴元音 /e/ 和 /wu/ 之间的对应明显，如带有阳元音、表示"明亮"的副词 allak-tallak（斑斑点点）与带有阴元音、表示"黑暗"的副词 ellek-tellek（大面积斑驳）相对应，阳元音副词 cwol-cwol（溪流咕咕声）与阴元音副词 cwul-cwul（水悄声流淌）对应。

此外，早期元音和谐也可以在动词屈折变化中看到，最为明显的是不定式词尾 -a/e（这样做，然后……）。然而，现代朝鲜语中该变体已经逐渐被 -e 替代。在所谓的标准方言中，-a 仅仅在带有 /a/ 或 /wo/ 的屈折词干（阳元音）后出现。所以，在现代首尔地区，同时可以听到 pat.e（收到，然后……）及 cap.e（抓住，然后……）和"标准的"pat.a 和 cap.a 现象。（Lee & Ramsey，2011：296，298）

宣德五等人认为，"朝鲜语的元音和谐历史上曾经存在过，但后来受到破坏，目前只保留了一些痕迹，是残存现象。现代朝鲜语词干内部各元音之间已不要求相互和谐。朝鲜语的元音和谐主要是指动词、形容词词干和后续粘附成分之间，以及声态副词前后音节元音之间的和谐。""词干和后续粘附成分之间的元音和谐，多音节词以词干最后音节的元音为准。"

表 5-3　宣德五等总结的现代朝鲜语词干和后续粘附成分之间的元音和谐

词干元音	后续粘附成分元音	例词	
		原形态	词干 + 粘附成分
a	a	makta 阻挡	mak-a　　mak-asə
o	a	nokta 融化	nok-a　　nok-asə
ə	ə	məkta 吃	mək-ə　　mək-əsə
u	ə	ʧukta 死	ʧuk-ə　　uk-əsə
ɯ	ə	ssɯrta 用	ss-ə　　　ss-əsə （ssɯ-ə）（ssɯ-əsə）
（词干为单音节） ɯ （词干为多音节）	以 ɯ 前面音节的元音为准	tɯrta 进入 pappɯta 忙 kurɯta 踩脚 hɯrɯta 流	tɯ-ə　　　tɯ-əsə papp-a　　papp-asə （pappɯ-a）（pappɯ-asə） kurɯ-ə　　kurɯ-əsə hɯrɯ-ə　　hɯrɯ-əsə
i（开音节）	j+ə	ʧita 背、负	ʧi-jə　　　ʧi-jəsə
i（闭音节）	ə	ʧʧita 砍	ʧʧik-ə　　ʧʧik-əsə
ε（开音节）	j+ə	mεta 系	mε-jə　　　mε-jəsə
ε（闭音节）	ə	mεʧta 缔结	mεʧ-ə　　mεʧ-əsə
e	j+ə	teta 烫伤	te-jə　　　te-jəsə
y	j+ə	ttyta 跳	tty-jə　　tty-jəsə
ø	j+ə	tøta	tø-jə　　　tø-jəsə

宣德五等人与 Sohn Ho-Min 的总结说明现代朝鲜语不完全遵守元音和谐规律。

同李基文等人一样，宣德五等也总结了声态副词中的元音和谐现象：如 pantʃʃakptʃʃank 或 pntʃʃkpntʃʃk（一闪一闪）、kkəŋˤuŋkkəŋˤuŋ 或 kkaŋˤoŋkkatˤoŋ（一蹦一跳）。（宣德五、金祥元、赵习，1985：19–21）

六　现代通古斯语元音和谐

现代通古斯语整体已经濒临消亡。据笔者在田野调查中看到的情况，我国境内除锡伯语、部分地区鄂温克语及鄂伦春语尚存外，其他语言均已消亡。俄罗斯境内的通古斯语情况稍好，但同样也面临消失。这种情况反映在元音和谐方面更为明显：现代通古斯语研究文献和田野调查反映出的实际情况均明白显示出元音和谐的破坏。

朝克认为通古斯语中性元音有三个，可以在以下表中看到：

表 5–4　通古斯语系各语言中的元音

	满语	锡伯语	赫哲语	鄂伦春语	鄂温克语
阳性	a、o	a、o、e、œ	a、o、e、œ	a、o、u	a、o、u
阴性	ə	ə	ə	ə、θ、ʉ	ə、θ、ʉ
中性	i、u、ʊ	i、u、y	i、u、y	i、e	i、e

他给出具体的例子来说明元音和谐的情况：

阳性元音的和谐：满语 aləma（后）、锡伯语 χerχa（松树）、赫哲语 arkœk（虫）、鄂伦春语 aʃukun（少）、鄂温克语 dʒawawuχanaŋ（让抓）等

阴性元音的和谐：满语 dəxəmə（姨娘）、锡伯语 ərdə（早晨）、赫哲语 sələnəŋgə（铁的）、鄂伦春语 tʉllə（外面）、鄂温克语 xəθrəwurəŋ（兴奋）等

中性元音的和谐：满语 ulximbi（知道）、锡伯语 untexin（尾巴）、赫哲语 yxdun（梳子）、鄂伦春语 iniji（天）、鄂温克语 digiχe（第

四）等

中性元音与阳性元音的和谐：满语 nimaxa（鱼）、锡伯语 umχan（蛋）、赫哲语 olduxsa（板子）、鄂伦春语 kadiwun（镰刀）、鄂温克语 tewewuχanaŋ（让拾）等

中性元音与阴性元音的和谐：满语 niməku（病）、锡伯语 fədʑixi（下面）、赫哲语 gurdʒən（蟋蟀）、鄂伦春语 ukʃin（疮）、鄂温克语 əniŋχə（姑姑）等

关于不严格元音和谐的现象，朝克给出如下例子：

满语：dəxəma（姨夫）、taŋgʊ（百）
锡伯语：χaχədʑi（儿子）、Gamən（蚊子）
鄂伦春语：xarənə（膝盖）、adə（木筏）

朝克对满－通古斯语中圆唇元音与展唇元音之间的和谐情况做出了非常细致的说明。例如，圆唇元音之间可以相互和谐。具体例子为：满语 oboku（脸盆）、锡伯语 œmχun（饥饿）。展唇元音间和谐的例子为：满语 taʨimbi（学习）、锡伯语 elin（山）等。

他认为其中元音和谐最严格的是鄂温克语和鄂伦春语，其次是满语和锡伯语，比较薄弱的是赫哲语。（朝克，1999：56-60）

阿尔泰语同源词网站给出的例子均能印证朝克总结的各类元音和谐情况。

综上所述，我们可以得出下面的结论：

（1）朝鲜语和通古斯语中的元音和谐现象肯定存在于各自的古语言中，否则这些语言不会在中世语言时段突然演进出对应比较严谨的元音和谐特征；

（2）中世朝鲜语与中世通古斯语元音和谐情况比较工整。但是，由于文献中关于元音和谐的记载有缺失，才出现诸如中世通古斯语中没有发现中性元音和阳性元音（中－阳）和谐的现象，但我们相信这种情况肯定存在；

（3）现代朝鲜语与现代通古斯语元音和谐特征得到一定程度的保留，但已经不如以往时段和谐整齐；

（4）朝鲜语以阴性元音结尾的开音节往往可以作为其后元音和谐的阻断，通古斯语也含有同样的阻断现象。

小　结

一般来说，语言的演进过程中，"打补丁"式的添加、借用以及"间苗式"①的脱落、转化往往是语言变化的理据，但某种语言很难通过借用其他语言来系统和工整地完成从没有某些特征到演进出某些特征。因此，元音和谐特征本身的系统性表现出"遗传"属性，朝鲜语与通古斯语就属于此类。

（1）在声调方面，朝鲜语曾经受到汉语影响产生过三个声调，但后来逐渐消失。中世通古斯语和现代通古斯语虽然借用了汉语的一些元音和语音结构，但在读音方面没有形成与汉语相近的声调特征。

（2）在重音方面，朝鲜语与通古斯语的词汇都有习惯性重读特征，但这种特征都可以因话语者需要来移动到其他音节。两者的表现相同。

（3）在语调方面，两者都存在根据不同的需求来采用升调或降调的方式表达具体情感。这符合一般性语言规律。②

（4）在元音和谐方面，朝鲜语与通古斯语都具有相同和谐规律，且又都在近代时段同时受到其他语言的影响而逐渐被破坏。

因此，从比较看，两者底层情况一致，即：

底层→[+ 系统性一致 + 偶然变异]

---

① 本书所谓"间苗式"脱落或转化是指，在语言发展过程中，常常会出现对语言现象进行自然整理而产生系统性音变或脱落。如上文中所讨论的朝鲜语词汇"代偿"现象。

② 有些语言，如汉语，会采用轻声或者添加疑问词来表达疑问。但实验语音学显示，汉语的轻声具有稍许的升调特征。

第六章 朝鲜语与通古斯语语法结构比较

语法集中体现了语言的规则系统特征，因此被视为语言同源比较不可缺少的内容之一。[①] 然而在这一方面，古通古斯语、中世通古斯语研究文献极为稀少，所以难以从对比角度讨论文献较多且分析细致的同时段朝鲜语[②] 与通古斯语同源情况。因此，本章以现代朝鲜语和现代通古斯语为比较对象来讨论两者之间的异同情况。

第一节 朝鲜语与通古斯语构词法[③]

一 朝鲜语构词法

从词汇的形态看，朝鲜语可分为单素词和多素词。

[①] 在诸多研究中，语法被视为形态学（类型学）（typology）研究范畴。例如，"类型学指在比较语言学中，根据语音、语法和词汇特征，而不是根据历史发展所作的语言分类"（哈特曼、斯托克，1981：266）。在最终总结时本章虽然对两者的形态类型做出总结，但因本章旨在对朝鲜语与通古斯语进行对比，所以没有使用"形态学"（类型学）这一概念。

[②] 中世朝鲜语的语法研究成果远远超过中世通古斯语。例如以李基文等为代表的学者较好地总结了中世朝鲜语语法特点，认为中世朝鲜语语法结构与现代朝鲜语相同。例如，句子都以动词作为结尾，数量不等的名词或副词都可以出现在动词之前，修饰语位于被修饰词之前。这些典型形态在朝鲜语各个历史时段都可以找到证据。然而，15世纪朝鲜语的句法结构与现代朝鲜语还是稍有不同。（Lee & Ramsey, 2011：227–228）具体讨论参见李基文、Sohn Ho-Min 著作的相关章节。

[③] 在一般语言学分类中，构词法内容属于词汇学范畴，也同时属于形态学范畴。出于构词方式与句法有着极大关联性的考虑，本节被放入句法部分讨论。

（一）单素词

朝鲜语单素词可以由单音节或多音节构成，但音节数量多寡与词素无关，如双音节和单音节词均可能仅有一个词素，如 son（手）、mir（小麦）、saram（人）、kirta（长）、məkta（吃）。①

（二）多素词

朝鲜语多素词由两个或两个以上词素构成，可分为派生词与合成词。

1. 派生词

朝鲜语派生词由在词前或词后添加词素构成。

（1）词前添加词素构成名词、副词、形容词、动词。

mat（表示地位居长）：mat-atɯr（长子）、mat-ttar（长女）

su（表示雄性的）：su-tʻark（公鸡）、su-so（公牛）

am（表示雌性的）：am-kʻɛ（母狗）、am-so（母牛）

tɯr（表示动作激烈）：tɯr-pokkta（吵吵嚷嚷）、tɯr-kkɯrhta（沸腾）

ty（表示无秩序）：ty-hɯntɯrta（剧烈地摇晃）

hy（表示动作程度甚深）：hy-narrita（飘扬）、hyp-ssɯrta（席卷）

tɯ（表示程度加深）：tɯ-nopʻta（很高）、tɯ-nərpta（很宽）

mjəŋ（著名）：mjəŋ-sənsu（著名运动员）、mjəŋ-kasu（著名歌唱家）

（2）以后缀方式添加构成名词、副词、形容词。

-kun（表示从事某种职业的人）：sanjaŋ-kun（猎手）、ʧaŋsa-kun（商人）

-po（表示有某种特征的人）：tʻər-po（大胡子）、ttək-po（年糕大王、吃糕吃得多的人）

-kɛ（表示工具）：təp-kɛ（盖子）、ʧi-kɛ（衣架）

-i（表示某种生物）：mɛm-i（蝉）、ppəkkuk-i（布谷鸟）

-kkəs（表示极度）：maɯm-kkəs（尽情地）、him-kkəs（尽力地）

---

① 本部分所举的词例选自《朝鲜语简志》（宣德五、金祥元、赵习，1985）。

-kəri（表示动作的状态）：məmsir-kəri-ta（翻滚）、tukɯn-kəri-ta（忐忑不安）

-tap（表示比较）：koʧʻ-tap-ta（像花一样美）

2. 合成词

朝鲜语合成词可以由词根 +X[①]词根构成名词、动词、形容词等词类。例如：[②]

名词词根 + 名词词根：mon-tatʻ（田地）、pam-naʧ（昼夜）

动词词根 + 名词词根：nar-ʧimsɯŋ（飞禽）、mir-ʧa（推车）

形容词词根 + 名词词根：napʧʃak-kʻo（塌鼻子）、kəm-pəsəs（老年斑）[③]

名词词根 +hata：mar（话）-hata（说）、norɛ（歌曲）-hata（唱歌）

名词词根 + 动词词根：sori（声音）-ʧʻita（大叫）= sori-ʧʻita（喊叫）

动词词根 + 动词词根：nar-ttyta（狂奔）、kam-torta（盘旋）

二　通古斯语构词法

通古斯语中有单素词、多素词、派生词、合成词四种。通古斯语主要构词方式为派生和合成。[④]

（一）单素词

通古斯语单素词可以由单音节或多音节构成，但音节数量多寡与词素无关，如双音节和单音节词均可能仅有一个词素：

---

① X 表示抽象音位。由于朝鲜语和通古斯语后缀中元音的形态与词干的元音（尤其是最后一个音节中的元音）必须符合元音和谐规律，所以此处采用 X 作为某个词缀在具体环境下抽象性元音的音位特征。

② 此处略去一些朝鲜语构词形态，具体例证参见宣德五等人（1985）相关章节。

③ 李基文认为朝鲜语中表示形容词特征的词缀分为两类：(1) 将名词转为形容词，如 -toWoy；(2) 将动词转为形容词，如 -W（接在元音后面）、-Wo（接在 z 音后面）和 -pol/pu（接在其他辅音后面）。（Lee & Ramsey 2011：180）

④ 此部分若无特别说明，所举例词均来自鄂伦春语（朝克，2014a）。因鄂伦春语是我国境内通古斯系诸语言中受到非通古斯语言影响最小的语言，所以鄂伦春语"很有代表性"（宋菲菲，2015：25）。

锡伯语 hot（脑骨）、赫哲语 halba（琵琶骨）、满语 bono（冰雹）、鄂伦春语 gəktibun（雪）

（二）多素词

通古斯语多素词由两个或两个以上词素构成，可分为派生词与合成词

（三）派生词

派生词通过添加附加成分派生出名词、方位词、形容词、动词。如：

-ʧXn（接在名词、动词词根后，表示从事某种职业的人）：adʊn（马群）+-ʧɪn → adʊʧɪn（牧马人）

-kʃX（接在指称动物的名词后，表示动物皮毛的名称）：ɪnagan（山羊）+kʃa → ɪnagakʃa（山羊皮）

-dX（接在方位词词根后，表示方位）：ʧaaj-（后）+daa → ʧaajdaa（后面）

-gX（接在方位词词根后，表示方位）：ʃɔlɔ（上游）+gʊ → ʃɔlɔgʊ（上游的）

-mXkXn（接在名词、形容词后构成形容词，表示具有过多的性质）：ʃagdɪ（老）+maakaan → ʃagdɪmaakaan（有很多、太多老人的）

-ʧX（接在名词词根后构成形容词，表示拥有名词词根所表示的物品或性质）：mɔɔ（树）+ʧɪ → mɔɔʧɪ（有木头的）

-ldXwXn（接在动词词干后构成形容词，表示其动词词根动作的性质）：bɔdɔ-（想）+ldʊwʊn → bɔdɔldʊwʊn（爱想的）

-lX（接在名词词根后构成动词，表示以名词词根所指称的事物为工具或对象的动作）：kajʧɪ（剪子）+laa → kajʧɪlaa（剪）

-ʃX（接在形容词词根后构成动词，表示同形容词词根所表示的性质有关的动作）：aja（好）+ʃɛɛ → ajaʃɛɛ（夸奖）

（胡增益，1986：32-45）

（四）合成词

通过合成方式，通古斯语合成词可以构成名词、副词。复合词内部结构可以分为：并列、修饰、补充、主谓结构。

并列（名词+名词）：ʃirgi（沙）+tʊkala（土）→ ʃirgitʊkala（沙土）

修饰（名词+名词）：ʃıran（架子）+dʒuu（房）→ ʃırandʒuu（斜仁柱）；gʊʧın（明年）+ʧaaʊdʊ（后）→ gʊʧınʃaaʊdʊ（后年）

补充（名词+动词）：dʒəətə（饭）+oloʊŋki（煮）→ dʒəətəoloʊŋki（厨师）

主谓（名词+方位词）：dılaʧa（太阳）+juurəkkəəki（东）→ dılaʧajuurəkkəəki（东）

（胡增益，1986：48—49）

三 朝鲜语与通古斯语构词法比较

（1）根据词汇内部的构成情况，朝鲜语和通古斯语都可以将词划分为单词素与多词素，所以两者之间（同所有语言一样）没有意义上和归属情况差异。

（2）朝鲜语与通古斯语词汇都有单独形态，都可以在构词时不附加词缀，都具有并列形态。

（3）朝鲜语构词可以采用前缀与后缀，但通古斯语中仅通过词根加后缀形式进行构词。[①]

（4）朝鲜语与通古斯语在构成方式方面都显示出构词的多样性。但其构词内容基本都在实词范围内。表示语法内容的词汇一般在句子中体现。

从两者之间的构词情况看，两者构词形态及规则类似。即：

底层→[+ 构词方式 ± 粘着词缀 + 并列词干]

---

① 然而，通古斯语也有类似于前缀的修饰方式，其差异不过是以不加形态变化的单个词作修饰成分。具体参见本节通古斯语形容词（加强级）。这种修饰方式被胡增益称为"临时状词"（胡增益，1986：89）。

第二节　朝鲜语与通古斯语词类比较

同任何语言一样，现代朝鲜语可以通过不同词类之间的规则性和例外性组合表达复杂意义。朝鲜语词类可以分为名词、代词、数词、动词、副词、形容词、感叹词、拟声词等。这些词类连同具有粘着特征的词缀（品词）来表达时、体、态、格等语法特征。[①]

通古斯语的词类也是根据其形态、意义、位置、功能来确定，可以分为如下几种：名词、方位词、代词、形容词、动词、副词、品词（词缀）、拟声词。[②]

一　名词

（一）朝鲜语名词

朝鲜语中名词和不完全名词具有区分性特征，其表达的意义也不尽相同。当表示不确定的东西、对象等时，不完全名词就以非独立出现的形式来表达。如 pi-ka o-r kəs-t-ta（可能下雨），其中 kəs "和前面的连体形粘附成分 -r 相结合，表示推测"（宣德五、金祥元、赵习，1985：

---

① 朝鲜语词类可以分为四种：体词、谓词、修饰词和叹词。在朝鲜语中，词类不同，形态也有所不同。（宣德五、金祥元、赵习，1985：22）但其他研究的朝鲜语词类的划分观点却不一致，如有人认为朝鲜语词汇应该有 10 个类别，现代朝鲜的语言学家认为有 8 个，如名词、数词、动词、形容词、冠词、副词、感叹词。Sohn Ho-Min 则认为只有 7 类，如名词、代词、动词、形容词、限定词、副词、品词。（Sohn，1999：203–203）有的观点认为："根据词的形式、意义及其在句中的功能将词分为若干类"，这些类均可以划归为品词，如名词、代名词、数词、动词、形容词、冠形词、副词、感叹词（李德春，2002：13–14）。李翊燮等认为朝鲜语词类为 9 种，但没有将它们放到品词的下义词中。（李翊燮、李相亿、蔡琬，2008：79）

② 关于通古斯语词类的数量，各家也有不同观点，如张彦昌等认为，鄂伦春语中有 8 个词类（张彦昌、李兵、张晰，1989），尤志贤等认为赫哲语有 11 个词类（尤志贤、傅万金，1987），胡增益等认为鄂温克语有 14 个词类（胡增益、朝克，1986），李树兰等认为锡伯语有 13 个词类（李树兰、仲谦，1986）。

23–24）。Sohn Ho-Min 认为这类名词在朝鲜语固有语法部分数量极多，它们可以表示时间、方向、大约等含义，如 ccok（方向）、ccum（大概）、cek（时间、场合、经验）、kim（机会）、li（理由）等。但不完全名词不能独立使用，而必须跟在指示词、句子等后面出现。（Sohn Ho-Min，1999：205–206）

除了这类名词，朝鲜语中还有其他几种比较特殊的名词类型：

（1）专有名词。本身毫无特别之处，如 Hankwuk（朝鲜）、Han-kang（汉江），它们特殊的地方在语法方面，例如，以辅音结尾的儿童名字后面往往会添加 i，如 Milan.i（米兰），如果有称谓前缀[①]或一个呼语形态词缀，那么该名词不改变形态，如 Miss Milan（米兰小姐）。

（2）可数名词。可以表示量或测度，如 mali（动物 [复数]），前面要是有数词，如 twu mali（两只动物），或本身在数词前面，如 mali swu（一些动物），也可以当作独立的名词使用。[②]

（3）动名词。一般与动词，如 hanta（做）结合，表示具有动作特征的名词，如 salang（学习）-hata（做）→ salang-hata（学习）。

（4）形名词。用来表示状态，它们可以与 hata（在某种状态下）连用，如 cilwu（厌烦）-hata（是）→ cilwu-hata（无趣）。

一般名词可以独立使用。但在具体使用时则必须通过品词标示出语法特征，如：

nay　　yangmal　　i　　　　patak　　　i　　　　　kwunnmeng
我的　　袜子　　主格品词　　底　　主格品词　　　　洞

i　　　　　　　　sayngky-ess-e.
主格品词　　　　出现 – 完成 – 亲密关系

（我的袜底有个洞。）

---

① Sohn Ho-Min 在此处给出的前缀现象并没有定义，但显然不是规范用法，因为前置修饰成分如果不能作为形态内容，且具有完全的语法意义，那么该形态就不应该称为"前缀"或"缀"。因此，朝鲜语中实际上不存在前缀。

② 这个特点与汉语相似，如"瓶"既可以是量词（如一瓶酒），也以是名词（酒瓶）。

（二）通古斯语名词

通古斯语名词中包括专有名词，而没有动名词、形名词、不完全名词特征。名词词干不具有复数形态。通古斯语名词在使用中位于主格位置时一般没有词尾变化，但其他格状态下会通过后缀来表示其特有的性、数、格特征。有些名词在有前置修饰词的情况下可以不改变形态，也不加后缀。①

名词的主格形态：不粘着后缀，如："k'umaxa ilkimaran."（鹿站着。）（韩有峰、孟淑贤，1993：14）该句子中主格名词形态不变。

名词数的形态：粘着词缀 /-ɕXl/，② 具体形态如 -ɕal、-ɕəl、-ɕol、-ɕol、-nar、-nər、-nor、-l。例如 ɔlɔ（鱼）→ ɔlɔ ɕol（鱼 [复数]）。（张彦昌、李兵、张晰，1989：27）

名词其他格形态：③

领格：/ŋX/，如 urə-ŋi（山）

宾格：/-wX/、/-mX/、/-pX/，如 urə-wə（山）

不定宾格：/-jX/、/X/，如 urə-jə（山）

造格：/-ʤX/，如 urə-ʤi（山）

与格：/-dX/，如 urə-du（山）

从格：/-dXk/，如 urə-duk（山）

位格：/-lX/，如 urə-ləə（山）

位从格：/-lXrX/，如 urə-lurə-jəək（山）

方面从格：/-jXʤXk/，如 urə-jiʤik（山）

方向格：/-kkX/、/-tXk/，如 urə-kki（山）

不定方向格：/-kkXkX/、/-tXkXkX/，如 urə-kkəəki（山）

经格：/-iX/、/-dXlX/，如 urə-lii（山）

---

① 锡伯语名词前若有数字、量词，则形态名词形态不变，如 susan χonin（五十只羊）、əm adun iχan（一群牛）。（李树兰、仲谦，1986：42）鄂伦春语、鄂温克语情况也是如此，如 ʤuu akın（两个哥哥）、ılan utəwi（三个儿子）。（胡增益、朝克，1986：20，57）

② 该词中 / / 表示位，其中 X 是元音不同变体的抽象位。下同。

③ 以下的例子选自胡增益、朝克（1986：58）。

（三）朝鲜语与通古斯语名词比较

从名词形态及意义看，朝鲜语与通古斯语之间表面相差很大，但从语法形态的一般性特征看：

（1）都可以通过词缀来表达意义。这体现了粘着语特征。换句话说，两者都在名词上通过品词/词缀来体现性、数、格等语法关系。

（2）名词被数词修饰时都不附加后缀。

（3）名词表达主格概念时，均不加词缀，但朝鲜语通过单独的、不能独立使用的品词标示名词主格特征。从这个角度看，朝鲜语主格品词相当于通古斯语词缀。

二 代词

（一）朝鲜语代词

朝鲜语代词可以分为人称代词、反身代词、相互称谓代词、不确定疑问代词、指示代词、虚指代词，举例如下：

人称代词	单数	复数
第一人称		
对等	na	wuli(-tul)
自谦	ce	ce-huy(-tul)
第二人称		
对等	ne[①]	ne-huy(-tul)
熟悉	caney	caney-tul
亲密	caki	caki-tul
直率	tangsi	tangsin-tul
	kutay（旧用法）	kutay-tul
	tayk	tayk-tul

---

① 宣德五等人（1985：27）认为 nə、ne 为"对下"称呼。

恭敬	elusin（罕）	elusin-tul（罕）

第三人称

事物	确定所指 -kes	确定所指 -kes-tul
孩子	确定所指 -ay	确定所指 -ay-tul
成人（熟悉）	确定所指 -salam	确定所指 -salam-tul
成人（直率）	确定所指 -i	确定所指 -i-tul
成人（礼貌）	确定所指 -pun	确定所指 -pun-tul

反身

对等	ce-(casin)	ce(-casin)-tul
中性	caki(-casin)	caki(-casin)-tul
恭敬	tangsin(-casin)	tangsin(-casin)-tul

相互称谓

selo（互相）

phicha（双方）

sangho（hosan）（相互的）（朝鲜北方方言）

（Sohn Ho-Min，1999：207）

不确定疑问代词有：nwukwu（谁）、amu（任何人）、nues（什么）、eti（哪里、某地）、encey（时间）、elma（多少）、enu-ay/salam/pum（某人）。

指示代词有：i hwu（在此之后）、ku ilay（自那时起）、ce kath-i（如那个）、yeki（<i 这个 +eki 地方）（这）、keki（<ku 那个 [离你近的]+eki）（那个 [离你近的]）、ceki（ce 那个 [离你远的]+eki）（那个 [离你远的]）。（Sohn Ho-Min 1999：207–208）

朝鲜语有表示不确切 知道什么人、事、时间、场所等的虚指代词 amu。例如：

samusir-e-nɯm amu-to əps-ta.（办公室里谁都没有。）

amuttɛ-na po-r su iss-ta.（什么时候都能看。）

（宣德五、金祥元、赵习，1985：29）

在形态上，朝鲜语代词不区分主格、宾格及所属格，但其含义由品词表达（Isop Lee & Ramsey，2000：89）。例如，第一人称代词 uri（我们）用品词 -neun/-ga（我们）表示主语（urineun/uriga），用 -ege/-reul 表示宾格（uriege/urireul），用 -ui 表示所属格（uriui）（Kim et al.，2013：23）。

（二）通古斯语代词

一般来说，通古斯语代词可以分为四类：人称代词、反身代词、指示代词、疑问代词。在使用时，代词基本保持原有形态，但在具体情况下后面可以接词缀表示其他语法内容。代词可以用来指代名词、方位词、数词、副词。代词的形态变化同所代的词大致相同（李树兰、仲谦，1986：65）。现以鄂伦春语为例，分别讨论。

1. 人称代词

人称代词（主格）：

表 6-1　鄂伦春语人称代词（主格）

		单数	bi:
第一人称	复数	不包括自己	bu:
		包括自己	miti:
第二人称		单数	ɕi:
		复数	ɕu:
第三人称		单数	nɔ:nin/tari（这）
		复数	nɔ:rtin/taril（那）

人称代词（宾格）：minəwə（我）、ʃinəwə（你）、nuganman（他）、munəwə（我们）、mitiwə（咱们）、ʃunəwə（你们）、nugarwatin（他们）[①]

人称代词（所属格）：min-（我的）、mun（我们的）、ɕi：n（你的）、ɕun（你们的）

---

① 胡增益（1986：89-90）认为鄂伦春语中"人称代词没有不定宾格形式"。

例如：

bu:（我）　　ɔlɔjɔ（鱼）　　ʤəbtɕəwun（吃）.（我吃鱼。）

bi:（我）　　ɕin-ʤi（你）　　ŋənəm（去）.（我与你去。）

araki（酒）　　nɔ:n-du-n（他）　　umwutɕa（喝）.（他喝酒。）

2. 指示代词

近指：əri（这）、əril（这些）、ədəjʤi（这边）

远指：tari（那）、taril（那些）、tadajʤi（那边）

例如：

əri（这）tə:di（裙子）min-ŋi（我的）.（这裙子是我的。）

3. 疑问代词

ni:（谁）、ikun（什么）、irə（哪儿）、iʤirgə（哪个）、irigidə（哪个方向）、a:li（何时）、irigtɕin（哪种）、ɔ:n（如何）

例如：

ni:（谁）əmətɕə（来了）?（谁来了？）

ɕi:（你）ikun-a（什么）ajawuni（喜欢）je?（你喜欢什么？）

4. 反身代词

鄂伦春语中反身代词有两个形态：mə:nəkə 和 mə:n。后者为粘着词素，不能独立使用，在句子中需带有附加成分 w。

领格 mə:n-ŋi-wi

例如：

ɕi:（你）mə:nəkə（自己）bəju-kəl（打猎）bi:（我）bajtatɕi（事情）.
（你自己去打猎，我有我的事情。）

tari（他）mə:n-ŋi-wi（自己）arakija（酒）umnan（喝）.
（他喝自己的酒。）

（张彦昌、李兵、张晰，1989：50-58）

5. 指代其他词的情况

指代名词：əri（这个）、əs（这些）、ai（什么）、ja（哪一个）等

指代形容词：əraliŋ（这样的）、təraliŋ（那样的）、ajaliŋ（什么样的）等

指代副词：an（为什么）、utw（这样）、tutw（那样）等[①]

敬语代词：鄂伦春语中表示尊敬意义的代词第二人称单数，如çii（你）、suu（您）。[②]

（三）朝鲜语与通古斯语代词比较

朝鲜语与通古斯语在代词类别上没有区别，这符合人类语言共性。但在某些方面两者则有着差异及共同特征。

（1）朝鲜语几乎任何代词都用品词来表示其语法特征，通古斯语在一些时候采用品词来修饰以表达同样的语法概念，如宾格。

（2）朝鲜语通过品词表达所属概念，通古斯语采用不同的词汇表示。

（3）朝鲜语通过敬语和一般性代词表达尊敬，[③]通古斯语则通过独立词素词汇、代词与表示尊敬意义的词缀表达。[④]

（4）朝鲜语和通古斯语都具有表示远、近的指示代词。

（5）朝鲜语表示不确定的时间、地点、事物等时采用粘着性品词，通古斯语仅采用一般疑问词。

（6）朝鲜语与通古斯语代词都可以用来指代时间（副词）、地点

---

① 见李树兰、仲谦（1986：65-66）。

② 本例子为孟淑贤提供。

③ 李基文等人认为现代朝鲜语中有越来越多的礼貌称谓倾向，有人认为有三种表达，有人则认为有六种。然而，目前有两种敬语式表达已经开始消失，如首尔年轻人已经不再使用"熟悉"和或"半正式"称谓。（Lee & Ramsey，2011：300）

④ 鄂伦春语表示尊敬意义的后缀为 -lu、-r/xəj。如：t'əxər（你坐！），t'əxəlu（您坐！），dʒəpk'ər（你吃吧！），dʒəpk'ərluu（您吃吧！），atiʃipixiŋii[你多大（年龄）？]，(w)əxiʃipixəj[您多大（年龄）？]，alii japuŋii（你什么时候走？），alii japurəj（您什么时候走？）。本部分鄂伦春语词与句子由孟淑贤、韩有峰提供。

（副词）、样式或属性（形容词）。

从整体看，尽管两者在代词方面差异较多，但共同特征亦十分突出，即都有粘着性修饰特征。

三 数词

（一）朝鲜语数词

朝鲜语中数词分为三种：固有词、汉字词、英语借词，如 hana/il/wen（一）、yel/sip/theyn（十）。借词很少用于表达超过十的意义，而用固有词、汉字词来表达"十"以上的意义，如 yel-twul/sip-i（十二）、ahun-twul/kwu-sip-i（九十二）。固有词和汉字词都以十进位为基础。（Sohn，1999：208）出于语言间对比的目的，这里以朝鲜语固有数词为对比基础。

1. 基数词

hana（一）、tur（二）、ses（三）、nes（四）、tasəs（五）、jəsəs（六）、irkop（七）、jətərp（八）、ahop（九）、jər（十）、suɯmur（二十）、səruɯn（三十）、mahuɯn（四十）、syn（五十）、jesun（六十）、irhuɯn（七十）、jətuɯn（八十）、ahuɯn（九十）①

（宣德五、金祥元、赵习，1985：24–25）

2. 序数词

"固有的序数词，除 ʧˈəʧʃɛ（第一）以外，是在固有的基础词词干后面接缀后缀 -ʧʃɛ 构成的。"

ʧˈəʧʃɛ（第一）、turʧʃɛ（第二）、sesʧʃɛ（第三）、nesʧʃɛ（第四）、tasəsʧʃɛ（第五）、jərʧʃɛ（第十）

（宣德五、金祥元、赵习，1985：25–27）

---

① 在数词的使用方面，朝鲜语采用数词"可以不用量词而直接跟名词结合，可居名词前，也可居名词后"，如：tasəs（五）saram-i（人）o-nta（来）（来五个人）；saram（人）tasəs-i（五）o-nta（来）（来五个人）。（宣德五、金祥元、赵习，1985：26）

（二）通古斯语数词

以鄂伦春语为例，数词可以分为八类：基数词、计次数词、计双数词、概数词、限制数词、分配数词、集合数词、序数词。（胡增益，1986：82-86）[①]

1. 基数词

umun（一）、dʒuur（二）、ɪlan（三）、diji（四）、tʊŋŋa（五）、ŋuŋun（六）、nadan（七）、dʒapkʊn（八）、jəjin（九）、dʒaan（十）、ɔrɪn（二十）、gʊtɪn（三十）、dəki（四十）、jərəən（九十）、ŋamaadʒɪ（百）

"五十"、"六十"、"七十"、"八十"是在基数词"五"、"六"、"七"、"八"后添加后缀 -ŋ/-ŋi 构成的。

2. 序数词

"序数词是在数词词干后面接附加成分 -k/-ki 构成。"
umuu（n）-ki（第一）、dʒuu（r）-ki（第二）、ɪlaa（n）-ki（第三）

3. 计次数词

"计次数词由基数词词干后粘着附加成分 -ra/rə 构成，表示动作次数。"
umuu（n）-rə（一次）、dʒuu（r）-rə（两次）、ɪlaa（n）-ra（三次）、tʊŋŋa-ra（五次）

4. 计双数词

计双数词通过在基数词词干后附着 -ŋna/-ŋnə 构成，专用于记录动

[①] 张彦昌等人认为鄂伦春语数词可以分为十类，分别是基数词、序数词、频率数词、动物数量数词、天数数词、动物群数量数词、限定数量数词、约数词、分量数词、逆向数词。（张彦昌、李兵、张晰，1989：63-68）刘景宪等人认为满语数词可以分为三类，即基数词、序数词、分配数词。（刘景宪、赵阿平、赵金纯，1997：263-279）赫哲语的数词可以分为基数词、序数词、倍数词、分数词等。（尤志贤、傅万金，1987：42-44）鄂温克语数词可以分为基数词、集合数词、重复数词、分配数词、概数词、限定数词、分数词等。（胡增益、朝克，1986：41-47）锡伯语数词可以分为基数词、集合数词、序数词、倍数词、分数词。（李树兰、仲谦，1986：61-65）

物头数：

dʒapkʊ（n）-ŋna（八只）、dʒuu（r）-ŋnə（两只）、nada（n）-ŋna
（七只）、diji（n）-ŋnə（四只）

5. 概数词

概数词将两个基数词连用，或基数词与 adɪ 连用，表示"几个"：

ɪlaa（n）dijin（三四个）、gʊtɪn adɪ（三十几个）

6. 限制数词

在基数词词干后面粘着 -kaan/-kəən 构成，表示仅有的数目：

ɪlaa（n）-kaan（只三个）、diji（n）-kəən（只四个）

7. 分配数词

在基数词词干后面粘着 -tal/-təl 构成，表示分配所依照的数目：

umuu（n）-təl（按一个）、ɪlaa（n）-tal（按三个）

8. 集合数词

在表示二至二十的基数词词干后附加 -ɪ/-i 构成，表示该数目为一个
整体单位：

dʒuur-i（俩）、dijin-i（四个一起）、ɪlaan-ɪ（仨）、nadan-ɪ（七个一起）

（三）朝鲜语与通古斯语数词比较

朝鲜语与通古斯语在数词表达方面有很多相同、相似之处。

（1）十以内基数词都采用不同的词，而非由数字的叠加构成。

（2）十以上基数词都采用独立词汇的表达方式，通古斯语部分数字
采用粘着后缀表示。

（3）序数词都采用添加词缀表示。

（4）从表面上看，通古斯语中表达数字概念的形态较多，但都通
过添加后缀构成。朝鲜语中也有同样的方式，只不过没有被视为数词，
而被视为副词。例如，朝鲜语表达频率的词 tu-bae-ro（两次）、se-bǒn

（三次），表达集合类数量的词 sam-in-jo（三人）。

（Jones & Rhie，1991：349，357，360）

四　动词

动词是语言中最大类别之一。朝鲜语和通古斯语中动词与其他语言的表达方式相比有差异。

（一）朝鲜语动词

从使用方式看，朝鲜语有两大类动词：动词及助动词。在每个类别下还可以细分为及物动词和不及物动词。

（1）及物动词可以带宾语，如 ʧʻɛk-ɯr（书）-po-nta（看）（看书）、os-ɯr（衣服）ip-nɯnta（穿）（穿衣服）。（宣德五、金祥元、赵习，1985：30）在句子中，及物动词须有品词来标记时态、语态等语法特征，例如：

hyeng　i　kukcang eyse nay chinkwu lul　manna-ss-e.

哥　主格　剧场　里　我的　朋友　与格　遇－过去－亲密关系

（我哥哥在剧场里遇到我的朋友。）

（2）不及物动词也有通过品词表示格的情况，例如：

appa　ka　emma　hako　caknyen　ilon　ey　pay　lo

爸　主格　妈　同谁　去年　日本　到　船　通过

ka-sy-ess-e.yo.

去－主格敬语－过去－尊敬关系

（我的爸爸和妈妈去年乘船去了日本。）

（Sohn Ho-Min，1999：277，279）

（3）助动词不能独立充当句子成分，必须跟体词、动词或形容词联合使用，例如：

yha-ta（为了）：

inmin-ɯr　yha-jə　okmuha-ʧa

人民　　　　为　　　服务

（为人民服务）

kwanha-ta（关于）：

kukʧe	ʧəŋse-e	kwanha-n	poko
国际	形势	关于	报告

（关于国际形势的报告）

（宣德五、金祥元、赵习，1985：30）

根据不同的句法特征，动词也可以有更加细致的分类，例如：

表示趋向 ka-ta：sar-a ka-ta（活下去）

表示进行 iss-ta：ssawu-ko iss-ta（正在斗争）

表示结果存留 noh-ta：kər-ə noh-ta（挂起来吧）

表示试行 po-ta：ip-ə po-ata（穿穿看吧）

表示提供 ʧu-ta：irk-ə ʧu-nta（给［某人］念［书］）

表示禁止 mar-ta：kə-ʧi mar-ta（别去）

表示否定 anh-ta：ka-ʧi anh-nɯnta（不去）

表示否定可能 nosha-ta：ka-ʧi mosha-ta（不能去）

（宣德五、金祥元、赵习，1985：30–31）

（二）通古斯语动词

通古斯语中有及物动词和不及物动词形式的不同，因此被划归为不同的语法类别。

1. 态

表示动词的主动、使动、被动、互动、共动。主动态不加附加成分，其他则需要。

（1）主动态：

bii	bɪrakaanma	ədəlmunəm.（我渡河。）
我	河	渡

（2）使动态：-wkXn，如 mʊŋdaa-wkaan-（使［人］打）

bii	bʊrta	bitəgəjə	tuurəə-wkəən-əm.（我让布尔塔读书。）
我	布尔塔	书	读

（3）被动态：w，如 mʊŋdaa-w-（被打）

nʊganŋnɪ　kakaran　guikədu　dʒawa-w-ʧaa.（他的鸡被狼抓了。）

他　　　　　鸡　　　狼　　　抓

（4）互动态：-mXt，如 mʊŋdaa-wkaat-（相互打）

tarɪl　ulguʧəən-məə-tə,　　nʊganin　　gɛɛndʊwɪ　　əʃin

他们　　　说　　　　　他　　　理　　　没

tərəərə ɔɔʧaa（他们辩论，他不占理。）

胜

（5）共动态：-dX，如 mʊŋdaa-ldɪ-（一齐打）

bii　　ʃindʒi　　ŋənə-ldi-ʧəw.　　（我和你一同去。）

我　　　你　　去

（胡增益，1986：95–97）

2. 体

体用来表示动作类型，往往和时间有关。常见有开始体、进行体、起动体等，均体现在粘着性后缀中。

（1）开始体：如 -l

bii dʒaan dijiʧiduwi giwʧəən waa-l-ʧəw.（我十四岁开始打狍子。）

我　十　　四　　　狍子　　杀

（2）进行体：如 -dʒX/

kɔɔkakaan ʃatanma　　dʒəb-dʒi-rən（小孩正吃糖。）

小孩　　　糖　　　　吃

（3）起动体：如 -ʃXn/

buku dʊlɪdʒɪrgɛɛ ɔɔʧaa aʧʊkʊn　　ʃɔktə-ʃɪn-ʧaa.

布库　半　　成　一点（儿）　醉

（布库喝的差不多了，有点儿醉。）

（胡增益，1986：98–99）

3. 式

动词有陈述式和祈使式，与事件发生的时间相关联。

（1）陈述式：

陈述式具有两种形式：单纯形式和复合形式。单纯式表达现在－将来时、过去时、将来时，由动词词干附加时间、人称词缀；复合式表达现在进行时、现在经常时、过去经常时、现在－将来完成时、过去完成时，由某些形式和助动词 bi-、ɔɔ- 复合而成。

陈述式表达现在－将来时由 -rX、-dX、-tX、-a、-ə 粘着词素构成，但有例外。同时，附加成分还需要根据人称变化，如第一人称单数 -m、第二人称单数 -nX、第三人称单数 -n 等。例如：

ʃii　　ɪda　　kɔtɔwi　　ləkədəə-ni?

你　　为何　　刀　　磨

（你为什么磨刀呀？）

陈述式过去时时间附加成分为 -ʧX（单数第一、二人称，其他人称），人称也需要变化，如第一人称单数 -w、第二人称单数 -j 等。具体句子为：

buu　araman　dʒaan aŋŋan, jabʊʧaa bʊgalaa əmərgi-ʧəə-wun.

我们　终于　十　年　走　地方　来

（我们终于回到阔别十年的故乡。）

（胡增益，1986：103–105）[①]

（2）祈使式：

表示说话人的希望、恳求、命令、请求、指使、允许等意义。祈使式分为即行和将行两种，均通过在动词词干粘着不同形态成分构成。

①即行祈使式：附加成分第一人称单数为 -ktX/-XktX、第二人称单数为 -kXl/-ŋXl、第三人称单数为 -jX/-ŋX/-kX 等。例如：

ʃuu　dʒɪgaja　aaʧɪ　biʃikʃun, bii　　bu-ktə!

你们　钱　没有　　我　给

（假如你们没有钱，就让我给吧！）

[①]　这里略去其他动词的式的表达情况，具体可参见胡增益（1986）相关章节。

②将行祈使式：附加成分 -dX。例如：

ʃɪlkɪ-daa-j（你 [做完某事以后再] 洗）

你　　洗

（胡增益，1986：108–111）

4. 条件

动词表示条件时，词干后粘着陈述式附加成分、条件附加成分、领属附加成分。

（1）现在－将来时：添加条件成分 -k 和人称领属成分。例如：

ʃɪlkɪ-ra-k-ɪw（如果我洗）

（2）过去时、将来时：词干后添加陈述式过去时和将来时时间成分 +条件成分 -ʃXk。例如：

bii　　　ʃaa-ʧaa-ʃɪ-ɪw,　　kədʒənə　　ulguʧəw biʧəə.

我　　　　　知道　　　　　早就　　　　　　说

（要是我知道的话，我早就说了。）

bii buu　　dʒəə-ʃik-iw,　　ʃii　　buuni jee?

我　　　　　给　　　　　你　　　　给

（要是我将来给，你给吗？）

（胡增益，1986：112–115）

5. 形动动词

形动动词"具有动词特点，可以支配名词和代词，可以和助动词组成动词的复合时间形式。形动动词还有形容词、名词的特点，可以修饰名词，也可以带格和领属附加成分，其作用如同一个名词。形动形式动词出现在从句里，添加格和领属附加成分后充当谓语。这些用法不是其他动词形式全都具备的，因此可以说形动形式动词是具有多功能的动词形式。"该形式由动词词干附加形动形式成分构成，分为未完成体、完成体、多次体和经常体几类。

未完成体附加成分包括：-rX、-lX、-dX、-tX、-nX、-a、

179

-ə。^①例如：

əri　noɡanŋin　　tat-ta　boɡan (biʃin).
这　　他　　学习（的）　地方

（这是他学习的地方。）

əri kɔɔkan aŋŋalaaw ənərɡi-rə-dun naaʧo əʧəkən ɡəwmi aaʧina.
这　少年　宿营地　回（时候）　舅舅　叔叔　正　睡

（这个少年回宿营地的时候，他的舅舅和叔叔正在睡觉。）

（胡增益，1986：115–116）

6. 副动词

副动词表示几个动作之间的领属关系。副动词形式作可以分为三类：人称领属、反身领属、除上述之外的领属。人称领属类副动词分紧接形式和随后形式。

（1）紧接形式：由动词词干添加附加成分 -ʤXkXn+ 人称领属成分构成。例如：

imana ilita-ʤakEEn-in, kɔɔkaʃal juukʃə imana bəjə oroora.
雪　　停　　小孩　　出　雪　人　堆

（雪刚一停，小孩就出来堆雪人。）

（2）随后形式：由动词词干附加 -ʧXlX+ 领属成分构成。例如：

ʃii ɔɔʧaalaa-j,　bii ŋənəʤəw.^②
你　做　　我　　去

（你做完了以后，我去。）

（胡增益，1986：118–119）

7. 助动词

助动词 bi-、ɔɔ-、ə- 等"经常附在静动词后或动词前后表示判定或否定，或者和动词结合在一起表示某种时、体或情态意味"。例如：

---

① 这里略去其他形动动词的式的表达情况，具体可参见胡增益（1986）相关章节。

② 这里略去其他副动词的式表达情况，具体可参见胡增益（1986）相关章节。

bii　　ɔrɔtʃɛɛn　　bəjə　　biʃin.

我　　鄂伦春　　人　　是

（我是鄂伦春人。）

buu　　uri　　abʊgara　　biʃim.[①]

我们　　都　　平安　　有

（我们都好。）

（胡增益，1986：125）

（三）朝鲜语与通古斯语动词比较

从宏观角度看，朝鲜语和通古斯语都有一定表达动作的方式，两者之间有相同和相异之处。

（1）从动词类别看，朝鲜语与通古斯语都有及物动词和不及物动词，两者的差异在于通古斯语主要通过词缀形式配合不同的格来表示。

（2）通古斯语动词的形态与词缀有着更加紧密的联系，朝鲜语稍差，但在使用中情况基本相同。

（3）朝鲜语中有类似于通古斯语的形动动词特征："韩国语的动词和形容词，无论其词尾变化的方式，还是在句子中的功能，二者都极为相似……但是二者之间有几点差异是很明确的……形容词不能构成命令型和共同型，动词则不然……"（李翊燮、李相亿、蔡琬，2008：93）通古斯语的形动动词具有动词、名词、形容词的一些特点。虽然朝鲜语也有形动词，但一般不能作为名词使用。所以，从这一兼有形容词和动词特点的词类看，朝鲜语与通古斯语的同源性特点明显。

（4）朝鲜语和通古斯语中动词都有格的粘着特征，虽然形式不同，分类多少也不尽相同。

（5）朝鲜语与通古斯语都有助动词，它们都：

a. 根据句子的要求发生形态变化；

---

① 这里略去其他助动词的式表达情况，具体可参见胡增益（1986）相关章节。

181

b. 不能独立使用而必须与动词结合；

c. 用来进一步描述动作程度、目的、判断等。虽然朝鲜语中的助动词表达的含义与通古斯语助动词有所不同（朝鲜语助动词用来表达动词的目的、行为程度、涉及的论题等，通古斯语助动词用来表达正误的判定及动词的时、体或情态含义），但两者的使用方式和所添加的意义极为相近。

总之，朝鲜语与通古斯语在动词形态及使用方式方面有着极大的相似特性。

五 副词

副词在朝鲜语和通古斯语中具有比较特别的形态。

（一）朝鲜语副词

朝鲜语副词表示行动的方式、处所、行动或性质的程度、时间、范围等。（宣德五、金祥元、赵习，1985：32）

具有形容词特点的副词数量最多，它们用来描写行为的属性或状态，如时间、地点、方式或程度，典型的包括 acik（仍然）、akka（刚刚）、camsi（一段时间）、cha-cha（逐渐地）、cuksi（立即）、hangsan（常常）、imi（已经）、ittaka（过了一会儿）、kot（不久）、pilose（第一次）。

（1）表示地点的副词数量较少，有 ili（这个方向）、kakkai（附近）、koskosi（到处）等。有些副词实际上也是代词，如 eti（哪儿）和 yeki（这）。

（2）表示动作方式的副词数量很多，如 cal（好）、ese（快）、himkkes（用全力）、manhi（很多）、swul-swul（平滑地）等。

（3）表示程度的副词有 acwu（非常）、cemcem（逐渐地）、cikuk. hi（极端地）、yak（轻轻地）等。

（4）情态副词指的是说话人的语气。有时情态可以通过句子来表达，但也可以采用副词表达，如 palo（正确）。这类副词常用的有 ama

（可能）、cengmal（的确）、man.il（如果）、mullon（当然）等。

（5）连接性副词包括 cuk（即）、hamulmye（更多、更少）、ohilye（而不是）、tekwuna（除此之外）等。

（6）表示态度的副词一般在句子之外单独使用，如：onye（是，表示平等关系）、ipwa（是，表示亲密关系）、yepposeyyo（是，敬语）。这种副词还包括称谓，如 appa（爸爸）、papo-ya（傻瓜）。还可以通过感叹方式表示，如 aiko（啊）、ani（天呀）等。（Sohn Ho-Min，1999：211-212）

"副词一般不能接缀语法粘着成分，有时由于表达的特殊需要，部分副词能接缀一些表示附加意义的添意粘附成分（如 -to、-man 等），以表示强调。"例如：

pparri　　　ka-nta.（走得快）[一般]

快　　　　　走

pparri-to ka-nta.（走得也真快）[强调快]

个别副词如 akaa（刚才）、mənʧə（首先）等，能和名词一样接缀某些粘附成分，充当相应的句子成分，也能接缀谓词粘附成分 -i，作谓语。例如：

ʧe-ka mənʧə-i-pnita.（我是最先的。）

朝鲜语声态副词不能接缀任何成分，在句子中主要位于动词、形容词前，作状语，有时也可以位于句末，作谓语。例如：

maŋʧʼisori ttuŋttaŋ,　kikjesori　uŋwuŋ.

锤子 声音　叮当　　　机器 声音　　隆隆

（锤子声叮当，机器声隆隆。）

（宣德五、金祥元、赵习，1985：32-33）

（二）通古斯语副词

通古斯语副词可以用来表示动作的时间、重复、程度、范围、情状、肯定、否定，也可以描写形容词的程度。副词后不添加粘着性词缀，其在句子中常常位于为动词、形容词之前。

（1）表示时间的副词：əjgən（经常）、daaʧɪ（从来）、kəndʒənə

（早就），例如：

buku　əjgən　ɔlcc　umukəənərən.

布库　经常　鱼　钓

（布库经常去钓鱼。）

tarɪ　ərindu　ɪmana　təlin　tikʧəə.

那　时间　雪　才　下

（那时才下了雪。）

（2）表示重复副词：dakɪ（再）、mətər（仍、又）、naan（也、还）等①。例如：

bii　ɔɔmc　ətəkəʃə　dakɪ　əmʤəmkə!

我　做　完　再　来

（我做完了再来吧！）

（3）描写形容词程度的副词：umnə（太）、nukʧəə（非常、过于）、bakan（一点儿）。如：

nanan　umnə　kab kar　unir　bʊgadʊ　əʃin　gada.

皮子　太　黑　卖　地方　不　要

（皮子太黑，商店不要。）

əkinin　nukʧəə　aja　ʤuudu　aaʃɪnan.

姐姐　非常　好　房子　睡

（姐姐睡在一个非常好的房子里。）

（胡增益，1986：130–131）

（三）朝鲜语与通古斯语副词比较

（1）朝鲜语与通古斯语副词的类别、修饰对象及与被修饰对象的前后位置关系基本相同。

（2）除了朝鲜语个别副词需要添加后缀之外，其他副词都使用原型，换句话说，即不携带词缀去匹配它们所修饰的对象，因此可以说，

① 这里略去副词其他形态的例子，具体参见胡增益（1986）。

184

朝鲜语与通古斯语的副词几乎没有粘着性特征。[①]

六　形容词

同许多语言一样，朝鲜语形容词与动词之间有着相对的界限，通古斯语的形容词也具有类似的性质。

（一）朝鲜语形容词

李德春这样描述朝鲜语形容词：形容词在句子中主要做谓语；形容词不带宾语；形容词没有绝对现代时制词尾，也不能跟表示动作正在持续的补助动词结合；形容词受副词修饰；形容词可以与助词结合。（李德春，2002：136-137）朝鲜语"动词和形容词都可以成为句子的谓语，并通过词尾变化表示其语法功能。二者在任何时候都要加词尾，没有词尾只靠词干无法发挥单词的作用……"（李翊燮、李相亿、蔡琬，2008：92）

Sohn Ho-Min认为朝鲜语部分动词与形容词之间几乎没有界限，如issta（停留，存在）、hata（做，是）、khuta（生长，成为高的）、kamshata（感谢、谢意）、kyesita（留下）、palkta（变亮，明亮）等都同时是动词和形容词。但形容词与动词的区别可以在下列对比中看出：

动词	形容词
mek-nun-ta（吃）	musep-ta（稀罕）
talli-n-ta（跑）	sulphu-ta（[我]悲伤）

所以，形容词可以分为系词类（ita"是"，anita"不是"）、存在类（issata"存在"，epsta"不存在"）、描述类（ppalkahta"红"，celmta"年轻"，kenkang-hata"健康"）、方位类（kkey"停留在某处"，eykey"在某处"）及感觉类（sulputa"悲伤"，pulepta"嫉妒"，tepta"热"）五类。分别举例如下。

[①]　在通古斯诸语中，除了满语在派生副词中使用后缀之外，其他语言如锡伯语、鄂温克语、赫哲语的副词均在原型状态下使用。

（1）系词类形容词：

ce   ay   nun chencay (i)-ciman Mia nun chencay ka   an i-ta.
那 孩子 对比 天才 是－但 Mia 对比 天才 主格 不 是

（那个孩子是天才，但 Mia 不是。）

（2）存在类形容词：

ton   i   eps-ese   ka   an   i-eyyo.
钱 主格 缺－所以 主格 不 是－敬语

（这并不是我没有钱 [的事]。）

（3）描述类形容词：

wuli halmeni   nun   acik   celm   -usy-e.yo.
我 祖母 对比 仍然 年轻－ 敬语－敬语

（我祖母仍然年轻。）

（4）方位类形容词：

hal.apeci   kkey   chayk   i   manh-a.yo.
祖父 在 书 主格 许多－敬语

（祖父那儿有很多书。）

（5）感觉类形容词：

ne   nun   musep-ni?
你 对比 恐惧－疑问

（你害怕么？）

（Sohn Ho-Min，1999：209-210，281-285）

（二）通古斯语形容词

通古斯语形容词用来修饰名词，其位置在被修饰成分之前。通古斯语形容词可以承担谓语角色，部分形容词可以通过粘着词缀来表示程度差异或强调词根所表示的性质。[①] 例如：nəktə（矮）、jada（瘦）、niʃukun（小）、əlkə（慢）、aʃɪɪ（女、雌性的）、mɔɔtʃɪ（有木头的）。

---

① 通古斯语表示比较还可以通过格的方式进行，参见本书有关朝鲜语与通古斯语格的比较部分。

（1）形容词减弱级：表示事物的性质（在程度上）减弱。其构成方式为：形容词词干 + 后缀 -ʧXrX 或 -ʃXrX，两个后缀之间可以互换而不改变意义，其中 X 根据元音和谐规律而采用不同的元音，如 ŋʊnʊm（长）— ŋʊnʊmʧara / ŋʊnʊmʃara（较长的、还算长的）。例如：

gʊgda-ʧara　urəkəəndu　bəjun　biʃin.
高　　　　　山　　　　狍　　　有

（还算高的那座山有狍。）

（2）比较级形容词：采用形容词原型与形容词 +-ʧXrX 或 -ʃXrX 对比表示。例如：

tarı　bəjə　gʊgda,　əri　bəjə　tadʊk　naan　gʊgda-ʧara.
那　　人　　高　　　这　人　　那　　还　　高

（那个人高，这个人比那个人还高些。）

（3）形容词最高级：采用 manıı（很）或 mʊdan（极）+ 形容词表示。例如：

manıı gʊgda（最高）— gʊgdaʧara（还算高）— nəktə（矮）

əri　mɔɔ　manıı　gʊgda, əri　mɔɔ　gʊgdaʧara, tarı　mɔɔ　nəktə.
这　树　最　　高　　这　树　还算高　　那　树　矮

（这棵树最高，这棵树还算高，那棵树矮。）

（4）形容词加强级：①采用形容词 + 后缀 -dX/-rX（n）形式；②采用在形容词前加临时状词形式，即取形容词第一个音节，第一音节若是开音节，则用 -b，第一音节若是闭音节 -ŋ，则用 -b 替代 -ŋ 作为加强级音节尾。例如：

ŋʊnʊm（长）— ŋʊnʊmda（长长的）

nəktə（矮）— nəktədə（矮矮的）

bagdarın（白）— bag bagdarın（雪白的）

kara（黑）— kab kara（黑黑的）

ʃiŋarın（黄）— ʃib ʃiŋarın（黄黄的、金黄的）

kɔŋɔnın（黑）— kɔb kɔŋɔnın（黑黑的）

在描述颜色时，形容词还有一个用来表示"略浅"意义的词缀 -lbXn。

例如：

ʃiŋarın（黄）— ʃiŋa（rın）lbɛɛn（浅黄，微黄）

ʧuturin（绿）— ʧutu（rin）lbeen（淡绿，浅绿）

鄂伦春语还采用在形容词前添加临状词 ʃıb ʃıra、tʃub tʃub、kım kım、kab kara 等表示程度。例如：

ʃıb ʃıra ʃiŋarın（黄黄的）

tʃub tʃub ʧuturin（绿绿的）

kım kım bagdarın（白白的）

kab kara kɔŋɔnın（黑黑的）

（胡增益，1986：89-90）

形容词可以接数、格、领属附加成分。例如：

ŋɔɔpti　ʃagdı-ʃal-ŋı　ulgurwən　ajaʤı　dɔɔldıran.

以前　　老　　话　　好　　听

（以前老人讲过的话要好好地听。）[①]

（胡增益，1986：78-82，89-90）

（三）朝鲜语与通古斯语形容词比较

朝鲜语与通古斯语在形容词使用方面有着很大差异。

朝鲜语动词总是与形容词在充当谓语时相互混杂。通古斯语则在形容词使用方面有着比较清晰的概念，但个别时候也可以充当谓语。

朝鲜语在形容某个事物与另个事物相互间的高矮时使用词尾 -poda（比）表达，例如：[②]

i　pɛkyaŋ　nam-neun　pəteu　namu-pota　k'ika

这　杨树　　树－辅助词　柳树　　树　比　个子－方位助词

tə　k'euta.

更　高（大）

（这棵杨树比柳树高。）

---

① 胡增益翻译为："以前老人讲过的话他好好地听着。"

② 这部分的例子由方香玉博士提供。

sonamu-ui　　　　　k'i-ka　　　　kajaŋ　　　　k'euta.

松树　的（属格助词）　个子 – 格助词　最（程度副词）　　高

（松树最高。）

通古斯语形容词后缀繁多，更加显示出粘着语特征。

排除具体修饰方式的差异，两者之间具有突出的同源特征，即：

底层→[+ 修饰方式 + 谓语]

七　冠形词[①]

朝鲜语有冠形词的分类，通古斯语中则没有。然而，根据朝鲜语冠形词的描述和具体例子，可以看出通古斯语中也有类似的表达方式。

（一）朝鲜语冠形词

朝鲜语冠形词是"在体词前修饰体词内容的词"（李德春，2002：157）。"冠形词不能接缀任何粘附成分，在句子中只能居于名词的前面（个别也有居于数词前面的），充当定语。"[②]（宣德五、金祥元、赵习，1985：32）例如：

sɛ　　　kjokwasə-rɯr　　　pat-ass-ta.

新　　　教科书　　　　　得到

（拿到了新教科书。）

on　　　maɣɯr saram-tɯr-i　　　ta irttəsəss-ta.

整个　　村子　　人　　　　都　　奋起

（整个村子的人都动员起来了。）

tan　　hana　　pakk-e　əps-ta.

仅　　一个　　外　　　没有

（只有一个。）

---

① 李翊燮等将这类词称为"冠词"。（李翊燮、李相亿、蔡琬，2008：96）

② 朝鲜语冠形词的用法限制很多，如李德春列举了8种冠形词使用的规则：用在体词前，很难与固有名词和状态性名词结合，只能做定语等。具体参见李德春（2002：157-159）。本书仅仅采用宣德五等人的简略叙述。

上面例子中，"新""整个""仅"均为冠形词，它们均具起定语作用。

（二）通古斯语定语

朝鲜语冠形词可以做定语，通古斯语也有表示相同语法概念的形态，例如，鄂伦春语、满语、赫哲语等研究者[①]将其划归为补语系列。通古斯语的补语可以由形容词、代词、指示代词、名词等来承担，并根据语法环境来适当添加词缀。补语的语法功能实际上也是定语。如鄂伦春语中的例子：

noganŋın   kakara   gujkə-du   dʒawawtʃa.
他   鸡   狼   抓
（他的鸡被狼抓了。）

dʒuuki   akının   ədʒugu   ɔktɔlıın   ŋənərən.
二   哥   下游的   路   去
（二哥去南面的路。）

ʃii   mʊrindʊwi   ɔɔki   dʒıgaja   gaddanı?
你   马   多少   钱   要
（你这匹马要卖多少钱？）

tarı   bəjə   ʃarba   tiktʃəə.
那   人   仰面朝天 倒
（那人仰面朝天地跌倒了。）

（胡增益；1986：175-177）

其中，"他""二""你""那"虽然分属人称代词、数词、指示代词，但在句子中均可以用来做定语，因此可以将它们判定为定语。

[①] 具体参见胡增益（1986）、刘景宪等人（1997）、尤志贤等人（1987）、李树兰和仲谦（1986）、胡增益和朝克（1986）。

（三）朝鲜语冠形词与通古斯语定语修饰方式比较

从冠形词的定义、语义和句法形态看，朝鲜语冠形词实际上也有形容词、名词等词类的特征。因此，它们的语法功能只能是定语。但朝鲜语冠形词却失去了粘着语特征，[①] 相比之下，通古斯语中的定语则部分具有粘着特征。这说明：

（1）两者都有不改变形态的定语表达特点。

（2）从本质上看，朝鲜语与通古斯语的定语都放在被修饰成分之前。

（3）虽然描述的术语不同，但两者之间没有本质性差异。修饰成分的表层有差异，但在修饰方式本质方面相同。即：

底层→[+ 冠词]

第三节　朝鲜语与通古斯语粘着形态比较

粘着形态是朝鲜语与通古斯语中突出的句法形态，两者的粘着特点既有差异又有共性。

一　朝鲜语与通古斯语粘着形态

（一）朝鲜语粘着形态

"朝鲜语是粘着语，各种语法意义主要通过接缀在词干后面的粘着成分标示的。"朝鲜语粘着形态可以跟随在开音节、闭音节词干后，有些粘着成分则根据词干的元音和谐情况而产生变体。

粘着成分分为两类，分别可以加在体词、谓词后面。其中还有转类和非转类两种。以下是朝鲜语粘着成分情况。

---

① 这是一个粘着语表现出的非粘着现象。在非粘着语言如印欧语系诸语中，却有着粘着性冠词特征，如做定语用的冠词往往需要与其修饰的成分在形态上保持一致，例如 a man、an uncle。

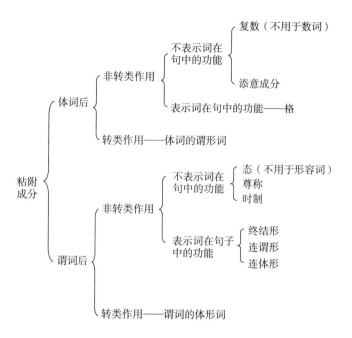

朝鲜语中的很多词只有经过添加粘着成分后才能在句子中表达适当的意义。粘着附加成分用来表达语法意义，多重语法意义也需要附加粘着成分来完成。例如：[①]

saram   -tɯr-i
人   （复数）（格）

saram   -tɯr-ɯ
人   （复数）（添意）

sənsɛŋnim   -tɯr   -i   -si   -kess   -ta.
老师   （复数）（谓词形）（尊称）   （时制）   （终结形）
（可能是老师们。）

（宣德五、金祥元、赵习，1985：35-37）

（二）通古斯语粘着形态

通古斯语为粘着形态语言，其语法意义主要表现方式是："在词干

---

① 朝鲜语添加粘着成分时有一定顺序，具体参见宣德五等人（1985：36-37）。

后粘着表示各种语法意义的附加成分。如果要表示一个复杂的意义，就要在词干后一次粘着几种附加成分。”（胡增益，1986：51）例如，部分名词、形容词、数词、代词都可以通过这种方式来体现语法意义。通古斯语在添加粘着成分时，要遵循以下几个原则。

（1）元音和谐原则：即附加成分要根据词干的元音情况而选择其元音变体。如鄂伦春语表示“小”的意义的附加成分为 -kXn，其中 X 为元音，其变体为 -kaan、-kəən、-kɔɔn、-koon。

（2）辅音同一原则：即附加成分开头辅音要与词干尾辅音保持相对一致。如鄂伦春语中陈述式现在－将来时附加成分为 -YXn，有 -rXn/-nXn/-lXn/-tXn/-dXn 等，其中 Y 表示与词干辅音一致的辅音变体，X 为元音，n 为常项。该底层描述也可以形式化为：当词干尾为 -Y，则 -YXn 或 -YYX。具体例子为：[①]

①以元音词或 -r 结尾的词干的附加成分（后缀）为 -rXn，如 ir-rən（熟）；

②以 -l 音结尾的词干的附加成分（后缀）为 -lXn，如 ədəl-lən（渡）；

③以 -m 音结尾的词干的附加成分（后缀）为 -nXn，如 ɪm-nan（吸）；

④以 -t、-g、-b 结尾的词干的附加成分（后缀）为 -tan、-tən，如 ʊt-tan（停止）、ʊg-tan（骑）、əəb-tən（消肿）。

（3）音节组合原则：即词干后附加成分要根据词干结尾的元音或辅音特征选择其音节组合形态 -ktX，如 ʤawa-（抓）→ ʤawa-kta、buu-（给）→ buu-ktə、ɔlɔɔ（蹚）→ ɔlɔɔ-ktɔ。

（4）语言习用原则：即根据语言习惯而添加附加成分 -lX、-dXlX 等，如 bəjə（人）→ bəjə-ləə。

二　复数

（一）朝鲜语复数

朝鲜语名词本身没有单复数形态，名词的数由语境决定（Kim

① 下述例子来自于胡增益（1986：53-54）。

Jung-sup，Cho Hyun-yong & Lee Jung-hee，2013：23）。所以，除了数词和量词修饰的名词不变形态外，名词复数一般需要通过粘着词缀（品词）-tɯr 来表现，例如：

saram（人，单数）→ saram-tɯr（人们）

so（牛，单数）→ so-tɯr（两头以上的）（牛）

由数词修饰的名词不附加词缀。但如果有量词修饰名词，则被修饰的名词可以带有复数词缀。例如：

tu   mjəŋ-ɯi   haksɛŋ-tɯr.（两名学生）

两   名   学生（复数）

（宣德五、金祥元、赵习，1985：38）

（二）通古斯语复数

通古斯语单数意义由词干本身表示，但复数需要通过后缀表示。复数后缀可以附加在名词、代词、形容词等后面，有时会改变词性。个别情况下，通古斯语也可以采用数词置于被修饰词之前的方式。

通古斯语复数后缀用 -sXl/-sXŋ/-tX/-sX/-ʧX/-xXlX/-xXl/-rX/-nXr/-nXkX 等。例如：

鄂温克语：axiŋ（哥哥）+sal → axiŋsal（哥哥们）

           əχiŋ（姐姐）+səl → əχiŋsəl（姐姐们）

           nonom（长的）+sol → nonomsol（许多长的）

           tuur（小乌鸦）+sul → tuursul（好多小乌鸦）

           əmmə（母亲）+ʃeŋ → əmməʃeŋ（母亲她们、母亲们）

满语：   nijalma（人）+sa → nijalmasa（人们）

           xaxa（男人）+si → xaxasi（男人们）

           nadan（七个）+xərgən（字）→ nadan xərgən（七个字）

           ʤakun（八）+dərə（桌）→ ʤakun dərə（八张桌子）

（朝克，1999：206–211）

（三）朝鲜语与通古斯语复数形态比较

从朝鲜语和通古斯语单复数表现形式看，除了具体的粘着形态有差异外，两者几乎没有区别，即：

（1）单数情况由不带附加成分的词汇原型表达；

（2）复数均依靠词缀表达；

（3）词缀形态要与词干内部的元音和辅音在可能的情况下构成元音或辅音和谐；

（4）数词修饰的词干后面不添加词缀。

以上或许能够说明两者在表达概念和形态方面具有共同的底层结构，后来由于语言的各自演进而产生了形态上的差异，即：

底层结构→ [+ 词干单数零形态 + 复数概念 + 复数粘着形态]

三　添意

（一）朝鲜语添意形式

添意添加被修饰词的额外意义，例如：

（1）-to：

　　na-to　　　　　ka-nta.（我也去。）

　　我（也）　　　　去

（2）-(n)Xn：

　　na-nɯn　　an　　ka-nta.（ [别人去，] 我也不去。）

　　我　不　　　　去

　　pap-ɯn　ani　mək-ko　sur-man　masi-nta.（不吃饭，只喝酒。）

　　饭　　不　吃　酒（只）　　喝

添意成分 -pota 还可以添加在谓词后面，如：

ne-ka　　ka-nɯn kəs-i　nɛ-ka　ka-ka-pota　　nas-ta.（你去比我去好。）

你　　　去　　我　　去（比）　　好

添意成分 -nXn/-Xn 可以加在副词后面，如：

tasi-nɯn　haʧi　anh-kess-ta.（再也不干了。）

再　　　　干　　不

（宣德五、金祥元、赵习，1985：38）

（二）通古斯语添意形式

通古斯语中也有与"添意"相似的概念，但主要是通过副词、语体来表示。以鄂伦春语为例：

mʊrɪn ɪʃaa, ʤulləkkəəki bajla əʃin jabʊra.

马　　停　　　前　　一点儿　　　　走（bajla：副词表示程度）

（马停下来了，一点儿也不往前走了。）

ʃii　minəwə　əʤi　alʤa-wkaan-al.（你不要让我难为情。）

你　　我　　　　不　难为情（əʤi：副词进行否定）

bii arakɪja　ɪmmɪ　əʃim ətərə bajla bajla ɪmɪ-t-tam.

我　酒　　　喝　　不　　能　一点儿　一点儿　喝（-t-：勉强体+副词）

（我不会喝酒，一点一点儿喝。）

bii　ʃɔɔdar　ɔlɔjɔ uməkən-nə-m.（我总去钓鱼。）

我　　总是　　鱼　　钓（ʃɔɔdar：副词；-nə-：趋向体）

（胡增益，1986：96，101）

（三）朝鲜语与通古斯语添意形态比较

朝鲜语与通古斯语均具有添加情感意义的表达方式，区别在于：

（1）朝鲜语仅仅通过副词方式表达；

（2）通古斯语主要通过副词与语体联合进行表达；

（3）两者副词位置不尽相同。

这些特征或许能够表明两者有着共同的底层，后来演变成表层的差异，即：

底层结构→[+ 添意 + 副词 ± 语体]

四　格

（一）朝鲜语格的形态

朝鲜语格一般都用粘着成分表示，例如：①

（1）主格：-ka/-i

so-ka　　o-nta.（牛来了。）

牛　　　　来

领属格：-ɯi

rui-ɯi　ʧokuk-ɯn　ytɛha-ta.（我们的祖国伟大。）

我们　　　祖国　　　伟大

（2）对格：-rɯr/-ɯr

jəŋhwa-rɯr　　po-nta（看电影）

电影　　　　　　看

（3）与格：–（Xk）X

namu-e　mur-ɯr　　ʧu-nta（给树浇水）

树　　　水　　　　给

aji-eke　jak-ɯr　　mək-i-nta（给孩子喂药）

孩子　　药　　　喂

（4）位格：–（ek）esə

ənəni-nɯn　paŋʧikkoŋʧ-esə　irha-nta.（妈妈在纺织厂工作。）

妈妈　　　　纺织厂　　　　工作

jakʧesa-ekesə　　jaknɛ-ka　　na-nta.（药剂师身上散发出药味。）

药剂师　　　　　药味　　　出

（5）造格：-ro/-ɯro

ttɯrakttorɯ-rossə　　pat'-ɯr　　ka-nta（用拖拉机耕地）

拖拉机　　　　　　　旱田　　　耕

---

① 此部分朝鲜语格有省略。

jətərp-ɯr　nes-ɯro　ʧeha-mjən　tur-i-ta.（八用四除等于二。）

八　　　四　　　除　　　二

（6）共同格：-wa/-kwa、hako

iikəs-ɯn　apəʧ-hako　əməni-ɯi　　saʧin-i-ta.

这　　　　爸爸　　　妈妈　　　　照片

（这是爸爸妈妈的照片。）

na-ɯi him-kwa　ʧihje-rɯr taŋ-kwa　ʧokuk-e paʧʻi-kess-ta.

我　力量　　　智慧　　　党　　祖国　　　献

（要把我的力量和智慧贡献给党和祖国。）

（7）呼格：–（j）a

sunʧa-ja,　pparri　ka-ʧa.（顺子，快走啊。）

顺子　　　快　　走

（宣德五、金祥元、赵习，1985：41–46）

（二）通古斯语格的形态

通古斯语格的形态均以粘着形式附加在名词、代词、形容词词干后面，表示语法关系，其中鄂伦春语、鄂温克语格的特征最为明显。通古斯语格的形态有17种左右，分别表示词干在句子中的位置及语法特征，如主格、领属格、宾格、与格、造格、从比格、方向格、方面格等。

（1）主格：没有特定的后缀，所以以名词、形容词、代词等词根形态出现。例如：

满语：bi morinbə boodə gamafi.（我把马牵回家。）

·　我　马　　　家　　牵回

鄂伦春语：kookan　murinduki　　əwəʧə.（孩子从马背上下来。）

孩子　　　马　　　　下

鄂温克语：χoniŋso sɯt χurigaŋdiχi jɯɯsə.

羊　都　圈　　出

（许多羊都从羊圈里跑了出去。）

（2）领属格：采用表达领属语法特征的后缀 -ni / -i（满语）、-ni

（鄂伦春、鄂温克语）、-Yi/Yi（赫哲语）等表达。例如：

錫伯语：mini　bo Gasən-i　dirxid　bi.（我家在村西头。）
　　　　我　　家　村的　　西　　有

鄂伦春语：nəkʉn-ni　murin　ədʉ　bifin.（弟弟的马在这里。）
　　　　　弟弟的　　马　　这　　在

鄂温克语：ʉr-ni doolo baraaŋ orooŋ bifiŋ.（山里有许多驯鹿。）
　　　　　山的　里面　多　　驯鹿　有

（3）宾格：鄂伦春语和鄂温克语的宾格分为确定宾格和不确定宾格两种，而满语、锡伯语、赫哲语则无此区分。确定宾格的后缀为 -bX/-wX 等，不确定宾格的后缀为 -jX/X 等。例如：

满语：bi manudʒu xərgə bə aramə bi.（我正在写满文。）
　　　我　满　　字　把　写　　在

赫哲语：ʃi　ti　dʒaxən-mə gadʒim buru.（请把那封信拿给我。）
　　　　你　那　信　　把　拿　给

鄂伦春语：bi ŋanakin-ba aaŋikaŋfi ʉrədu jʉʉfʉ.（我领着狗上了山。）
　　　　　我　狗把　　领　　　山　上

（4）与格：满语与格后缀形态为 -də，锡伯语为 -d，其他语言为 -dX。例如：

满语：tərə bitxəbə min-də bukini.（把那本书给我。）
　　　那　书　　我与　给

锡伯语：bi du-d　tər　mœrinb bum.（我给弟弟那匹马。）
　　　　我 弟与　那　马　　给

赫哲语：ɕi min-du malxun damxi gadʒi.（你给我多拿些烟来。）
　　　　你 我与　多　烟　　拿来

鄂伦春语：tari min-dʉ ʉmʉn murin bʉʉfə.（他给了我一匹马。）
　　　　　他　我与　一　马　　给

（5）造格：满语造格采用独立形态 ni、i，锡伯语造格后缀为 -jə 和 -maq 等，其他语言后缀基本为 -dʒi。例如：

满语：sain　　gisun　　　i　　gisurəmbi（用好言相劝）

　　　好　　　话　　　用　　说

锡伯语：baŋbal　mojə　　jonχunb　　tandam（用木棒打狗）

　　　　棒　　木用　　狗　　　　打

赫哲语：ʃi imaxawə　　ja-dʒi　　waxʃiʃi？（你用什么捕鱼？）

　　　　你　鱼　　　什么用　　捕

（6）从比格：满语采用 tʂi 和 dəri，锡伯语采用词缀 -dXrX，赫哲语采用词缀 -tiki，鄂伦春语采用词缀 -d（X）kX，鄂温克语采用词缀 -dXχX 表示从比格。例如：

满语：burijat　　i gisun muru　　oros　tʂi tʂiŋkai atʂiu.

　　　布里亚特　　语言 相貌　俄罗斯　比 迥然　不同

　　　（布里亚特语结构跟俄罗斯语迥然不同。）

锡伯语：ambamə　dʐulxi-dəri　　dʐixəi.

　　　　伯父　　南面　从　　　来

　　　（伯父是从南面过来的。）

赫哲语：bi　　laxso-tiki　əməxəji.

　　　　我　　同江从　　　来

　　　（我是从同江来的。）

鄂伦春语：gujkə　ŋanakin-dki　　laatu.

　　　　　狼　　狗　比　　　麻利

　　　（狼比狗麻利。）

（7）方向格：满语的表达为 də 和 tʂi，锡伯语的后缀为 -tɕi，赫哲语后缀为 -tki 和 -dulə，鄂伦春语后缀为 -ki/tkXki，鄂温克语后缀为 -χi/-tχXχX 等。例如：

满语：amab　　bi kurən　　də isnaxa.

　　　臣　　我 库伦　　向 到

　　　（臣已到库伦。）

锡伯语：minj　aga　bira-tɕi　gənəxəi.
　　　　我　　哥　河向　　去
　　　（我哥向河边走去了。）

赫哲语：niani　manəŋ　dʑabkərə-tki　nənərən.
　　　　他　　江　　岸　向　　　　去
　　　（他向江岸走去。）

鄂伦春语：gʉjkə　ʉkʉr-ki　tuksanam　ŋənərən.
　　　　　狼　　牛向　　跑　　　　去
　　　（狼向牛群跑去。）

（8）方面格："满语、锡伯语、赫哲语没有方面格形式……鄂温克语用 -giidʑi，鄂伦春语用 -Yiidʑi 等后缀表示方面格。"（朝克，1999：229–232）

鄂温克语：bi　bəədʑiŋ-giidʑi　əməsə　bəj　siŋdʑə.
　　　　　我　北京方面　　　来　　人　　是
　　　（我是从北京方面来的人。）

鄂伦春语：mun-ŋiidʑi tuŋŋa bəjə sʉn-ŋiidʑi tuŋŋa bəjə ŋənərən.
　　　　　我们方面　五　人　你们方面　五　人　　去
　　　（我们这面去五人，你们那面也去五人。）

（朝克，1999：212–232）

（三）朝鲜语与通古斯语格比较

（1）两者之间格的数量丰富且相仿，如主格、领属格、对格、造格、共同格等。

（2）朝鲜语所有格的形态都用粘着词缀表示，而通古斯语各语言（如满语、锡伯语）有时采用零形态。

因此，从格的语法形态和语法意义角度看，两种语言间的同源特征十分明显。

其底层结构→[+ 格 + 粘着词缀 ± 零形态]

五　语态

（一）朝鲜语语态

朝鲜语的语态体现在动词的后缀，分三种：主动、被动、使动。

（1）主动态：宣德五等人称"主动态没有特殊的形式标志……"例如：

kɯ-ka　　　us-nɯnta.（他在笑。）

他　　　　　笑

mari-i　　p'ur-ɯr　　　mək-nɯnta.（马吃草。）

马　　　　草　　　　　吃

（2）被动态：朝鲜语被动态分三种情况。

①"在部分固有词的动词词干后面接缀粘着成分 -i、-hi、-ri、-ki 等。"例如：

sɛ-ka　　　po-nta.（鸟在看。）

鸟　　　　　看（主动态）

sɛ-ka　　　po-i-nta.（鸟被看见了。）

鸟　　　　　看（被动态）

②"动词的连谓形粘附成分 -ke、torok 后面接辅助动词 tø-nta，或连谓形粘附成分 -a（-ə、-jə）后面接辅助动词 ʧi-ta。"

kɯ-ka　　pukkjəŋ-ɯro　ka-nta.（他去北京。）

他　　　　北京　　　　去（主动态）

kɯ-ka　　pukkjəŋ-ɯro　ka-ke tø-nta.（他被派去北京。）

他　　　　北京　　　　去（被动态）

③"汉字词加 ha-ta 构成的动词，将其中的 ha-ta 变为 tø-ta、pa-t（a）、taŋha-ta。"

na-nɯn　　kɯ-rɯr　　pip'jəŋha-jəss-ta.（我批评他了。）

我　　　　他　　　　批评（主动态）

na-nɯn　　kɯ　　eke　pip'jəŋpat-ass-ta.（我被他批评了。）

我　　　　他　　　　批评（被动态）

（3）使动态：朝鲜语使动态分三种情况。

①部分固有词词干附加 -i、-ri、-hi、-ki、-u、-ku、-ʧu、-iwu 等。

mari-pʻur-ɯr   mək-nɯnta.（马吃草。）

马   草   吃（主动态）

marmorikun-i mar-eke pʻur-ɯr mək-i-nta.（牧马人让马吃草。）

牧马人   马   草   吃（使动态）

②动词的连谓形态 -ke、-torok 后面附加辅助动词 ha-ta。

kɯ-nɯn   pukkjəŋ-ɯro   ka-nta.（他去北京。）

他   北京   去（主动态）

kɯ-nɯn   pukkjəŋ-ɯro   ka-ke ha-nta.（叫他去北京。）

他   北京   去（使动态）

③汉字词 ha-ta 构成的动词，将 ha-ta 变为 sikʻi-ta。

kim-toŋmu-ka   kaksəŋ ha-jəss-ta.（金同志觉醒了。）

金 同志   觉醒（主动态）

kim-toŋmu-rɯr   kaksəŋ-sikʻi-jəss-ta.（使金同志觉醒了。）

金 同志   觉醒（使动态）

（宣德五、金祥元、赵习，1985：50–53）

（二）通古斯语语态

通古斯语语态分主动态、被动态、使动态、互动态等。通古斯语在表达语态时采取两种主要形式：零后缀和后缀。一般在表示主动语态时为零后缀，表示被动态、使动态、互动态、共动态时则添加后缀。鄂温克语、鄂伦春语、赫哲语被动态后缀为 -wu，满语、锡伯语为 -vX。

（1）主动态：零后缀。

鄂伦春语[①]：bi   arakija   umu-m.（我喝酒。）

我   酒   喝

---

① 这里所举鄂伦春语例句均来自于张彦昌、李兵、张晰（1989：90，92）。

鄂温克语①: bii　　　　ulimi.（我走。）
　　　　　　我　　　　走

锡伯语②: bi tərəv dusxumaq tuxuvxuŋ.（我把他拽倒了。）
　　　　　我　他　　拽　　　倒

（2）被动态：用后缀表示。

鄂伦春语: araki ni:du um-wu-tɕa？（谁把他给喝多了？）
　　　　　酒　　谁　喝（-wu 表示被动）

鄂温克语: bii　ədu mʊda-wʊ-ʃʊʊ.（我被他打了。）
　　　　　我　他　打（-wʊ 表示被动）

赫哲语③: əi　　ixan　mindu wa-wu-xəni.（这头牛被我杀了。）
　　　　　这　　牛　　我　　杀（-wu 表示被动）

（3）使动态：用后缀表示。

鄂伦春语: nɔ:nin mindu araki um-wuka:n-na.（他让我喝酒。）
　　　　　他　　我　酒　　喝（-wuka:n 表示使动）

锡伯语: tiədʒaŋ　səlvə　vənəvxəi.（铁匠熔铁。）
　　　　铁匠　　铁　　熔化（-və 表示使动）

鄂温克语: aba minəwə təggənə xool-xəən-ʃəə.（爸爸让我套车。）
　　　　　爸爸 我　　车　　套（-xəən 表示使动）

赫哲语: ɕit'ə　uə bit'əxə xula-k'unə.（让孩子念书。）
　　　　孩子　把 书　　念（-k'unə 表示使动）

（4）互动态：用后缀表示。

鄂伦春语: taril aɕikakin ulgu tɕə:n-mə:t-rə.（他们现在开始谈话。）
　　　　　他们　现在　　谈话（-mə:t 表示互相）

---

① 这里所举鄂温克语例句均来自于胡增益、朝克（1986：60-62）。
② 这里所举锡伯语例句均来自于李树兰、仲谦（1986：73-75）。
③ 该鄂伦春语例句来自于张彦昌、张晰、戴淑艳（1989：66）。其余两个例子均来自于尤志贤、傅万金（1987：26）。

鄂温克语：aba　　ənee　　dʒuuri　dʒaandʒɪ-maaʃɪ-dʒɪran.

　　　　　爸爸　　妈妈　　二　　　　说（-maaʃɪ 表示互相）

　　　　（爸爸妈妈两人正说话。）

锡伯语：ixin xəx dʒu nan ənənŋ ta-ndu-ldʒum εtɕχəi.

　　　　夫　妻　二　人　今天　　打架（-ndu 表示互相）

　　　　（夫妻二人今天开始打起来了。）

（5）共同态：用后缀表示。

鄂伦春语：bi:　　ɕindʑi　　ŋənə-ldi-m.（咱俩一起走。）

　　　　　我　　你　　　走（-ldi 表示共同）

鄂温克语：tari dʒaandʒɪ-ldɪ-mɪ ətəʃʃi məəldʒəə-ldi-ʃəə.

　　　　　他们　　说　　　完　　比赛（-ldi 表示共同）

　　　　（他们说完了就比赛了。）

赫哲语：pət'i　　kəsə　　ark'i-maʃ'i-mai.（咱们一起喝酒吧。）

　　　　咱们　　一起　　酒（-maʃ'i 表示共同[①]）

（三）朝鲜语与通古斯语语态比较

从朝鲜语与通古斯语语态的表层可以发现两者之间语态底层的一致性，即：

底层 → [+ 语态 + 主动语态词干零形态 + 其他语态后置粘着形态（不规则或例外形态）]

（1）主动态均为零后缀。

（2）其他语态均采用后缀形式。

（3）表达概念大致相当。

六　时态[②]

（一）朝鲜语时态

朝鲜语时态分为现在时、过去时、将来时三种。

---

① 尤志贤等使用"众动"表示共同态概念。

② 宣德五等人将其称为"时制"（宣德五、金祥元、赵习，1985：36）。

（1）现在时：宣德五等人界定为："表示说话的内容是在说话的那个瞬间正在发生或形成的，""表示习惯性、规律性的动作、状态"，"表示必将出现的事实。"现在时不用粘附成分表示。例如：

haksɛŋ-tɯr-i   kkoʧʻɯr   sim-nɯnta.（学生们在种花。）

学生   花   种

i kir-n   pi-ka   o-mjən   ʧir-ta.（这条路一下雨就泥泞。）

这 路   雨   来   泥泞

more-nɯn   mutəp-ta.（后天肯定闷热。）

后天   闷热

（2）过去时：分四种情况。

①"表示说话的内容是在说话的瞬间以前发生或形成的。谓词词干后面接缀粘附成分 -ass（-əss、-jəss）。"例如：

əʧe   narssi-ka   ʧoh-ass-ta.（昨天天气好。）

昨天   天气   好

②"表示状态（包括一个完了的动作所产生的状态）依然保持着。"例如：

apəʧi-nɯn   məri-ka   hɯi-jəss-ta.（爸爸头发白了。）

爸爸   头发   白

③朝鲜语"过去时粘附成分后面再加 -əss，表示'过去完成'……"例如：

pjək-e   os-ɯr   -kər-əssəə-ta.（曾经在墙上挂过衣服。）

墙壁   衣服   挂

④"将来时粘附成分连用于过去时粘附成分的后面，表示对过去的事情进行推测。"例如：

iʧən-e i san-e   namu-ka   manh-asskess-ta.

以前 这 山   树   多

（这座山以前可能有过很多树。）

（3）将来时："表示说话的内容是在说话的瞬间以后发生或形成的。在谓词词干后面接缀粘附成分 -kess。"例如：

taɣɯm-ɯn toktʃʼaŋ-ɯr tɯr-ɯsi-kess-sɯpnita.（下一个节目是独唱。）
其次　　　　独唱　　　　听

① "将来时在第一人称的陈述句里和第二人称的疑问句里，表示意愿、打算。"例如：

na-nɯn jəŋhuwa-rɯr po-kess-sɯpnita.（我要看电影。）
我　　　　电影　　　　看

② "将来时在第三人称（或某种事物作主语）的陈述句、疑问句中，表示推测。"例如：

atʃiuməni-ka atʃʼimtʃʼa-e o-si-kess-ta.（嫂子可能坐早车来。）
嫂子　　　　早车　　　　来

（宣德五、金祥元、赵习，1985：3–56）

（二）通古斯语时态[①]

1. 通古斯语体的形态

"体作为一个十分重要的内容，在（满 – 通古斯语诸语）每个语言里不同程度地存在，而且每个体都有特定后缀及表现形式。其中，有的由单纯后缀表示，有的则由副动词和助词的联合形式表示。体所体现的是某一动作行为的性能或情况。满 – 通古斯诸语内常见的体有开始体、进行体、未进行体、中断体、一次体、多次体、反复体、执行体、延续体、持续体、假充体、愿望体、完成体、未完成体14种。"但并非所有语言都含有上述14种体，且"在体后缀以及表现形式上也有着较大差异"（朝克，1999：270）。兹列举几种体的形态。[②]

（1）进行体：通古斯语进行时态基本由副动词 -mə 或 -m 与助动词 -bi（Y[③]iXn）联合构成。满语为 -mə+bi，锡伯语为 -m+bi，赫哲语

---

① 我国研究者一般将通古斯语时态划到动词、助动词等部分进行讨论，并将"体"作为表达时态的概念。
② 此处仅仅列出通古斯语部分体的形态，其他体形态情况参见朝克（1999：270–286）。
③ Y 代表辅音。

为 -m+birən，鄂伦春为 -m+biʃin，鄂温克语为 -m+biʃin 等。例如：

满语：iŋgəl wagsan   bə umai xərsərakʋ abka bə towa-mə bimbi.

　　　鹦哥 青蛙   并 理 不   天   看

　　　（鹦哥并不理会青蛙，仍然看天。）

锡伯语：tər   χaχədʑi   fəxɕi-m bi.（那孩子正在跑。）

　　　那   孩子   跑

赫哲语：mini ənəxərmdə   ti gurun adiliwi kinda-m birəni.

　　　我   去   那   人   网   下

　　　（我去时那人正在下渔网。）

鄂伦春语：nuganni əninjin   ʉlə ɵlɵɵ-m biʃin.

　　　　他   妈 肉   煮

　　　　（他妈妈正在煮肉。）

鄂温克语：adawi   əmuχəχəŋ doodu   nini-biʃiŋ.[①]

　　　　姐姐   一个人   河   去

　　　　（我姐姐一个人正在去河边。）

（2）完成体：通古斯语各语言后缀有所不同。满语为动词词干后接缀过去时后缀 -xX 后再与助动词 bixə 联合构成，锡伯语为动词词干后接缀 -x 后与助动词 bixəi 联合构成。赫哲语用过去时后缀 -xX 跟助动词 bixəi 联合构成，鄂伦春语和鄂温克语一般由后缀 -ʧʧi 表示完成。例如：

满语：xoton də təxə bəisə ogdomə takur-xa bixə.

　　　城   居 诸王   迎   使

　　　（居城留守的诸王遣使迎之。）

锡伯语：tər əm arχ   bodum baχə-x bixəi.（他想到一个办法。）

　　　他 一 办法   想   得

赫哲语：bi   imaxa waxʧim   ənə-xəi bixəi.（我去打鱼了。）

　　　我   鱼   打   去

---

① 朝克指出，鄂温克语里也用 -dʑisa/-dʑisə/-dʑiʧa/-dʑiʧə 表示动词进行体。

鄂伦春语：taril　kakarani　ʉlə　ɵlɵɵ-ʃʃi　dʒiʃʃiə.
　　　　　他们　　鸡　　肉　　煮　　　吃
（他们是煮了鸡肉吃的。）

鄂温克语：goddo　　ʉrdʉ　　tʉttʉg-ʃʃi　iʃim　baχamuni.
　　　　　高　　　山　　登　　　看　　得等
（我们登上了高山才能看得见。）

（3）执行体：通古斯各语言均用 -nX 后缀表示。例如：

满语：jamuni nijalma takʊrafi fung ʂəŋ　bə dʐafa-na-bumbi.
　　　衙役　人　派遣　冯生　　抓　去
（派衙役去抓冯生。）

锡伯语：bi　bitxə　tatɕi-nə-mi　javχəi.（我去读书。）
　　　我　书　　学　去　　走

赫哲语：ti　gurun　ti　badu　morinmi　gəltə-nə-rən.
　　　那　人　　那　地　马　　　找　去
（那人到那里去找马。）

鄂伦春语：giwtʃən　biradu　mʉʉjə　imu-na-dʒiran　kə.
　　　　　狍子　　河　水　　　喝去　　　　呢
（狍子正到河里喝水去呢。）

鄂温克语：əri əddə amiχaŋbi əmʉχəjə geedʉ jəəmələ gadʒu-na-sa.
　　　　　这 天　大爷　一人　城　货　买去
（今天我大爷一个人到城里买货去了。）

（4）多次体：多次体后缀直接附加在动词词干后面。满语后缀为 -t（'）X/-ʂX/-dʐ（'）X，鄂伦春语、鄂温克语、赫哲语多用 -t（X）。例如：

满语：aisila-ta-mbi（多次帮助）、nijətʂə-tə-mbi（多次补缀）、nara-ʂa-mbi（恋恋不舍）、xolto-ʂo-mbi（常常撒谎）、durgə-ʂə-mbi（不断震动）、gʊnin-dʐa-mbi（常常想）、golon-dʐo-mbi（经常骇怕）等。

锡伯语：mini　du　ilid　gənə-t-xəi.（我弟弟多次去过伊犁。）
　　　我　弟弟　伊犁　去

赫哲语：nio nio ʃaxu luku garfu-t-rən.（人人都多次射箭。）
　　　　人　人　都　　　箭　　射

鄂伦春语：nugan　əri murinba ʤaan ərin ʤawa-t-ʧa.
　　　　　他　这　马　　十　次　抓

（他已十次抓了这匹马。）

鄂温克语：baraaŋ bəj mini amigiʤiwi daχiŋ daχiŋ ana-t-raŋ.
　　　　　多的　人　我　　后面　　再　在　推
（很多人从我背后一次又一次不断地推。）

（朝克，1999：270–275）

2. 通古斯语式的形态

通古斯语用另外一些形式表达时态概念。例如，动词中的式结构可以用来表达陈述、祈求、命令①、假定等，但其中也包含了现在时、将来时、过去时等与时间相关联的意义。一般来说，在上述式的不同类型中，通古斯语均采用后缀的粘合方式表达时态意义。兹列举部分情况。

（1）陈述式现在时：满语用后缀 -mbi/-maxabi/-xXbi/-rX 或后缀 -mə 与动词 bi 或副动词联合表达，锡伯语后缀为 -maχX（ŋ）（X），鄂伦春语后缀为 -rX、鄂温克语后缀为 -ʤiXX、赫哲语后缀为 -jiXX。例如：

满语：ursə　i amba duli nikan xərgən bə taka-mbi.
　　　人们　　多　半　汉　文　　认识
（现在人们多半认识汉文。）

锡伯语：bi soni　bod gənəm si-maχə-jə.（我正想去你家呢。）
　　　　我 你的　房　去　想

鄂伦春语：bi ʃini　ʤaalin gərbə-rəw.（我正在为你工作。）
　　　　　我 你　为　　工作

鄂温克语：bi　sujtaŋduwi　nini-ʤime.（我正在去学校。）
　　　　　我　学校　　去

---

① 祈求式表达愿望，具有将来时意味；命令式表达命令，具有现在时意味。由于与严格意义上的时态相关较小，故本书略去不谈。

赫哲语：bi　　əʃixtə　　imaxa　　waxa-jiw.（我正在捕鱼。）
　　　　我　　现在　　　鱼　　　捕

（2）陈述式现在将来时：满语和锡伯语常用现在时后缀 -mbi/-rX/-m 表达，其他语言则用特定后缀表达，但有人称区别，如 -mX/-jX（第一人称单数）、-ni/-dXje/-nde/-ʃi（第二人称单数）、-rX（n）（ŋ）（第三人称单数）。①

满语：amban　bi　ʤoo kiŋ fu　də　gənə-mbi.（臣我去肇庆府。）
　　　臣　　我　肇庆　府　　　去

　　　mini　ərə　ʤərgi gisun bə　umə　oŋgo-ro.
　　　我　　这　　些　　话　　别　　忘

（别忘了我的这些话。）

锡伯语：bi　　soni　　bod　　gənə-m.（我去你们家。）
　　　　我　你们　　家　　去

鄂伦春语：bi　　ʃinʤi　　ŋənə-m.（我和你一同去。）
　　　　　我　　你　　去

鄂温克语：bi　　ʉrdʉ　　jʉʉ-me.（我上山。）
　　　　　我　　山　　上

（3）过去时：满语后缀为 -xX，锡伯语过去时后缀主要有 -xX（ŋ）/-xXi 等，其他语言根据人称不同而有所差异，如鄂伦春语、鄂温克语、赫哲语 -sX/-ʧXw/-xəji（第一人称单数）、-sXʃi/-ʧXje/-xəʃi（第二人称单数）、-sX/-ʧX/-xəni（第三人称单数）。②

满语：tərə　bira　　bə　　doo-xa.（渡过了那条河。）
　　　那　　河　　　渡

锡伯语：tərə　　fəxɕi-xə.（他刚刚跑了。）
　　　　他　　跑

---

① 此处略去第一、第二、第三人称复数将来时后缀形态。

② 此处略去第一、第二、第三人称复数将来时后缀形态。

赫哲语：bi əlu xəŋkə tari-xəji.（我种了葱和黄瓜。）

      我   葱   黄瓜   种

鄂伦春语：bi irkəkin dʒuudu ii-ʃəw.（我住进了新房。）

      我   新   房子   进

鄂温克语：bi dʒaaŋ baaʧʃi oo-su.（我十岁了。）

      我   十   岁   成

（朝克，1999：288-301）

（三）朝鲜语与通古斯语时态比较

尽管通古斯语表达时态的后缀比朝鲜语要多，但从宏观角度看，朝鲜语、通古斯语的时态表达均体现了语言共性特征，如现在时、过去时、将来时。二者在具体时态表达方面也有一些异同。

（1）朝鲜语、通古斯语现在时均以动词的原型进行标示。

（2）朝鲜语和通古斯语的过去时、将来时表达均采用词缀方式。

（3）通古斯语采用两种方式来表达时态概念——体和式，而朝鲜语仅通过表示时态的后缀进行表达。但朝鲜语也具有式的概念，如陈述式、疑问式、命令式、劝诱式。

（4）朝鲜语中充当谓语的形容词也具有动词的某些特征，如在形容词后面添加表示时态概念的后缀。而通古斯语则仅在动词上粘着后缀表示时态特征。

从上述情况看，朝鲜语与通古斯语在时态表达方便差异不大，体现的共性特征十分明显，即：

底层→[+ 时态 + 词干零形态 + 后置粘着形态]

七　终结形

（一）朝鲜语终结形

宣德五等人指出，朝鲜语句子结尾处充当谓语的谓词要用终结形，以表示一个句子终了。终结形粘附成分同时表示式、阶称和法。

（1）式：朝鲜语的式包括陈述式、疑问式、命令式、劝诱式，

用 -nat/-ni/-psta 等后缀表示。例如：

rotoŋʧa-tɯr-i　kikje-rɯr　mantɯ-nat.（工人们制造机器。）

工人　　　　　　　机器　　　　制造（陈述式）

rotoŋʧa-tɯr-i　kikje-rɯr　mantɯ-ni?（工人们制造机器吗？）

工人　　　　　　　机器　　　　制造（疑问式）

mɯr-ɯr　masi-sipsiyo.（请喝水。）

水　　　　　　　喝（命令式）

mɯr-ɯr　masi-psta.（喝水吧。）

水　　　　　　　喝（劝诱式）

（2）阶称：朝鲜语中含有大量表达说话者礼节关系的附加成分。例如：[①]

apəʧi,　sinmun-i　wass-sɯpnita.（爸爸，报纸来了。）

爸爸　　　报纸　　　来（陈述式尊敬阶）

sənsɛŋnim,　əti-ro　ka-si-pnikaa?（老师，您去哪儿？）

老师　　　　哪里　　　去（疑问式尊敬阶）

əməni,　pap-ɯr　ʧu-sipsiyo.（妈妈，给我饭吧。）

妈妈　　　饭　　　　给（命令式尊敬阶）

harpəʧi,　jəŋhwa-rɯr　po-rə　ka-psita.（爷爷，看电影去吧。）

爷爷　　　电影　　　看　　　去（劝诱式尊敬阶）

（3）法："表示说话者以何种态度对待说话内容与现实之间的关系，分为直叙法、推测法、目击法。"其后缀有 -nta/-rkər/-ptita 等。

①直叙法：表示说话内容现实存在。例如：

noŋmin-tɯr-i　mo-rɯr　nɛ-nta.（农民在插秧。）

农民　　　　　秧　　　出（陈述式对下阶直叙法）

②推测法：表示推测内容。例如：

apəʧi-kkesə　onɯrʧʃɯm-ɯn　o-si-rkər.（爸爸可能今天来。）

爸爸　　　　　今天　　　　来（陈述式对下阶推测法）

---

① 此处略去一些阶称。

③目击法：表示耳闻目睹或亲身经历的。例如：

noŋmin-tɯr-i　mo-rɯr　nɛ-ptita.[我见到] 农民在插秧。

农民　　　　　秧　　　　出（陈述式尊敬阶目击法）

（宣德五、金祥元、赵习，1985：57-61）

（二）通古斯语式

通古斯语没有表示终结态的特别后缀，但在表达"式"时也具有同朝鲜语类似的词缀。如根据不同人称采用不同的后缀，在满语中 -ki 或 -ki 与助动词 səmbi 连用表示，锡伯语中在第一、第二人称粘接后缀 -kiə 等，鄂温克语、鄂伦春语和赫哲语要稍微复杂：-ktX（第一人称单数）、-χX/-k/-kiʃX（第二人称单数）、-gXne/-kini（第三人称单数）等。

（1）祈求式：

满语：bi　taka　　təjə-ki.（我希望暂时休息。）

　　　我　暂时　　歇

锡伯语：su　bəda　　ʥi-kiə.（请你们吃饭吧。）

　　　　你们　饭　　吃

鄂温克语：ʃi　tari　　təggəʧʧiw　ga-χa.（请你买那件衣服吧。）

　　　　　你　那　　衣服　　　买

鄂伦春语：akinbi　naan　ɯrədɯ　juu-kini.（也请哥哥上山吧。）

　　　　　哥哥　　也　　山　　　上

赫哲语：ti　imaxa　gaʤim　ənə-kini.（让他买鱼吧。）

　　　　他　鱼　　买　　　去

（2）命令式：通古斯语命令式后缀要根据人称发生变化，如 -gXn/-kini/-kin/-riki（第一人称单数），部分语言用词干表示。例如：

满语：ərə　baita　bə　ərtəkən　gətukələ!（把这件事早点儿弄清楚！）

　　　这　事　　　早点儿　　弄清（词干形式）

锡伯语：əri　viliv　arə-kin!（做这个活吧！）

　　　　这个　活　做

鄂伦春语：nugan　　ulguʧə-gin!（让他说！）
　　　　　　他　　　　说
赫哲语：ti　gurun　əji　iniŋ　əmərgi-riki!（让他今天回来！）
　　　　　那　人　这　天　　　回来

（朝克，1999：304-307，310-313）

（三）朝鲜语终结形与通古斯语式的比较

朝鲜语与通古斯语在该方面可以进行比较，但不同的研究者对两者的语法处理观点有所不同。

（1）朝鲜语终结形态体现在式、阶称、法三个方面，而通古斯语则体现为式。

（2）通古斯语没有终结形的概括，但其命令式、祈求式中可以体现出类似朝鲜语的终结形，即可以通过动词原形或者添加后缀构成。例如，通古斯语命令式后缀就具有终结句子的特征。

因此，两者之间的差异小而共性大，即：

底层（终结形）→ [+ 词干零形态 + 后置粘着形态]

第四节　朝鲜语与通古斯语句子构成比较

一　朝鲜语句子构成

朝鲜语是典型的 SOV（主 - 宾 - 谓）类型语言。[①]朝鲜语可以通过添加后缀的方式使名词短语的位置相对灵活，所以主语与宾语之间可以通过词缀来相互变换位置，但其语言底层并不产生理解上的差异。例如：[②]

Minho ka Swun.i lul salang-hanta.（Minho 爱 Swun。）

Swun.i lul Minho ka salang-hanta.（Minho 爱 Swun。）

[①]　宣德五等人将朝鲜语的宾语列入补语范畴，具体参见《朝鲜语简志》的句法部分（1985：77-94）。

[②]　这部分所举的例子均选自 Iksop Lee & Ramsey（2000），以下不一一注明。

如果后缀（品词）被省略，则词序决定格之间的关系。比如，两个未标记的短语同时出现在动词前，那么句子的结构就可以解释成主 - 宾 - 动词。因此，当朝鲜语被称为 SOV 语言时，就意味着其词序并非没有序列要求，而是具有中性或非标记特征。例如：

Minho   chayk   ilknunta.（Minho 正在读书。）

Minho   正在   读一本书（主 - 宾 - 动词）

但不能是：

Chayk Minho ilknunta.（这本书 Minho 正在读。）（宾 - 主 - 动词）

朝鲜语当然也有一定的句子成分排列顺序，[①] 例如：

Sun.i ka   Minsu wa   mulqkam ulo   pyek ey   kulim ul

Suni（主格）和 Minsu（伴随格）用颜色（工具格）墙上（位格） 涂（受格）

ku.lyess.ta

画（动词）

（Suni 和 Minsu 在墙上用彩色涂料画画。）

1. 简单句 [②]

朝鲜语句子可以仅由一个动词或形容词构成。例如：

---

① Sohn Ho-Min 对朝鲜语语言类型做出大致相同的表述：朝鲜语是一个谓语（无论是动词或形容词）位于句尾的语言，朝鲜语所有非依存成分通常位于它们所修饰的成分之前，即所有修饰语（形容词、副词、数词、关系代词，或补充句、从属句、并列句、限定语等）都位于被修饰成分之前。但 Sohn Ho-Min 没有提及朝鲜语中宾语的位置，他说：朝鲜语的格、连词、限定语品词均位于最后；称谓语位于名词之后；助动词跟在动词之后；时态及情态元素跟在动词词干屈折形态之后。关于表示比较内容的句子成分排列顺序，Sohn Ho-Min 给出的例子如下：标准 + 比较品词 + 程度副词 + 形容词／副词，例如 Mia pota te yeyppunyeppu-ke（比 Mia 漂亮）。宣德五等也没有提及朝鲜语宾语在语言中的位置及标记情况。他们说，朝鲜语句子成分可分为五种：主语、谓语、补语、状语、定语。其排列顺序为：主语在句子首，谓语在句尾，定语位于所限定成分之间，补语、状语位于谓语之前，补语与状语之间的位置不固定。（宣德五、金祥元、赵习，1985：77）

② 此处的分类是根据 Iksop Lee & Ramsey（2000）给出的例子而推断出的。比较明确的分类参见宣德五、金祥元、赵习（1985：77—94）。

Kapnit（我正在去。）

Alumtapta（［某物］美丽。）

Haksayng ita（她是个学生。）

因此，朝鲜语简单句可以根据谓语的情况分为六种基本类型。

（1）非及物动词：Hay ka ttunta.（太阳正在升起。）

（2）形容词：Cangmi-kkochi i alumtapta.（玫瑰美丽。）

（3）及物动词：Minswu ka chyk ul ilk.nun.ta.（Minswu 正在读书。）

（4）动词及名词补语：Minswu ka kwun.in i toy.ess.ta.（Minswu 当兵。）

（5）双及物动词：Emma ka aki eykey inhyeng ul cwuess.ta.（妈妈给那个孩子一个玩具娃娃。）

（6）品词：Swun.i ka haksyng ita.（Swun 是个学生。）

这些类型可以通过对基础成分进行修饰而扩展。例如：

ppalkan cangmi-kkoch i maywu alumtpta.（红花非常漂亮。）

　　　　红（定语）　　　　　　非常（状语）

emeni ka kwiyewun aki eykey yey.ppun inhyeng ul ki.kke.i cwuess.ta.

　　　　聪明（状语）漂亮（状语）　　　　　高兴（副词）

（妈妈高兴地给她聪明的孩子一个漂亮的玩具娃娃。）

2. 并列复合句

朝鲜语复合句由连接词尾进行构造，且连接词尾使依附的动词中性化，动词的时态和语态不再变化。具体时间、语态表达均由句子的动词承担。

连接词尾形态很多，且每个都决定复合句中句子之间的语义关系。例如：

Palam i pulko pi ka onta.（风在刮，［并］雨在下。）（-ko 为连词词尾）

Minsu nun hakkyo ey kase kongpu lul hayss.ta.（Minsu 去了学校，［然后］开始学习。）（-se 为连词词尾）

3. 主从复合句

一个句子可以作为一个名词、定语或状语成分而嵌入另一句子中。

（1）状语性从句：朝鲜语副词中有连接副词，即在逻辑上连接两个相邻的句子。连接副词包括 kuliko（更有）、kulena（然而）、kulentey（无论如何）、kulemyen（因此）、kulemulo（所以）、ttalase（据此）、tto（也如此）、hok.un（否则）、ohilye（而是）、tekwuna（更有甚者）等。连接副词一般位于另一句子的句首。例如：

Innay nun ssuta. Kulena ku yelmay nun talta.（忍耐是艰辛的，然而其果实是甜美的。）

Cikwu nun hana ta. ttalase nwkwuna cikwu lul cal pocon-hayeya hanta.（地球只有一个，所以每个人都应好好保护它。）

（2）定语性从句：尾缀为 -（n）un/-ulq/-ten。例如：

Nayka coh.a nun kkoch un cangmi 'ta.（我喜欢的花是玫瑰。）

Nayka cangmi lul coh.a hanun sasil ul chinkwu-tul un ta anta.

（我的所有朋友都知道我喜欢玫瑰。）

（3）名词性从句：以 -ki 或 -um 作为尾缀，但具有疑问特征的尾缀为 -nu.nya /-（u）nya / -nunka /-（u）nka /-（u）lq.ci /-（u）lkka 等，或在词首放置 nwuka/cwuk 来引导从句。例如：

Nwuka mence kalq.ci lul kyelceng-haca.（让我们决定谁先走。）

Nwuka ceng-mal pem.in inka ka tule nass.ta.（那个真正的罪犯明确了。）

Cwuk.nu.nya sanu.nya ka muncey 'ta.（这是生存还是死亡的问题。）

（4）被动句：表示被动的动词需要在词干后添加尾缀 -Yi-。例如：po-（看）/poi（被看），tu/tul-（听）/tulli（被听）等。将句子从主动转为被动的方法为：原宾语变为主语，主语由处所格（eyk/hanth）ey 标记。例如：

Tayhaksayng-tul i sosel ul manh.i ilknunta.

    主语   宾语   及物动词

（大学生都读这本小说。）

I sosel i tayhaksayng eykey manh.i ilk.hin.ta.

主语　　处所格　　　　　被动 动词

（这本小说被大学生都读。）

当一个及物动词的主语为事物，则 -ey 词尾被用来表示被动。

Tayphung i tosi lul hwip.ssul.ess.ta.（台风扫过城市。）

Tosi ka tayphung-ey hwip.ssullyess.ta.（城市被台风扫过。）

（5）使动句：由后缀 -（Y）i- 和 -（Y）wu- 构成，它们可以添加到动词或形容词后面，如 mek（吃）/mek.i（喂）、nelp-（宽）/nelp.hi（拓宽）、hinta（变窄）、wul-（哭）/wulli（弄哭）、kki-（加入）/kkiwu-（放入）等。在句子中，使动句将主语与宾语位置交换。

①形容词：

Kil i copta.（路窄。）

Inpu-tul i kil ul cop.hinta.（工人把路弄窄。）

②不及物动词：

Aki ka canta.（孩子在睡觉。）

Emeni ka aki lul caywunta.（妈妈正在哄孩子睡觉。）

③及物动词：

Aki ka wuy lul meknunta.（孩子正在用瓶子 [喝奶]。）

Emeni ka aki eykey wuyu lul mek.inta.（妈妈正在用瓶子给孩子喂 [奶]。）

（6）否定句：朝鲜语否定结构有两种：①在谓语后面添加 -an（i）或 mos；②使用否定助词 mal-。这两种否定结构与不同句子类型搭配：①应用于陈述句、疑问句和感叹句，②应用于劝诱句。

朝鲜语否定方式还分为短形态和长形态两种。否定副词（缀）-ani 或动词缀 -anh 和 mos 可在两种形态中使用，但 mal- 仅能用于长形态。短形态否定式中，否定副词放置在动词或形容词之前，ani 可以简化为 an，如 an kata（不去）。长形态否定比短形态复杂，是在构成由谓词词根后添加 -ci，然后与一个否定助词合用。除此之外，朝鲜语还使用另外两个否定词 moluta（不知道）和 eps.ta（不是，不存在，没有）。朝鲜语各种否定形态意义之间有一定不同。朝鲜语还用 mal- 及 -tunci maltunci（是否）表示选择性否定，用升、降调加在 -ni 表示怀疑或否定。否定式的具体例子如下：[①]

Hankwuk-thim un Weltu-khep tayhoy ponsen ey naka.ci anh.ass.ta.

（朝鲜队没有进入世界杯决赛。）

Hankwuk-thim un Weltu-khep tayhoy ponsen ey naka.ci mos hayss.ta.

（朝鲜队不能进入世界杯决赛。）

Nalssi ka chwupci mal.ass.u myen coh.heyss.ta.

（如果天不冷就太好了。）

Ku ka katunci maltunci sangkwan eps.ta.

（他是否去并不重要。）

Yengi ka ku sakwa lul mek.essci anh.ni?

（Yengi 吃了苹果，不是么？）（表示确定，采用降调）

Yengi ka ku sakwa lul mekcci anh.ass.ni?

（Yengi 吃了苹果吗？）（表示疑问，采用升调）

二 通古斯语句子构成

通古斯语是典型的 SOV（主－宾－谓）结构语言，其谓语位于句子末尾。通古斯语通过添加后缀形态来标示不同类的词汇在句子中的位置和语法范畴。[②]

1. 主语

鄂伦春语、赫哲语、满语、鄂温克语、锡伯语中名词、代词、数词等可以做主语，且以词汇原型出现，其位置基本在句首。[③] 例如：[④]

---

① 此处略去一些类型的否定方式。

② 由于本部分主要讨论句子结构，所以通古斯语中的一些其他句子成分（如定语、补语等）没有列出。

③ 如果句子需要表示时间的状语，则该状语可以位于句首。另外，如果主语受到限定，则限定词也出现在主语之前。

④ 如无特别注明，本部分鄂伦春语的例句均出自张彦昌、李兵、张晰（1989）；赫哲语例句均出自张彦昌、张晰、戴淑艳（1989）；锡伯语例句均出自李树兰、仲谦（1986）；鄂温克语例句均出自胡增益、朝克（1986）。

鄂伦春语：əri　　ko:kan　　aja　　mərgən　o:ro.（这孩子能成为好猎手。）
　　　　　　这　　孩子　　好　　猎人　　成

bi: dʑu:r ko:kan biɛim əgdə-ŋ dʑardʑi nitɕukun-iŋ nadadʑi.
我　二　　孩子　有　大　　十岁　　小　　　七岁
[形容词通过后缀 -（i）ŋ 做主语]
（我有两个孩子，大的十岁，小的七岁。）

赫哲语：ni　　əi　　joxoŋ　　ətɕinni.（谁是村长？）
　　　　　谁　　这　　村　　　领导（代词做主语）
　　　　　　əm　　sagdi　　təmtkən　tadu　　birən.（那儿有一条大船。）
　　　　　　一　　大　　　船　　　那　　有（数词限定主语）

锡伯语：təs　　dʑiŋ　　kitʂən　　tavənəmaχəi.（他们正在上课。）
　　　　　他们　　正　　课　　　　　上（代词做主语）

鄂温克语：ədʑəʃun　　malʃin.（额哲孙是牧民。）
　　　　　额哲孙　　牧民

2. 谓语

通古斯语谓语可以由动词、名词、形容词等充当。例如：

鄂伦春语：koto əmər aja unti?（刀快难道不好吗？）
　　　　　　刀　快　好（形容词作谓语）

　　　　　　　　　　　　　　　　（胡增益、朝克，1986：114）

赫哲语：ədʑilə lamudu imaxa maluxun birən.（东海鱼很多。）
　　　　　东　　海　　鱼　　多　　有（存在动词作谓语）

锡伯语：tʂoqo χulam.（鸡叫。）
　　　　　鸡　　叫（动词谓语）
　　　　　ər nimχa jənxtɕun.（这鱼腥。）
　　　　　这　鱼　　腥（形容词做谓语）

鄂温克语：əri　　ɪnʃɛɛrnɪn　　əʃxəni.（另一个是我叔叔的。）
　　　　　这　　单个　另　　叔叔（名词做谓语）

3. 宾语

通古斯语宾语可以由名词、代词、数词等充当。例如：

鄂伦春语：ərigida-wa　ga:kal.（拿着底。）

　　　　　　底　　　　拿

赫哲语：tigurundu　dʒəfukuwu　dʒubələki　bu　iawə　dʒəfəwu.

　　　　他们　　　　谷物　　　借　如果　我们　吃

　　　（如果我们把粮食借给他们，我们吃什么？）

锡伯语：kitʂəʂan　sidʑənb　tərəd　bum　jaləvχəi.

　　　　奇车善　　车　　他　给　　骑（名词、代词做宾语）

　　　（奇车善把车子给他骑了。）

鄂温克语：əmurə　dʒuurə　algiʃiran.（走了一两步。）

　　　　　一　　二　　迈步（数词做宾语）

4. 简单句

通古斯语简单句可以由带有语法特征的单个词构成，也可以以主、谓、宾、定、状等完整的形态出现。例如：

鄂伦春语：jabʊm.（我走。）

　　　　　jɛɛʃan　dʒəkəj.（[他的]眼不好。）

　　　　　　　　　　　　　　　　（胡增益，2001：163-164）

鄂温克语：ʊlarinin　axani.（红的[马]是哥哥的。）

锡伯语：gadʑi！（拿来）

鄂伦春语：nɔ:nin　ɔrɔbkun　tə:tiwə　urtitɕa.（他晾衣服。）

　　　　　他　　湿　　衣服　　晾干

　　　　　deŋdʑan　dʑu:wə　ŋə:rinwətɕa.（灯照亮了房子。）

　　　　　灯　　房子　　照亮（过去时）

鄂温克语：nɪlka uril　ɪlan　bɛɛga　ɔɔʃaa.（婴儿已经三个月了。）

　　　　　婴儿　　三　月　　成

锡伯语：ilan ilan ujin.（三三得九。）
　　　　三　　三　　九

赫哲语：ɕi mini sukəwəji tigurundu bur.（把我的斧子给他们。）
　　　　你 我的　斧子　　　他们　给

5. 复合句

通古斯语通过连词或词语并列来连接不同句子或部分含有意义预设的短语形成复合句。

（1）并列句。

通古斯语使用并列连词把两个或多个简单句连在一起。例如：

鄂伦春语：əri ɕələdʑi ɔtɕa ɔ:mal gijindʑi ə:lma?
　　　　　这　铁　做　或　铜　做
　　　　　（这是铁做的还是铜做的？）

锡伯语：basard iχan mœrin lys lavdw bi.
　　　　集市　牛　马　驴　多　有
　　　　（集市上牛、马、驴很多。）

赫哲语：ba giɔtkuli daxən,mɔ aptxəsəni də sujan daxən.
　　　　天　冷　成 树　叶　黄　成
　　　　（天冷了，树上的叶子变黄。）

鄂温克语：tari ilan atʊ mɔɕcm ıwɕɔwı arʊxxaxa, tɔɕʃi dʒugduwi nənuxə!
　　　　　那 三 捆 木头 弄干净 然后 家　回
　　　　（把三捆木头剥下树皮，然后回家。）

（2）主从句。

通古斯语采用从属连词连接两个句子，也可以不添加连词，而通过逻辑意义排列句子顺序。例如：

鄂伦春语：əgdə imana dʑa:lin niɕe tɕilə inni biɕin.
　　　　　大 雪 虽然 不 非常 冷 是（连词）
　　　　　（虽然雪下得大，但并不冷。）

　　锡伯语：ʥaq　giam　sim,giad　gənxəi.

　　　　　东西　买　因为　街　去（连词）

　　　（因为要买东西到街上去了。）

　　鄂温克语：əri　bʊgadʊ　ədin　ədixin,ʃittan　əʃin　guggəldə.

　　　　　　　这　地方　风　刮　土　不　动（无连词）

　　　　　（这地方即便刮风，土也不会刮起来。）

　　赫哲语：bi　ti　sunmə　xəsurə, niani　gənin　dulani　xaŋkəxən.

　　　　　我　这　话　说　他　听　生气（无连词）

　　　（我说过话后，他生气了。）

6. 否定式

　　通古斯语句子中的否定意义体现在动词之后附加后缀（表示命令、禁止的）和助动词使用上。在命令式的否定句中，后缀要与表示否定意义的副词连用，且后缀没有人称变化。例如：[①]

　　鄂温克语：ʃi　jəəməwə　əʤi　mana-r!（你别浪费东西！）

　　　　　　　你　东西　别　浪费（后缀 -r）

　　鄂伦春语：ʃi　əʤi　ʤəb-d!（你别吃！）

　　　　　　　你　不　吃（后缀 -d）

　　满语：umə　oŋgo-ro!（别忘记！）

　　　　　别　忘（后缀 -ro）

　　锡伯语：əm　nad　tɕivulə-rə!（不要随地吐痰！）

　　　　　不　地　吐痰（后缀 -rə）

　　赫哲语：ʃi　əʤi　ənə-r!（你别去！）

　　　　　你　别　去（后缀 -r）

　　通古斯语"每种语言中最为常见的否定助动词有：满语是 waka 和 akʊ；锡伯语是 vaq 和 aqu；赫哲语是 aiʧin 和 ə-；鄂伦春语是 aaʧin 和 ə-；鄂温克语是 aaʃiŋ 和 ə- 等"。

---

① 以下例子来自朝克（1999：314–315，345–346）。

满语：ərə　ʤa　baita　waka.（这不是容易的事情。）
　　　这　　容易　事　不

锡伯语：tər　baturwə　nan　vaq.（他不是英雄好汉。）
　　　　他　英雄　　人　不是

赫哲语：əʃi　saməm　malxun　aiʧin.（现在萨满不多。）
　　　　现在　萨满　　多　　不

鄂伦春语：nugartindu　jabur　tərgən　aaʧin.（他们没有回去的车。）
　　　　　他们　　　走　　车　　没

鄂温克语：ʤuuduwi　bəj　aaʃiŋ　guŋʤirəŋ.（说是屋里没人。）
　　　　　屋　　人　没　　说

三　朝鲜语与通古斯语句子构成与比较

朝鲜语与通古斯语在句子构成方面几乎完全一致。表现在：

（1）两种语言均为主－宾－谓（SOV）结构，朝鲜语主语和宾语的位置比通古斯语稍微灵活。但两者的动词都必须位于句尾。

（2）朝鲜语与通古斯语句子内修饰成分排列的顺序一致。

（3）朝鲜语与通古斯语在动词内部类别上一致，均有及物动词、不及物动词和助动词等。

（4）朝鲜语与通古斯语的谓语都并不一定由动词承担，形容词、名词、数词、副词等均可以作为谓语。

（5）朝鲜语与通古斯语句子成分中，除形容词、副词外，均采用形态后缀表示。

（6）朝鲜语与通古斯语时态均由后缀形态体现，但在一般现在时中，动词后面可以不接词缀修饰。

（7）朝鲜语与通古斯语复合句均可以采用两种方式构成：①不加连接性副词或连词；②通过连接性词连接。

（8）朝鲜语与通古斯语否定方式一般均通过在动词后添加否定性词缀构成。

上述情况可以显示出两者之间相似特征十分突出。如果排除细微差异

（如词缀的形态、修饰的位置等），两者之间的同源特征可以得到肯定，即：

底层→ [+ 成分排列顺序 + 品词缀 + 修饰方式 + 否定方式]

小 结

通过对朝鲜语与通古斯语构词方式（派生、合成）、名词、动词、形容词、副词、词缀语法特征、连词、语态、时态等方面的比较，本章内容显示出两者之间更加明显的同源特征，即在底层层面两者间一致性比在超音段和语音情况下更加显示出同源特征。

从这个角度看，语法的变化比语音的变化更加能够揭示出语言变化内容的异同：尽管经过了长时间的分离、受其他语言影响以及自身的变异式演进，朝鲜语与通古斯语仍然在语法底层方面表现出同源的特征。

朝鲜语与通古斯语语法在社会语用方面最大的差异就是敬语的使用方式。朝鲜语中的敬语体现在语言使用的各个层面，如语音变化、词缀形态及变化、社会阶层及使用场合的需要。通古斯语也有（尽管不如朝鲜语那么丰富）类似的表达。[1] 例如，鄂伦春语通过语言与身势语结合使用来表达敬意。当遇到长辈或尊敬的人，晚辈或者社会地位较低者往往采用以下方式致敬：①敬语词，如呼语 gə 与社会等级称谓[2] 联合表达尊敬意义：gə muhunda/muxunda（[您] 穆昆达，穆昆达 [头]），muxunda məsə（穆昆达来了）。[3] 但这种称呼往往仅在同辈分人之间使用。

---

① 除了采用本语言固有的表达词缀外，一些文明发展较晚的社会在敬语表达方面也有例外现象。例如，在朝鲜语中，当帝王自称时，他们采用了汉字词 chim/jim（朕），或者 gwa-in（寡人），而没有发展出自己的相应词。同样，中国清朝皇帝也没有创造出"朕"一词，而仅用固有的，表达一般意义的满语第一人称代词 bi（我）来自我称谓。（吴雪娟，2006：181）

② 在传统鄂伦春人中，社会等级不明显，如 muxunda（"狩猎长"、"头人"、"酋长"）往往是选举产生，其社会地位与现代鄂伦春人政府官员的官衔相关性不大。当然，"官衔"本身也具有敬语含义，如现代鄂伦春人往往采用官衔作为称谓语，潜在地表达尊敬。

③ 但 gə 作为独立词素，多数为语气词，表示"好的"、"可以"，例如在喝酒时，可以将 gə 视为呼语："gə arxinm tə."（来，干一杯！）

②在鄂伦春人内部，晚辈在面对面（现场语境）称呼长辈时，往往：a. 依照辈分或亲属关系称谓进行称呼，如 əpərə（爸爸）、ənin（妈妈）；b. 采用"亲属"称谓语形式称呼领导，如称穆昆达为 yəyə（爷爷）；c. 在现代中国官阶制度影响下，他们也以官衔称谓称呼领导，如 xiangda（乡长）；[1]d. 语言称谓与身势语一起使用，如称呼 yəyə 时伴随"打千"动作。e. 在语法方面，鄂伦春语通过后缀的方式，结合元音和谐特征进行变化。[2]

那乃语的敬语语用方式为动词后添加词缀 -su（Ko & Yurn，2011：45）。例如：

əsi	jo:ko-ci-ari	ənu-(u)-su（请现在回家！）
现在	家	回　　请
siku:n	tətwə-wə	unəci-u-su（请最好穿新衣服！）
新	衣服	试试　请

满语敬语情况也十分类似：满语的敬语体有表示"请"的后缀 -rao/-reo/-roo，[3]但同时受汉人传统文化影响，也采用官阶方式表示敬语。例如：

bithe	minde	bureo（请把书给我！）
书	我	给 +-reo
ejen	groromine	bodoroo（请圣上从长计议！）
额真	长期	计划 +-roo[4]

可以看出，朝鲜语与通古斯语尊敬的表达方式有所不同。从语言底层看，两种语言均为：[+ 敬语体，+ 词缀]。

---

① 上述例子均为鄂伦春人刘晓春博士提供。

② 关于鄂伦春语表示敬语的后缀例子，请参见朝鲜语与通古斯语代词比较部分。

③ http://www.manjusa.com/thread-9222-1-1.html。

④ 满语例子来自 http://www.manjusa.com/thread-9222-1-1.html。笔者认为，满语表示敬语意义的后缀 -rX 与鄂伦春语 -rXj 有着同源特征，但那乃语则有所不同。在满语中，敬语也可以采用不同的词，如满语 ene 和 eniye 均表示"母亲、妈妈"，但 eniye 是敬语，因为该词是"面称娘娘词"。（吴雪娟，2006：47）

第七章　朝鲜语与通古斯语语言年代学

上文对朝鲜语与通古斯语语音、超音段音位、构词、语法及同源词的比较已经明白显示出两种语言的同源特征，但这种同源特征仍然需要从语言历史发展的整体性方面进一步讨论。本章意在借用历史比较语言学的一般性规律来对朝鲜语与通古斯语语言演变作思考，旨在从语言历史角度来说明它们之间分化的时间情况。

第一节　朝鲜语与通古斯语分化年代推测

历史语言学从来就不可能同生物学、考古学等领域的研究一样为语言提供一个相对精确的年代特征，这是因为语言虽然某种意义上可以作为"化石"看待，但是这个"化石"所能体现的更多是定性而非定量的特征。朝鲜语与通古斯语的元音和谐、句法粘着特征、句法结构（SOV）、同源词都在定性方面证明两者之间的同源性，但究竟哪些内容可以从定量角度得到确切的证实却依然是个难解之题。比如：

（1）朝鲜语和通古斯语元音从古代至中古直至现代音变的原因尚不清楚，所以无法以在印欧语系英语中发现的元音升位来进行归纳。所以本书无法从底层角度解释，中世朝鲜语中央高元音与通古斯语一些语言中（如鄂伦春语）前高圆唇元音，是它们古代元音的变异性延续还是继发现象。这个问题也无法通过其他语音理论，如优选论来获得解释的灵感或理据。

（2）虽然现代朝鲜语中有些辅音能够依照外来词汇（如汉语、英语）得到解释，但是朝鲜语在演变过程中出现了通古斯语所没有的强化辅音现象，这同样也无法从朝鲜语底层角度得到解释，也无法从语言间分化的具体时间得以说明。所以，朝鲜语中由于强化辅音的存在而形成的特有辅音三对立现象仍然值得讨论。

（3）朝鲜语重音现象是中世纪朝鲜语受外来语言影响而形成的，但最终在现代朝鲜语中复归于古朝鲜语零重音形态。然而，迄今无法确定其复归的起点地区与时间。

（4）现代朝鲜语及现代通古斯语元音和谐特征均逐渐减弱，但仍然无法确定其减弱的确切时间。

（5）通古斯语和朝鲜语都具有多样的粘着形态来表达语法意义，但是对两者之间演变过程及缘由并不清楚，所以也不能用具体时段来标示出两者的变化开始及演变过程。

从这些观察看，朝鲜语与通古斯语分化的时间仍然不够清晰。尽管如此，仍然有历史比较语言学家试图通过大致的对比和分析来寻求两者分化的时段。

一　Sergei Starostin 等人的年代分化测算

Sergei Starostin 等人近来的研究表明，阿尔泰语系诸语言现象可以用来作为这些语言之间分化的参数。例如，Blažek 对 Sergei Starostin、Anna Dybo、Oleg Mudrak、Ilya Gruntov、Vladimir Glumov 等对阿尔泰语群诸语言对比后得出的结论如下：

表 7-1　阿尔泰语群诸语言间同源程度

百分比（%）	蒙古语	通古斯语	朝鲜语	日本语
突厥语	25	25	17	19
蒙古语		29	18	22
通古斯语			23	22
朝鲜语				33

从该对比看，通古斯语与朝鲜语语言的同源程度为 23%，这可以

说明两者之间分离的时间："根据上述作者，20% 的平均相似程度暗示着这些语言的分离时间大约开始于公元前 6 世纪。其分化出的子代语言均比较年轻，（分化的）大致时间为：通古斯语约在公元前 4 世纪分离，突厥语大约在公元元年分离，日本语公元 5 世纪分离，蒙古语 10 世纪分离，朝鲜语大约为 11 世纪分离。这些作者应用了雅霍特夫（Jaxontov）对固有词汇及借词的测试方式之后，总结这五个分支的语言，形成了三个并列语支：西部为突厥和蒙古语支，中部为通古斯语支，东部为朝鲜和日本语支。"（Blažek，2006：5）

如果根据上面对照表的线性顺序将通古斯语与朝鲜语进行对比，便可以看到通古斯语与朝鲜语在与其他语言对比后同源性比例达到 23%。按照 Blažek 的结论，朝鲜语与日本语都更加贴近通古斯语。我们同意该假设，也认为朝鲜语与通古斯语可以划分到一个相近祖代语言下面。

Blažek 在另一篇文章中总结了 Sergei Starostin 等人的阿尔泰语诸语言分化年代，给出相对具体的时间。他认为阿尔泰语群大约 6000 年前出现第一次分化，产生了西部阿尔泰语中的两种语言，并在 4600 年前最终出现了蒙古语和突厥语；在大约 5500 年前时分化出中部和东部两个语族，即中部的通古斯语族（5500 年前）和东部的朝鲜语、日语（4300 年前）。（Blažek & Schwarz，2016：149）他的这个假设更加清晰地解释了朝鲜语与通古斯语在亲缘关系上比蒙古语和突厥语更加紧密。[①]

二 朝鲜语与通古斯语年代学测算及问题

李兹建立的语言分离模型采用更加细致的定量性测算，即时间深度，[②] 其目的在于测算语言间相互分离的时间，具体公式为：

$$t = \log c / 2 \log r$$

[①] 力提普·托乎提也对阿尔泰语分化做出了假设，他认为朝鲜语同楚瓦什语、突厥语、蒙古语、满 - 通古斯语一起，都分化自阿尔泰语统一体。（力提普·托乎提，2004：287）

[②] 时间深度："指在语言年代学（Glottochronology）中用以确定两种有亲缘关系的语言分开了多长时间。"

其中，t 代表时间，c 代表两种语言中同源词所占的百分比。虽然这种方法仅仅得到很少的人的赞同，但不失为一种方法。（哈特曼、斯托克，1981：358）

胡增益采用这种方法对通古斯语内部诸语言进行了分离时间测算。在分析了 Swadesh 的 100 词表内词汇的对应情况后，又通过计算误差得出了鄂伦春语同鄂温克语两种语言分化的时间为 358±81 年，赫哲语与鄂伦春语分化的时间为 1021±142 年，满语与鄂伦春语分化的时间为 1505±214 年。（胡增益，2001：18-20）

当然，这种测算模型并非没有争议。Haas 认为，这种方式仅仅使"一种变化得到了记录，即通过（某种语言）词汇替代而计算丢失的词。而事实却可能是这些丢失的词仅仅因为简单的替换、意义改变或读音改变，而导致了在重新认识它们时被人忽视。"（Haas，1969：73）戴维·克里斯特尔也认为这种方法"涉及的理论和方法用途有限，而且颇多争议。"（克里斯特尔，2002：159）

本书同源特征等几个部分的研究也能够说明这种测算方式的问题。比如，单纯以语言 100 同源词为研究对象难以证明被对比的语言中是否还有其他词也属于同源词，所以，究竟哪些词可以作为参照成为关键难点。如果按 Blažek 的推算，通古斯语大约于公元前 4 世纪、朝鲜语大约于公元 11 世纪从阿尔泰语分化出来，两者之间至少有 1500 年的分离时间间隔，那么按照每千年为 20% 的分离速率，则两者之间仍然会有很多在 100 词表中同源的现象。然而，我们从同源词分析看，两者在所谓 100 个基础词表中的同源性不足 30%，而我们却在 100 词外发现了超过 200 个同源词。这只能解释为：100 词表的设定并不科学。

通过同源词对比及统计来研究语言年代学还有另一些不足。例如，虽然同源词能够较好显示不同语言间的同源情况，但语音、音位、句法（包括构词法）同样也可以作为研究语言同源特征的重要内容。

本书的对比结果显示：除同源词外，朝鲜语与通古斯系诸语言之间的相似情况极为明显，这显然可以用作判定两者之间同源性的证据。然而，在目前尚无大数据统计的情况下，任何人都无法通过量化的方式判定朝鲜语与通古斯语同源特征的百分比，也自然无法从语言年代学角度说明它们的分化时间。所以，任何关于语言年代学的测算方法及数据均无法获得预期的结果。

因此，本书认为，鉴于无法精确测算朝鲜语与通古斯语分离时间的事实，采用定性的视角或许是目前最好的选择。

第二节　朝鲜语与通古斯语语言分化方式拟构

根据对语言之间的比较，本文试图通过语言分化的一般性模式来对朝鲜语与通古斯语的语言分离情况给予形式化的解释。

一　语言分化的一般模式

语言分化的模式指的是子代语言从某种原始母代语中分化的方式，根据 Hoenigswald 对原始语及不同子代语拟构的总结，它们包括以下几种模式。

a 类：

A 为祖代语，B、C 为子代语言。

b 类：

*X 为祖代语，A、B、C 分别为子代语。B 从 A 演变而来，C 直接从 *X 演变而来。

c 类：

*Y 和 A 都可能是 *X 的子代语言。

d 类：

e 类：

Hoenigswald 分别给出了印欧语系的具体例子来说明该拟构的合理性。前述对朝鲜语与通古斯语比较的结果可以看到，该模型的概括性解释力及不足：

（1）朝鲜语与通古斯语的同源特征能够较好说明两者均来源于某个原始语言，且这种语言向上可以追溯到阿尔泰语。由于本书没有涉及蒙古语、突厥语以及或许与它们同源的其他目前已经消失的语言，所以暂且因为朝鲜语与通古斯语同源特征如此明显而将它们的共同祖代语言拟定为通古斯语–朝鲜语。根据 Hoenigswald 的语言分化模型，朝鲜语与通古斯语均可以嵌入到 a 类模型中。

（2）对朝鲜语和通古斯语各自演进的内部情况，Hoenigswald 的 b 类模型难以说明，但如果将 a 类与 e 类模型向结合，则情况就会比较清楚，即：朝鲜语和通古斯语分别进一步演进为不同的方言或语言。

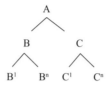

在此模型中，B¹和B"、C¹和C"中上标符号代表数量不确定的标准方言 / 主要方言及每种语言内部演化形成的不确定方言。

（3）但针对朝鲜语和通古斯语中含有诸多其他语言词汇、句法、语音情况，Hoenigswald 提出的任何模型都无法解释。因此，有必要对两种语言建立新的模型以实现比较贴切的描述。

二　朝鲜语与通古斯语分化及内部模型

从朝鲜语与通古斯语整体特征看，它们均属于阿尔泰语群的子代语言。因此，其基本模型可以为：

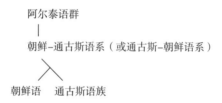

从历史、政治、文化角度看，虽然朝鲜语与通古斯语均经历了长久的历史演变，但相对于通古斯语而言，朝鲜语是年轻的语言，所以上述模型描述了这一过程。

从语言内部变化看，朝鲜语和通古斯语都在各自发展过程中受到相当多的外来语言影响，所以其发展模式难以用 Hoenigswald 的模型进行概括。例如：

（1）朝鲜语和通古斯语都在久远时代有着规整的元音和谐特征，但现代朝鲜语则因为语言间的接触和自我演变导致了元音和谐特征的逐渐减弱。相比之下，通古斯语却较好地保留了该种特征。

（2）朝鲜语与通古斯语虽然都具有 SOV（主 – 宾 – 谓）特征，但是粘着词缀的变化却很大。

（3）朝鲜语与通古斯语传统上没有 f 辅音，但通古斯语却在后来演化过程中汲取了汉语东北方言的特征，使得 f 辅音在通古斯诸语中或多或少地存在，锡伯语甚至衍生出与 f 音不具有区别性特征的继发性的 v 辅音。

（4）朝鲜语与通古斯语词汇中的部分外来词（如来自汉语和蒙古语）已经变为稳定词汇。

因此，我们可以建立一个符合朝鲜语与通古斯语演进的动态模型：

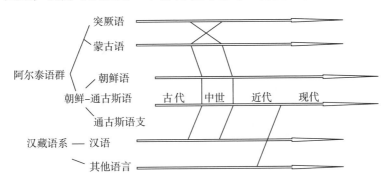

该模型可以说明朝鲜语与通古斯语在从阿尔泰语群中分化出来之后，不断受到蒙古语和汉语的影响，但该影响大致在中世朝鲜语及中世通古斯语阶段逐渐减弱。然而，无论蒙古语和汉语的影响力大小如何，都没有形成对朝鲜语和通古斯语基本结构的彻底改变。在近代，朝鲜语和通古斯语受到了来自其他语言的影响，如俄语和英语等都分别影响着朝鲜语和通古斯语的词汇和部分语法，可见，它们仍然保持着对其他语言的开放状态。

但是，朝鲜语和通古斯语在古代以后的演进过程中，还有很多细节难以得到描写。例如，"马"一词从里海附近向东方的阿尔泰语群扩散过程中，在中世朝鲜语形成之前的朝鲜语中即已吸收该词，因为该时段中"马"的读音为 merv。而后，不知出于什么原因，朝鲜语在中世阶段之后放弃已有词而从汉语借入该词，形成现代朝鲜语的 mal 或 mar。现代朝鲜语"马"一词的这种现象可以归结纳为语言的梯次借入，即汉语从阿尔泰语中首先借用该词之后再传给朝鲜语（尹铁超，2015 a）。

而这种现象无法在该模型中得到体现。所以，任何模型都不可能概括出语言在变化过程中出现的所有细节。

第三节　朝鲜语与通古斯语分离的原因

朝鲜语与通古斯语现存语言现象仅仅能够显示出两者之间分离的事实，而具体分离的原因则需要进一步解释。

1. 群体扩大

在远古时代，当人类群体规模过于庞大时就必然产生群体的分化。这种分化的主要原因在于人类需求的资源出现紧缺。资源短缺直接导致群体无法生存，所以群体的分裂就成为人类群体分离的自然现象。群体的分裂导致语言的差异，并经过长期演进而变成另外的方言或语言。从朝鲜语与通古斯语语言和文化特征中可以比较清晰地看到这种分离的脉络。通古斯语族内部的不同语言／方言的产生也由于人群逐渐分离而形成。

2. 生产方差异

不同的生产方式与人群占有领地的面积有着很大的关系。在远古生产力不够发达时代，越是生产力低下的群体，其占有的领地面积应该越大。例如，狩猎和采集群体占有的可供其生存的领地面积要大于农耕群体，而工业化（即使是文明早期的粗犷工业）生产方式所集聚的人群规模相对越大，群体生存空间相对越小。[①] 从朝鲜半岛地理环境及面积看，半岛难以提供给大规模狩猎群体以生存资源，所以朝鲜半岛人群很早便开始了渔猎和农业为主、狩猎为辅的生产方式。这种生产方式增加了人口单位地域上的密度，也同时增强了语言内部的统一性和群体民族

---

① 关于人类群体数量与生存空间的讨论，参见尹铁超（2010：49-50）、Bettinger（1980：189-225）、Hassan（1975：27-52）。

意识。与朝鲜半岛人群使用同一语言的高句丽人则在分离后采用了通古斯－朝鲜语语族的另一种方言，因此渐渐与半岛人群语言有了方言差异。通古斯人群中早就存在不同的生产方式，这也是通古斯语内部分化的原因之一。

3. 民族意识与战争

一旦人类群体相互分离后，相互间自然就产生了地域及民族意识。随着民族意识增强，政体也自然出现。因此，为了保证群体的生存及利益，资源的争夺便不可避免。战争也随之开始。

从朝鲜人群的历史看，民族意识和政体的出现对语言产生了巨大影响：说同一语言或方言的人群自然而然地凝聚为一体，政体对语言的统一也起到了极大作用。例如，新罗人统一半岛后，他们将首都迁移，由于政治和经济影响力因素首都方言成为官方语言。

通古斯人中的某些群体也具有同样的历史发展特征。比如，鲜卑人越过大兴安岭地区入主中原，并在后来逐渐放弃了自己的语言。女真人、满族人也经历了同样的发展过程。只有相对远离他们、群体小、生产方式及文明进程慢的其他通古斯人群才较好地保留了自己的语言。

小　结

本章从语言年代学角度讨论了朝鲜语与通古斯语之间的分化情况。我们认为，无论各自的演变情况如何，两者都保留了很多语音、语义、语言结构、同源词等方面的残留信息，而这些信息可以用来拟构两者之间的分离时间，并同时可以拟构出比较直观的同源特征。

结　论

本书根据历史比较语言学、社会语言学理论，采用语言比较研究方法，从语音对应、超音段音位、构词方式、句法结构、同源词、大致分化时间、演变过程、分化原因及规律等方面对比和阐释了朝鲜语和通古斯语的同源特征，并得出以下结论：

（1）朝鲜语与通古斯语在句法方面有极大相似性，如朝鲜语中动词后缀 -ta 添加方式与通古斯语族语言同源一辙；朝鲜语与通古斯语均没有严格意义上的中缀。

（2）朝鲜语与通古斯语在语言类型上十分相似：两者均为粘着型语言，SOV（主－宾－谓）语法顺序一致。除朝鲜语应用极为少量的前缀方式之外，两者均主要通过后缀方式表达语法概念。

（3）朝鲜语与通古斯语元音和谐特征具有一致性，如古代和中世朝鲜语与通古斯语有着相同的元音和谐现象。

（4）朝鲜语与通古斯语均存在跨音段元音、中性元音的两端和谐被辅音阻断现象。

（5）朝鲜语与通古斯语均有词首音节限制，如词首音节均无 r 音。

（6）朝鲜语与通古斯语在修饰方式上具有一致性，除副词独立外，其他修饰方式均为修饰成分主体后置。

（7）朝鲜语与通古斯语都保留了部分 p 音，且 f 音在两种语言中均呈现系统性空缺特点。

（8）朝鲜语与通古斯语的音节首元音 i 前辅音 n 均存在脱落现象。

总之，本书对朝鲜语与通古斯语同源关系的讨论能够较好说明两者之间具有同源性。

然而，尚存一些难以解释的语言现象。例如：

（1）历史年代学方法本身就具有较大的主观性，因此，对于朝鲜语与通古斯语之间分离的时间、建立的分离形式化模型及分离速度仍然难以得到历史语言学的多重角度认证。

（2）由于语言分化的准确时间难以判断，且由于分化后的人群往往保持了不断的相互融合，以及分离尚无确切的历史文献、语言样本提供佐证，所以，本书及目前所有相关研究都难以准确厘清语言同源、语言间相互影响、不同语言受本地区及其他地区政治、文化、宗教等方面的因素影响而导致的语言演进情况。

（3）对有些语音、音段音位、超音段音位、语义及形态变化还难以提供底层的抽象及充分描写。例如，目前尚无法解释和充分描写朝鲜语和通古斯语均存在的元音和谐中的阻断现象究竟是出于语言自身的演变，还是受到其他外来语言影响的结果。

（4）在通古斯语系诸语言中，由于中国境内鄂伦春族和鄂温克族在历史及现代都相对远离汉族、赫哲族及满族，以及中国境外的远东地区其他通古斯族人群，所以鄂伦春语和鄂温克语似乎保留了更多的原始性元素。但这个初步假设尚需更多、更系统的语言证据才能得到证实。

参考文献

白化文、许德楠、李鼎霞、李如鸾，1981，《短篇文言文译注》，北京：北京出版社。

鲍培，1984，《阿尔泰语言学引论》，周建奇译，呼和浩特：内蒙古大学蒙古语文研究所。

布龙菲尔德，1980，《语言论》，北京：商务印书馆。

朝克，1999，《满－通古斯诸语比较研究》，北京：民族出版社。

朝克，2014a，《满通古斯语族语言词汇比较》，北京：中国社会科学出版社。

朝克，2014b，《满通古斯语族语言词源研究》，北京：中国社会科学出版社。

朝克，2014c，《满通古斯语族语言研究史论》，北京：中国社会科学出版社。

朝克，2001a，《通古斯诸语和爱斯基摩语共有名词》，《满语研究》第1期。

朝克，2001b，《关于女真语研究》，《民族语文》第1期。

戴维·克里斯特尔，2002，《现代语言学词典》，沈家煊译，北京：商务印书馆。

都永浩、姜洪波，2008，《黑龙江赫哲族文化》，哈尔滨：黑龙江教育出版社。

方壮猷，1930，《鲜卑语言考》，《燕京学报》第8期。

冯燕，2002，《历史语言学导论》，北京：外语教学与研究出版社，劳特利奇出版社。

干志耿、孙秀仁，1982，《黑龙江古代民族史纲》，哈尔滨：黑龙江省文物出版编辑室。

干志耿、孙秀仁，1986，《黑龙江古代民族史纲》，哈尔滨：黑龙江人民出版社。

关辛秋，2001，《朝鲜族双语现象成因论》，北京：民族出版社。

桂诗春、宁春岩，1997，《语言学方法论》，北京：外语教学与研究出版社。

哈斯巴特尔，2006，《阿尔泰语系语言文化比较研究》，北京：民族出版社。

哈斯巴特尔，2016，《敖鲁古雅方言研究》，北京：民族出版社。

R.R.K.哈特曼、F.C.斯托克，1981，《语言与语言学词典》，黄长著等译，上海：上海辞书出版社。

韩有峰、孟淑贤，1993，《鄂伦春语汉语对照读本》，北京：中央民族学院出版社。

侯玲文，2009，《上古汉语朝鲜语对应词研究》，北京：民族出版社。

胡增益，1986，《鄂伦春语简志》，北京：民族出版社。

胡增益、朝克，1986，《鄂温克语简志》，北京：民族出版社。

胡增益，2001，《鄂伦春语研究》，北京：民族出版社。

黄伯荣、廖序东，1991，《现代汉语》，北京：高等教育出版社。

黄锡惠，2001，《满语口语研究的重音问题》，《满语研究》第 1 期。

季永海，2008，《论满语的元音和谐——兼论元音和谐不同于语音同化》，载黄锡惠编《满族语言文字研究》。

津曲敏郎，1996，《中国、俄罗斯的通古斯诸语》，《满语研究》第 2 期。

G..E.R.劳埃德，2008，《古代世界的现代思考：透视希腊、中国的科学与文化》，钮卫星译，上海：上海科技教育出版社。

李兵，1998，《通古斯语元音和谐与书面满语元音系统》，《满语研究》第 1 期。

李兵，1999，《满语元音系统的演变与原始阿尔泰语元音系统的重新构拟》，《民族语文》第 3 期。

李兵，2002，《舌根后缩元音和谐系统中性元音的可透性》，《民族语文》第 2 期。

李德春，2002，《韩国语标准语法》，长春：吉林人民出版社。

李得春、李承子、金光洙，2006，《朝鲜语发达史》，延吉：延边大学出版社。

李德山，1991，《夫余起源新论》，《社会科学战线》第 2 期。

李强，1996，《沃沮、东沃沮考略》，《北方文物》第 2 期。

李树兰、仲谦，1986，《锡伯语简志》，北京：民族出版社。

李翊燮、李相亿、蔡琬，2008，《韩国语概论》，张光军、江波译，北京：世界图书出版公司。

力提甫·托乎提，2004，《阿尔泰语言学导论》，太原：山西教育出版社。

林毅，2009，《韩满比较语言学研究述评——兼评赵杰先生的〈从日本语到维吾尔语〉》，《北方民族大学学报》（哲学社会科学版）第 1 期。

凌纯声，2012，《松花江下游的赫哲族》，北京：民族出版社。

林焘、王理嘉，1992，《语音学教程》，北京：北京大学出版社。

刘厚生、李乐营，2005，《汉满词典》，北京：民族出版社。

刘景宪、赵阿平、赵金纯，1997，《满语研究通论》，哈尔滨：黑龙江朝鲜民族出版社。

孟达来，2001，《北方民族的历史接触与阿尔泰诸语言共同性的形成》，北京：中国社会科学出版社。

米歇尔·福柯，2007，《知识考古学》，谢强等译，北京：生活·读书·新知三联书店。

莫里斯·哈布瓦赫，2002，《论集体记忆》，上海：上海人民出版社。

皮埃尔·诺拉，2015，《记忆之场——法国国民意识的文化社会史》，黄艳红等译，南京：南京大学出版社。

戚雨村，1985，《语言学引论》，上海：上海外语教育出版社。

清格尔泰，1983，《关于元音和谐律》，《语言学报》第 1 期，北京：商务印书馆。

让－雅克·卢梭，2003，《论语言的起源——兼论旋律与音乐的模仿》，洪涛译，上海：上海人民出版社。

史禄国，1984，《北方通古斯的社会组织》，呼和浩特：内蒙古人民出版社。

（宋）孙穆，2006，《鸡林类事》，载王硕荃《朝鲜语语汇考索——据〈鸡林类事〉条目》，天津：天津古籍出版社。

宋菲菲，2015，《满－通古斯语言语法关系标记手段考察》，《东方论坛》第 5 期。

涂吉昌、涂芊玫，1999，《鄂温克语汉语对照词汇》，哈尔滨：黑龙江省鄂温克族研究会、黑龙江省民族研究所。

王今铮、王钢、孙延璋、孙维张、刘伶、宋振华、徐庆辰，1984，《简明语言学词典》，呼和浩特：内蒙古人民出版社。

王希杰，1983，《语言学百题》，上海：上海教育出版社。

乌其拉图，2002，《〈南齐书〉中部分拓跋鲜卑语名词的复原考释》，《内蒙古社会科学》（汉文版）第 6 期。

吴宏伟，1991，《突厥语族语言元音和谐的类型》，《语言学报》第 2 期。

吴守贵，2000，《鄂温克人》，海拉尔：内蒙古文化出版社。

吴雪娟，2006，《满文翻译研究》，北京：民族出版社。

徐通锵，1996，《历史语言学》，北京：商务印书馆。

宣德五、金祥元、赵习，1985，《朝鲜语简志》，北京：民族出版社。

薛虹，1980，《肃慎的地理位置及其同挹娄之间的关系》，《吉林师大学报》第 2 期。

杨虎嫩、高桦武，2006，《关于韩语和通古斯语的关系》，唐均译，《满语研究》第 2 期。

杨衍春，2008，《俄罗斯境内满－通古斯民族及其语言现状》，《满语研究》第 1 期。

尹铁超，2000，《"嘎仙"语义考》，《满语研究》第 2 期。

尹铁超，2001，《鲜卑名考》，《满语研究》第 2 期。

尹铁超、娜·维·库拉舍娃，2008，《那乃语与赫哲语语音、词汇共时比较研究》，王琦译，哈尔滨：黑龙江人民出版社。

尹铁超、包丽坤，2010，《普通人类语言学视角下的语音简化性研究》，北京：北京大学出版社。

尹铁超，2002，《鄂伦春语与因纽特语比较研究》，哈尔滨：黑龙江人民出版社。

尹铁超，2015，《"马"一词在阿尔泰语群扩散研究》，《黑龙江民族丛刊》第 1 期。

尹铁超、赵志刚，2015，《夫余语与通古斯语的渊源关系——从"人"的考释谈起》，《满语研究》第 2 期。

尤志贤、傅万金，1987，《简明赫哲语汉语对照读本》，哈尔滨：黑龙江省民族研究所。

张全海，2010，《世系谱牒与族群认同》，北京：世界图书出版公司。

张士东、杨军，2010，《夫余族名的音与义》，《黑龙江民族丛刊》第 6 期。

张彦昌、李兵、张晰，1989，《鄂伦春语》，长春：吉林大学出版社。

张彦昌、张晰、戴淑艳。1989，《赫哲语》，长春：吉林大学出版社。

赵杰，2007，《从日本语到维吾尔语——北方民族语言关系水平性研究》，北京：民族出版社。

赵杰，2001，《满语、朝鲜语语音对应规律探拟》，《满族研究》第 5 辑，北京社会科学院。

赵杰，1999，《满语词与朝鲜语语系归属》，《满语研究》第 1 期。

赵杰，1989，《现代满语研究》，北京：民族出版社。

赵忠德，2006，《音系学》，上海：上海外语教育出版社。

周有光，1976，《女真语文学的丰硕成果——介绍金光平、金启孮〈女真语言文字研究〉》，《中央民族学院学报》第 1 期。

Aitchison, Jean. 1996. *The Seeds of Speech: Language Origin and Evolution,* Cambridge: Cambridge University Press.

Beckwith, Christopher I. 2004. *Koguryo: The Language of Japan's*

Continental Relatives: An Introduction to The Historical-Comparative Study of the Japanese-Koguryoic Languages With a Preliminary Description of Archaic Northeastern Middle Chinese. Leiden: BRILL.

Bettinger, R. L. 1980. *Explanary/Predictive Models of Hunter-Gatherer Adaptation.In:Advances in Archiaeological Method and Theory.* ed. by Michael B. Schiffer. Orlando: Academic Press, INC., vol.3.

Blažek, Václav. 2006. *Current Progress in Altaic Etymology.* Available online: http://www.phil.muni.cz/linguistica/art/blazek/bla-004.pdf. (accessed on Jan.30th, 2014)

Blažek, Václav. and Schwarz, Michal. 2016. *Numeral in Mongolic and Tunguis Languages with Notes to Code-switching.*Altai Hapko, No. 26.

Bulatova, Nadezhda. 2014. *Phonetic Correspondence in the Languages of the Ewenki of Russia and China.* Altai Hakpo, No. 24.

Chung, YenKyu. 2009. *The New Horizon to Ancient Korean History-Buyeo, Three Kingdoms, Balhae, Goryeo, Joseon Colonies in Japan,* The Mental Culture of Ancient Korea. Seoul: Jimoondang.

Crowley, Terry. 1998. *An Introduction to Historical Linguistics.*New York：Oxford University Press.

Dallet, Charles. 1874. Histoire de L'Église de Corée. Paris: V. Palmé, 1874.

Derrida, J. Jacques. 1980. *Writing and Difference,* trans. by Alan Bass, Chicago：University of Chicago Press.

Diamond, J. and Bellwood, Peter. 2003. *Farmers and Their Language: The First Expansions.* SCIENCE, vol. 300. Available online: http://www. sciencemag.org.(accessed on April 25th, 2014)

Georg, Stefan et al. 1998. *Telling General Linguistics about Altaic.* Journals of Linguistics Vol.35, No.1. Cambridge :Cambridge University Press.

Goyvaerts, D.L. 1975. *Present-day Historical and Comparative Linguistics-An Introductorary Guide to Theory and Method.* Ghent-Antwerp: E. Story-Scientia P.V.B.Z., Scientific Pulishers.

Haas, Mary R. 1969. *The Prehistory of Languages*. The Hague: Mouton & Co. N.V. Publishers.

Hassan, F. A. 1975. Determination of the Size, Density, and Growth Rate of Hunting-gathering Populations. *Population, Ecology, and Social Evolution*. ed.by Polgare, S. Paris & New York: Mouton, the Hague.

Hoenigswald, Henry M. 1960. *Language Change and Linguistic Reconstruction*. Chicago & London: The Chicago University Press.

Iksop Lee and Ramsey, S. Robert. 2000. *The Korean Language*. Albany: State University of New York Press.

Ilyon. 2007. *SamgukYusa –Legends and History of the Three Kingdoms of Ancient Korea*. translated by Ha Tae-Hung, and Grafton K. Mintz. Seoul: Yonsei University Press.

Jones, B. J. and Rie, Gene S. 1991. *Standard English-Korean / Korean-English Dictionary for Foreigners*. Seoul: Hollym Corp. Publishers.

Kim, Jinwung. 2012. *A History of Korea: From "Land of the Morning Calm" to States of Conflict*. Bloomington and Indianapolis: Indiana University Press.

Kim, Jung-sup, Cho Hyun-yong and Lee Jung-hee. 2013. *Easy Talk in Korean*. Seoul: Hollym.

Kim, Juwon, et al. 2008. *Materials of Spoken Manchu*. Seoul: Seoul National University Press.

Ko, Dongho and Yurn Gyudong. 2011. *A Description of Najkhin Nanai*. Seoul: Seoul University Press.

Kotwicz, W. 1962. *The Research on Altaic Languages (Russian Translation)*. Available online: https://www.researchgate.net/publication/276751686_On_the_Influence_of_Turkic_Languages_on_Kalmyk_Vocabulary. (accessed on Jan.2nd, 2015)

Lattimore, Owen. 1933. *The Gold Tribe, "Fishskin Tatars" of the Lower Sungari*. Memoirs of the American Anthropological Association.Menasha, Wisconsin: George Banta Publishing Company, The Collegiate

Press, No.40.

Lee, Ki-Moon and Ramscy, S. Robert. 2011. *A History of the Korean Language*. Cambrige: Cambridge University Press.

Lee, Ki-Moon. 1958. *A Comparative study of Manchu and Korean*. Ural-AltaischeJahrbücher30.Available online: http:altaica.ruLIBRARYlee-man_kor_alt.pdf. (accessed on Jan14th, 2014)

Lehmann, Winfred P. 1992. *Historical Linguistics: An Introduction*. London: Routledge.

Li, Bing, 1996. *Tungusic Vowel Harmony: Description and Analysis*. Dordrecht: ICG Printing.

Lyons, John. 1988. *Origins of Language*. ed. by Fabian, A.C. Origin Cambrideg: Cambridge University Press.

Menges, Karl H. 1985. *Some Tungus Etymologies*. Bulletin of the Institute for the Study of Northern Eurasian Cultures.

Miller, R.A. 1971. *Japanese and the Other Altaic Language*. Chicago: University of Chicago Press.

Nadezhda, Bulatova. 2014. *Phonetic Correspondence in the Languages of the Ewenki of Russia and China*. Altai Hakpo, No. 24.

Poppe, Nicholas. 1965. *Introduction to Altaic Linguistics*. Otto Harrassowitz · Wiesbaden.

Quiles, Carlos. 2007. *A Grammar of Modern Indo-European*. Academia Prisca, Available online: http:altaica.ruLIBRARYramseytram_jap_alt.pdf (2). (accessed on March.21st, 2015)

Ramsey, S. Robert. *Proto-Korean and the Origin of Korean Accent*. Asian Historical Phonolog. Available online: http: altaica.ruLIBRARY-ramseytram_jap_alt.pdf(2). (accessed on May5th, 2015)

Ramstedt, G. J. 1924. *A Comparison of the Altaic Language with Japanese*. Available online:http//altaci.ruLIBRARYramstedt_jap_alt.pdf.(accessed on June 24th, 2015)

Ramstedt, G. J. 1949. *Studies in Koeran Etymology*. MSFOu, XCV.

Robbeets, Martine. 2008. *If Japanese Is Altaic, How Can It Be Simple?* Evidence and Counter-Evidence, Frestschrift Frederik Kortlandt. Vol. 2, SSGL 33, Amsterdam and New York: Rodopi Press.

Sergei Starostin. Altaic etymology：http://starling.rinet.ru/cgi-bin/response.cgi?root=config&morpho=0&basename=%5Cdata%5Calt%5Ctunget&first=1&off=. (accessed on July 29th, 2014)

Seth, Michael J. 2011. *A History of Korea–from Antiquity to Present*. New York: Rowman & Littlefield Publishers, Inc..

Sloat, Clarence et al., 1978. *Introduction to Phonology*. Englewood : Prentice-Hall, Inc.

Sohn, Ho-Min. 1999. *The Korean Language*. Cambridge: Cambridge University Press.

Swadesh, Morris. 1955. "Towards Greater Accuracy in Lexicostatistic Dating." *International Journal of American Linguistics*, Vol.21.

tumen_se_manju. http:/www.manjusa.com/thread-9222−1−1.html.

Trask, R.L. 1996. *Historical Linguistics.*London:A Hodder Arnold Publication.

Vovin, Alexander. 2015. *Korean as A Paleosiberian Language.* 알타이할시리즈 2.

Yin, Tiechao and Wu, Xuejuan. 2012. *The Study of the Sixth Vowel ū in Manchu Language*. Saksaha, No. II.

Yin, Tiechao. 2003. "Another Study on Tungusic Ending '-na/-nɔ /-nə' ." *International Journal of Central Asian Studies*, 8−1.

Yoshizo, Itabashi. 1997. *Are the Old Japanese Personal Pronouns Genetically Related to Those of the Altaic Languages?* Act Orientalia Academiae Scientiarum Hung. Tomus L (1−3).

Zhang, Xi. 1997. *Some Aspects of the Vowel Phonology of the Manchu-Tungus Languages of China.*University of Toronto.

图书在版编目（CIP）数据

朝鲜语与通古斯语关系研究 / 尹铁超著. －－ 北京：
社会科学文献出版社，2018.11
（满 - 通古斯语言文化研究文库）
ISBN 978 - 7 - 5201 - 3814 - 7

Ⅰ.①朝…　Ⅱ.①尹…　Ⅲ.①朝鲜语 - 对比研究 - 通
古斯满语族　Ⅳ.①H55②H54

中国版本图书馆 CIP 数据核字（2018）第 251048 号

满 - 通古斯语言文化研究文库
朝鲜语与通古斯语关系研究

著　　　者 / 尹铁超

出 版 人 / 谢寿光
项目统筹 / 李建廷
责任编辑 / 赵晶华

出　　　版 / 社会科学文献出版社 · 人文分社（010）59367215
　　　　　　地址：北京市北三环中路甲 29 号院华龙大厦　邮编：100029
　　　　　　网址：www.ssap.com.cn
发　　　行 / 市场营销中心（010）59367081　59367083
印　　　装 / 三河市尚艺印装有限公司

规　　　格 / 开本：787mm × 1092mm　1/16
　　　　　　印张：16.75　字数：244 千字
版　　　次 / 2018 年 11 月第 1 版　2018 年 11 月第 1 次印刷
书　　　号 / ISBN 978 - 7 - 5201 - 3814 - 7
定　　　价 / 98.00 元